Faller • Kerntke • Wackmann

Konflikte selber lösen

Ein Trainingshandbuch für Mediation und Konfliktmanagement in Schule und Jugendarbeit

Verlag an der Ruhr

IMPRESSUM

Titel: Konflikte selber lösen
Ein Trainingshandbuch für
Mediation und Konfliktmanagement
in Schule und Jugendarbeit

AutorInnen: Kurt Faller, Dr. Wilfried Kerntke,
Maria Wackmann

Satz: Beate Korenjak, Düsseldorf

Fotos: Dr. Wilfried Kerntke

Druck: Druckerei Uwe Nolte, Iserlohn

Verlag: Verlag an der Ruhr
Postfach 10 22 51
45422 Mülheim an der Ruhr
Alexanderstraße 54
Telefon: (0208) 439 54 54
Fax: (0208) 439 54 39
e-mail: info@verlagruhr.de
http://www.verlagruhr.de

ISBN 3-86072-220-4

Die Schreibweise der Texte folgt
der reformierten Rechtschreibung.

Gedruckt auf chlorfrei gebleichtes Papier.

INHALT

Hinweis:

Mit den in diesem Band gewählten Formulierungen „die TrainerIn" oder „die LehrerIn" sind selbstverständlich immer auch die männlichen Trainer und Lehrer gemeint.

VORWORT

Für viele Kinder und Jugendliche ist Gewalt das einzige Mittel, um Probleme zu lösen. Dies tun sie nicht, weil sie Gewalt gut finden, sondern weil sie keine andere Möglichkeit sehen.

Sie lernen von Erwachsenen, dass man um des eigenen Vorteils willen andere wegschieben kann. Sie sehen Filme, die belegen, dass man nur mit Gewalt etwas erreichen kann, und sie wollen in ihrer „Peer-Group" nicht als schwach abgestempelt werden.

Tatsächlich aber sind Kinder und Jugendliche sehr wohl in der Lage, sich in Konflikten konstruktiv zu verhalten und ihre Probleme untereinander zu regeln. Unsere Erfahrung ist, dass sie dies auch wollen, wenn sie einen Weg dafür sehen.

Um Kindern und Jugendlichen die dazu notwendigen Fähigkeiten und Fertigkeiten zu vermitteln, haben wir das Offenbacher Trainingsprogramm entwickelt. Es soll ihnen helfen, auf Gewalt als Mittel zur Lösung von Konflikten zu verzichten. Dabei gehen wir von dem Grundgedanken aus, Kinder und Jugendliche nicht als Problemverursacher, sondern als Problemlöser zu betrachten. Ein großer Teil des Programms ist darauf angelegt, die Problemlösungskompetenzen von Kindern und Jugendlichen zu fördern.

Unser Programm ist für Pädagoginnen und Pädagogen gedacht, die in Schulen, Kindergärten und Jugendeinrichtungen nach neuen Wegen suchen, die Lern- und Arbeitsatmosphäre an ihren Einrichtungen zu verbessern.

Es ist auch ein Beitrag zur aktuellen schulpolitischen Diskussion, die mehr Eigenverantwortung und Eigenaktivität von LehrerInnen und SchülerInnen fordert.

Das Trainingsprogramm enthält eine Fülle von Anregungen, um in einer anderen, konstruktiven Art und Weise in Schulen, Kinder- und Jugendeinrichtungen mit Konflikten umzugehen.

Das Training soll den PädagogInnen helfen, Konflikte früher zu erkennen und schneller sozial-integrative und deeskalierende Lösungen zu finden.

In 8 Bausteinen und 28 Einheiten werden Übungen und Methoden für einen konstruktiven Umgang mit Konflikten vorgestellt. Die Palette reicht von einfachen Übungen und Spielen zum Kennenlernen bis zu einem systematischen Mediationstraining und Vorschlägen zur strukturellen Verankerung von Mediation an den Schulen.

Das Konzept wurde auf der Basis verschiedener Ansätze entwickelt: Mediation, Peer-Group-Education, Konfliktmanagement und Projektmanagement flossen ebenso ein wie Ergebnisse der Kommunikationsforschung. Ein Teil wurde aus dem Englischen übersetzt und umgearbeitet.

Dabei haben wir Hilfe und Unterstützung von vielen Seiten erhalten. Viel gelernt haben wir von Christoph Besemer und Renate Wanie von der Werkstatt für gewaltfreie Aktion, Baden, von Antje Rothermund vom Europäischen Jugendzentrum des Europarates in Straßburg und Dr. Thomas R. Henschel von der Forschungsgruppe Jugend und Europa an der Universität München.

Über 2 Jahre haben wir an dem Manuskript für dieses Trainingshandbuch gearbeitet. Die Übungen wurden mehrfach erprobt, nach diesen Erfahrungen verändert und neu geschrieben.

Unser Dank gilt den vielen Kolleginnen und Kollegen in Kitas, Schulen und Jugendzentren, die uns Hinweise zur Überarbeitung gaben.

Für freundlichen Rat und finanzielle Unterstützung bei der Entwicklung des Trainingsprogramms bedanken wir uns bei Ulrich Bunjes von der Europäischen Jugendkampagne des Europarates „All different-all equal" in Straßburg, Herrn Dr. Konrad Schacht von der Hessischen Landeszentrale für Politische Bildung, Herrn Ozan Ceyhun vom Hessischen Ministerium für Umwelt und Energie, Jugend, Familie und Gesundheit, Herrn Norbert Schneevoigt vom Bundesministerium für Frauen, Jugend und Senioren und Herrn Matthias Mann, dem Dezernenten für Jugend und Soziales der Stadt Offenbach.

Ganz besonders bedanken wir uns bei Frau Inge Scholz für ihre Hilfe.

Unser Bemühen, nur wirklich erprobte Übungen und Methoden in das Trainigsprogramm aufzunehmen, hat die Fertigstellung des Manuskripts erheblich verlängert. Wir danken dem Verlag an der Ruhr für seine anhaltende Unterstützung und seine Geduld.

I. GRUNDLAGEN

1. Konflikte selber lösen?

Einige Beispiele aus der Arbeit des Offenbacher Modellprojekts

„Setz dich neben Manuela“, schlägt ein Mitschüler vor. Achim kriegt einen roten Kopf, ruft: „Nee, neben die Schlampe bringen mich keine zehn Pferde!“ Die anderen Jungen wiehern vor Lachen, die Mädchen schreien empört durcheinander. Vier bis fünf Vorfälle dieser Art gibt es in jeder Unterrichtsstunde; die Klasse gilt als besonders konfliktbelastet. Das Unterrichten wird immer mühsamer, die LehrerInnen beklagen sich bei den Eltern, die Eltern spielen den Ball zurück: „Tut etwas dagegen!“.

Bei einem ersten Projekttag mit zwei TrainerInnen des Jugendbildungswerkes der Stadt Offenbach wird vollends klar, dass es nicht einfach „Konflikte“ sind, die das Lernklima in der Klasse stören und die Klassengemeinschaft zu zerstören drohen, sondern dass das in der beginnenden Pubertät beherrschende Mädchen/Jungen-Thema dahinter steckt.

In zwei weiteren Projekttagen wird dieses Thema jetzt mit Blick auf die Konflikthintergründe bearbeitet: Das Unbehagen der Schülerinnen und Schüler aneinander wird benannt, in Spielen loten sie selbst aus, inwieweit ihre Reibereien persönliche Hintergründe haben und inwiefern sie dem allgemeinen Mädchen/Jungen-Verhältnis entspringen. Dabei entsteht eine Offenheit, in der es möglich wird, Gemeinsamkeiten, Unterschiede und Bedürfnisse zu benennen, ohne Verletzung für die Angesprochenen. Ruhe ist damit beileibe nicht eingekehrt, aber es herrscht jetzt ein Klima von Offenheit, in dem alle Beteiligten, auch die Lehrenden, wieder mehr Freude an dieser Gemeinschaft haben.

Übungen für eine klarere Kommunikation sind fester Bestandteil des „Grundlagenprogramms“, mit dem ganze Schulklassen an Formen konstruktiver Konfliktlösung herangeführt werden.

Jens und Sebastian gehen ihrer ganzen Klasse durch ständige Besserwisserei auf die Nerven, durch ihre Art, das Unterrichtsgeschehen in der 12. Klasse an sich zu reißen. Dabei tun sie doch nur, was die Schule von ihnen verlangt: nämlich ihre Kenntnisse, die tatsächlich überdurchschnittlich sind, anzubringen. Aber gelegentlich meckern sie auch schon MitschülerInnen mit deren geringeren Kenntnissen an.

Als die gesamte Schulklasse an einem kurzen Konflikttraining in Form von zwei Projekttagen teilnimmt, kommt das Problem zur Sprache. Die Klasse, in mehrere Kleingruppen aufgeteilt, zeichnet den Konflikt graphisch in Form einer „Spinnwebanalyse“ auf.

Jetzt wird die Auseinandersetzung sehr intensiv. Jeder und jede befragt sich, was er oder sie bislang zu diesem Konflikt und seiner Lösung beigetragen hat. Das anschließende Gespräch in der großen Gruppe zeigt, dass erst jetzt bei den SchülerInnen ein Verständnis für die Position der jeweils anderen entstanden ist – und zwar durch die Möglichkeit, die eigenen Motive und Antriebe offenzulegen, ohne Nachteile für die Offenheit befürchten zu müssen.

Im nächsten Schuljahr werden nun gleich eine Reihe von Klassen solche Projekttage über Konflikte durchführen.

Klassen, die das Programm absolvieren, verändern sich. Ihre LehrerInnen und zum Teil auch die Eltern einzelner SchülerInnen berichten, die Kinder und Jugendlichen seien jetzt oft weniger leicht zufrieden mit den Angeboten der Erwachsenen; sie seien anspruchsvoller, wenn es um Entscheidungsfindung in der Klasse oder um die Lösung von Schüler-Lehrer-Konflikten geht. Und sie seien sensibler im Umgang miteinander.

Dabei sind die Trainingsmethoden einfach: Gesprächsübungen, Rollensimulationen, Interaktionsspiele und hier und da ein Arbeitsblatt über typische Konfliktverläufe. Die TrainerInnen geben jederzeit Auskunft darüber, zu welchem Zweck eine bestimmte Übungseinheit eingesetzt wird.

Kein Training kann etwas anderes leisten, als den Blick der SchülerInnen für ihre Konflikte und für ihr Verhalten im Konflikt zu schärfen, ihnen Kenntnisse über einige Gesetzmäßigkeiten im Verlauf der Konflikte zu vermitteln und ihnen schließlich noch ein paar Fertigkeiten für den konstruktiven Umgang mit Konflikten beizubringen. Je nach Dauer und Art des Konflikttrainings sind die Anteile dabei unterschiedlich verteilt. Ist es kurz, geht es fast nur um eine Schärfung der Wahrnehmung; bei den ausführlichen Ausbildungskursen für StreitschlichterInnen hingegen spielt die Vermittlung von Kenntnissen und Fertigkeiten eine große Rolle.

„Streitschlichter sein", sagt der 11-jährige Konrad in die laufende Fernsehkamera für die Landesnachrichtensendung, „das ist gut, weil man stolz darauf sein kann."

Konrad hat eben als Teilnehmer eines Streitschlichterkurses in einer Serie von Rollenspielen gezeigt, wie das Mediationsverfahren idealerweise abläuft. Um Fisch ging es dabei. Der Wohnort von Konrad und seinen Freunden liegt am Main und Angeln ist unter den Jungen eine angesehene und begehrte Freizeitbeschäftigung. Insofern war der gespielte Streit durchaus typisch: über die Qualität der gefangenen und nicht gefangenen Fische, über die Kompetenz, die ein richtiger Angelschein mit sich bringt, über Erfolg und Nichterfolg. Ein Rollenspiel ging schnell zu Ende. Konrad fragte: „Wollt ihr euch eigentlich wirklich streiten?" – die beiden Kampfhähne sagten „Nein" und die Empfehlung des jungen Mediators lautete: „Na, dann gebt euch doch die Hand."

Die Raschheit, mit der Kinder auch im richtigen Leben ihre Streitereien beenden können, wenn die Umstände dafür gegeben sind, überrascht die Erwachsenen immer wieder. Dann fühlen sie sich als die Lernenden. Kinder und Jugendliche mögen nicht immer willig sein, den Linien eines ausgeklügelten Programms zu folgen - aber sie haben oft einen sehr direkten Zugang zu den Dingen, die das Programm ihnen anbietet.

Aber sie können auch das Programm vermitteln: Ahmed räuspert sich und sagt mit leicht belegter Stimme: „So, meine Gruppe kommt bitte ins Nebenzimmer, dort können wir in Ruhe arbeiten ... Setzt euch bitte paarweise gegenüber und probiert das ‚Reflektierende Zuhören' mal mit folgendem Thema: ..."

Ahmed ist 12 Jahre alt und besucht die 7. Klasse einer Gesamtschule. Bei uns tritt er heute als Co-Trainer für SchülerInnen einer 6. Klasse seiner Schule auf. Ahmed hat wenige Wochen zuvor einen Ausbildungskursus als Streitschlichter für SchülerInnen absolviert. Jetzt hilft er selbst bei der Durchführung des nächsten Kurses mit. Das ist eine gute Gelegenheit, die neuerworbenen Kenntnisse an die MitschülerIn zu bringen - und es stärkt seine Stellung als Streitschlichter, denn wer etwas unterrichtet, der wird es ja wohl auch selbst können.

Ahmed ist zu dieser Beschäftigung eher zufällig gekommen; seine ältere Schwester hatte sich zur Ausbildung als Streitschlichterin angemeldet. Da der Kompaktkursus aber in einem Tagungshaus stattfand und die Übernachtung außer Haus von der traditionell muslimisch geprägten Familie als problematisch empfunden wurde, musste der jüngere Bruder als Hüter der guten Sitten mitfahren.

Ahmeds Schwester, die hochintelligente Sherifa, hatte das Konzept der Arbeit rasch begriffen; nicht umsonst war sie Klassensprecherin. Aber Ahmed, der in seiner Klasse eher unauffällig geblieben war, hat ein feines Gespür für die Schwingungen in den Konflikten seiner MitschülerInnen. Er wirkt nicht brilliant, doch er merkt, was passiert und weiß, wie er sich darum kümmern kann. Was ihm aber immer noch gegen den Strich geht, ist, dass es bei der neuen Methode nicht um Gerechtigkeit geht – wie gerne wäre er der Richter und würde sich für die Benachteiligten einsetzen – sondern nur darum, Lösungen zu finden, die für beide Seiten akzeptabel sind.

Dies gilt auch dann, wenn die beiden Streitenden sich sehr voneinander unterscheiden:

„Also, dieser Mathematiklehrer scheint wirklich ein schwieriger Brocken zu sein", erklärt Bingül in der „Problemlösergruppe". Diese aus SchülerInnen und LehrerInnen zusammengesetzte Gruppe an einer Gesamtschule absolviert gerade eine Mediations-Ausbildung, sieben über ein Halbjahr verteilte Ausbildungstage. Schon nach dem dritten Tag beginnt die Gruppe mit der Bearbeitung der ersten Fälle. Am Beginn der Reihe stand der Konflikt zwischen einer fünften Klasse und ihrem Mathematiklehrer. Dieser Lehrer wird von den SchülerInnen oft als ungerecht bezeichnet; sie werfen ihm vor, dass er nicht bereit sei, auch den schwächeren SchülerInnen neue Aufgaben ausreichend zu erklären. Als nun an dem Ausbildungstag mit

Hilfe einer „Punkte-Liste" erwogen wird, was denn die möglichen Gründe und Antriebe für das Verhalten des Lehrers sein mögen, lichten sich die Probleme für die angehenden MediatorInnen schon etwas. Aber Bingül bleibt eben doch skeptisch: „Ein schwieriger Brocken ..."

Erst am Ende des Tages verrät ihr der ausbildende Trainer verschmitzt, dass der bewusste Mathematiklehrer vielleicht ein erster idealer Mediationsklient wird: Er war nämlich erst wenige Wochen zuvor Teilnehmer bei einer Fortbildung über konstruktive Konfliktlösung für alle LehrerInnen der 5. Klassen an dieser Schule.

Dass den Streitschlichterkursen Basisprogramme vorausgehen, nicht nur mit den SchülerInnen ganzer Jahrgangsklassen, sondern auch mit den LehrerInnen, ist günstig, um die Akzeptanz der Streitschlichtergruppe zu beschleunigen. So wird der schulische Rahmen für die Einrichtung der Mediationsgruppe vorbereitet und gestaltet.

Cornelia N., Klassenlehrerin einer siebten Hauptschulklasse, bringt einen selbst gebackenen Kuchen ins Lehrerzimmer und lädt ein, sich zu bedienen. „Ach, hast du Geburtstag?" Der Frage der Kollegin folgt ein verschwörerisches Lächeln von Cornelia N. „Nein, aber es gibt wohl etwas zu feiern: Ich habe beim Chef durchgesetzt, dass Barbara T., Helmut K. und ich in unseren 7. Klassen jeweils in einer Wochenstunde die Klasse teilen - und mit der geteilten Klasse kann ich jetzt die Spiele zum sozialen Lernen aus den Projekttagen mit dem Jugendbildungswerk weiterführen, in richtiger Atmosphäre und so, dass wir alle Spaß daran haben."

Cornelia N. und ihre beiden Kolleginnen haben begonnen, den schulischen Rahmen so zu verändern, dass ihr Projekt, „ein System konstruktiver Konfliktlösung an dieser Schule zu installieren", auf den Weg kommt. Bis dahin hatten sie sich, so wie viele LehrerInnen, in einem Kreis bewegt von „das geht an unserer Schule nicht", „dafür habe ich zu wenig Zeit" und „es wäre schön, wenn man das umsetzen könnte." Jetzt tauschen sie einmal im Monat bei einem Fortbildungsnachmittag ihre Erfahrungen aus und helfen einander mit Tipps.

Felix gibt gerne mit seiner neuen Schule an. „Wir putzen die Schule selber und renovieren sogar die Klassenzimmer selbst; unser Rektor gibt uns Schauspieluntericht; bei uns sind Kinder aus 40 Nationen; und wenn zwei mal ganz schlimm Streit haben, hilft ihnen die Streitschlichter-AG." Der Junge hat nicht übertrieben. An dieser Gesamtschule wird Peer-Group-Education großgeschrieben und die fest installierte und von einer Lehrerin betreute Streitschlichter-AG passt in dieses Bild.

Die Mediationsgruppe an der Oberstufe eines Wirtschaftsgymnasiums sieht etwas anders aus. Die Konflikte unter den SchülerInnen und zwischen SchülerInnen und LehrerInnen sind härter. Es geht direkter um Noten, Abschlüsse und eben auch Lebenschancen. Nachdem eine Gruppe von SchülerInnen ein Mediationstraining gemacht hat, beginnt nun ein ähnliches Training mit LehrerInnen. Ziel ist, durch gemischte Mediationsteams (eine LehrerIn, eine SchülerIn) auch Konflikte zwischen SchülerInnen und LehrerInnen vermitteln zu können.

Beide Gruppen zeigen: Jede Schule braucht eine maßgeschneiderte Lösung, die gemeinsam mit allen Beteiligten entwickelt werden muss. Dann ist der Boden vorbereitet und der Rahmen stimmt. Und das ist, um es mit Konrad zu sagen, schon ein Grund, stolz zu sein.

2. Neue Wege suchen

Diese Beispiele aus der Arbeit in dem Offenbacher Modellprojekt „Gewaltprävention" zeigen, dass es durchaus möglich ist, mit Konflikten im Alltag der Schulen und Kinder- und Jugendeinrichtungen in einer anderen, konstruktiven Weise umzugehen und Lösungen zu finden, die für alle Seiten befriedigend sind.

Mit diesem Trainingsprogramm versuchen wir auch, Wege und Möglichkeiten aufzuzeigen, um in der pädagogischen Diskussion über Gewalt und Konflikte aus der Sackgasse herauszukommen. Seit Jahren wird diese Diskussion in unzähligen Büchern und Zeitschriftenartikeln von der Klage über die zunehmende

Gewalt und den Anstieg von Konflikten in den Schulen und in der Jugendarbeit bestimmt. Dazu sind viele Umfragen veranstaltet, viele Konferenzen durchgeführt und viele Pilotprojekte finanziert worden.

Die Ergebnisse dieser vielen Aktivitäten sind unserer Meinung nach deshalb so unbefriedigend, weil ein negativer und beschränkter Konfliktbegriff zum Ausgangspunkt pädagogischen Handelns gemacht wird. Konflikte werden grundsätzlich als störend, bedrohlich und destruktiv betrachtet. Außerdem konzentriert sich die Aufmerksamkeit zumeist auf dramatische Aktionen oder Gewalttaten. Oft wird überhaupt erst über einen Umgang mit Konflikten nachgedacht, wenn „etwas passiert" ist und dies öffentlich bekannt wird.

Mit traditionellen pädagogischen Mitteln wird dann daran gearbeitet, weitere Zuspitzungen zu verhindern. Und wenn sich die Situation „normalisiert" hat, geht das öffentliche Interesse und in der Regel auch die Finanzierung solcher Projekte zurück. Beim nächsten Eklat geht dann die Diskussion von vorne los.

Um aus dieser Sackgasse herauszukommen, in der die Pädagogik in der „Gewalt"-Diskussion steckt, ist ein grundlegender Wandel im Herangehen an solche Fragen notwendig. Dabei gibt es keine Patentrezepte.

Wir müssen uns darüber klar werden, dass wir uns in dieser Diskussion weitgehend mit dem falschen Gegenstand beschäftigt haben. Das Hauptproblem ist nicht die so genannte zunehmende Gewaltbereitschaft von Kindern und Jugendlichen, sondern die Tatsache, dass unsere Lösungen für Konflikte und unser Herangehen an Konfliktlösung unzulänglich sind – und of in der Folge auch kostspielig. Die zunehmende Komplexität der Welt und die wachsenden Anforderungen an Kinder und Jugendliche zwingen uns dazu, unsere Methoden der Konfliktlösung zu überdenken und nach neuen Wegen und Methoden zu suchen. Diese Notwendigkeit ergibt sich aus den schon länger laufenden, aber sich in den letzten Jahren verstärkenden gesellschaftlichen Prozessen der Individualisierung. Die traditionellen Milieus, Familienstrukturen und Nachbarschaftsverhältnisse, welche Orientierungs-, Sinngebungs-, und Konfliktregulierungsfunktionen erfüllten, haben sich mehr und mehr verändert und teilweise aufgelöst. Dieser gesellschaftliche Wandel bietet einerseits Chancen zur größeren Selbstverwirklichung, andererseits erhöhen sich für das Individuum Leistungsdruck und Konkurrenz, was vor allem für Kinder und Jugendliche zum Problem werden kann. Besonders der Wegfall von allgemein akzeptierten Formen der Konfliktregulierung verstärkt den Trend zu gewalttätigen Lösungsversuchen. „Defizite der Konfliktregulierung markieren die Einbruchstellen für Gewalttaten", heißt es entsprechend in der wissenschaftlichen Forschung.

Das vorliegende Buch erhebt nicht den Anspruch, darauf eine umfassende Antwort zu geben. Es versucht, einen Weg zu weisen, der zumindest die Chance bietet, neue und für alle Beteiligten akzeptable Lösungen für Konflikte zu finden.

3. Konstruktive Konfliktbearbeitung

Wir gehen in unserem Trainingsprogramm von einem positiven Konfliktbegriff aus und betrachten Konflikte als etwas ganz Normales im Zusammenleben. Dabei ist gleichgültig, ob man Konflikte etwas allgemeiner als „Zusammenprall von Interesse, Werten, Aktionen oder Richtungen" (de Bono) oder stärker bezogen auf den sozialen Konflikt als „subjektive Beeinträchtigung durch andere" (F. Glasl) definiert, immer gehen wir von der Grundposition aus, dass Konflikte als etwas Positives zu betrachten sind. Sie sind ein wichtiges Signal, dass etwas nicht stimmt und verändert werden muss. Konflikte bieten eine Chance zur Entwicklung und zur Verbesserung der gegenseitigen Beziehungen. Die entscheidende Frage ist, wie diese Konflikte zur Kenntnis genommen und bearbeitet werden. Nicht der Konflikt an sich ist das Problem, sondern die Art und Weise, wie damit umgegangen wird.

Gefährlich sind die ungelösten Konflikte, die zwar in oft harmlosen Meinungsverschiedenheiten oder Missverständnissen ihren Ursprung haben, aber derart eskalieren können, dass die Beteiligten sehr darunter leiden und keinen Ausweg mehr finden.

Oder anders ausgedrückt: Nur wenn man Konflikte als etwas Positives betrachtet und konstruktiv mit den entstehenden Konflikten umgeht, kann man in den meisten Fällen Gewalt und Leid vermeiden. Ein konstruktiver Umgang mit Konflikten ist für Kinder und Jugendliche auch ein wesentliches Element des sozialen Lernens. Im Bewältigen von Konflikten liegt ein enormes Lern- und Wachstumspotential, das es pädagogisch zu nutzen gilt.

Das vorliegende Trainingsprogramm macht den Versuch, eine solche Didaktik konstruktiver Konfliktbearbeitung zu entwickeln.

Dabei sind wir von 5 grundlegenden Überlegungen ausgegangen.

1. Zwischen Mensch und Problem unterscheiden.
Konstruktive Konfliktbearbeitung bedeutet, eine Lösung für das Problem zu suchen, ohne die Person des Gegenübers anzugreifen.

2. Zwischen Position und Bedürfnis unterscheiden.
Wenn man nur von den zu Beginn eines Konflikts eingenommenen Positionen ausgeht, ist eine einvernehmliche Lösung in der Regel nicht möglich. Wenn man dagegen die dahinter liegenden Bedürfnisse genauer betrachtet, dann ist es viel leichter, eine Lösung – oder wenigstens einen Kompromiss – zu finden.

3. Die verschiedenen Ebenen eines Konflikts beachten.
Oft geht es in Konflikten gar nicht um den vordergründigen Streitgegenstand, sondern eigentlich um etwas ganz anderes. Vielleicht um lange zurückliegende, unbearbeitete Konflikte, Missverständnisse, Machtkämpfe usw. Verschiedene Übungen in diesem Programm sollen helfen, den Blick für solche Konflikthintergründe zu schärfen.

Allerdings ist es dabei auch wichtig, die Grenzen pädagogischen Handelns zu erkennen. Bei der Bearbeitung von Konflikthintergründen ist es möglich, dass ein weiteres In-die-Tiefe-Gehen ein Überschreiten der Grenze hin zu therapeutischen Maßnahmen bedeuten würde. Hier ist es für die TrainerIn wichtig, diese Grenzen sehr sorgsam zu beachten. Das vorliegende Trainingsprogramm ist ein pädagogisches Programm, das die Fertigkeiten der Einzelnen in der Kommunikation und auf der Ebene des „sachgerechten Verhandelns“ schult. Die Bearbeitung von tiefer gehenden Persönlichkeits- und Beziehungsproblemen ist die Aufgabe der Therapie und der dafür ausgebildeten Personen und entsprechenden Institutionen.

4. Die Kommunikation aufrechterhalten und wiederherstellen.
Je weiter der Konflikt eskaliert, um so ungenauer und oft vorurteilsbeladener wird die Kommunikation unter den Beteiligten. Das Trainingsprogramm enthält eine Fülle von Übungen, die kommunikative Grundfertigkeiten gezielt schulen.

5. Nach neuen Lösungen suchen.
Für viele Konflikte gibt es nicht nur die Lösung der einen oder anderen Partei, sondern vielleicht eine ganz andere. Neue und überraschende Lösungen können mit der Methode des „entwerfenden Denkens“(de Bono) gefunden werden. Oft ist schon viel erreicht, wenn die Konfliktbeteiligten sich darauf einlassen, gemeinsam nach anderen Lösungsmöglichkeiten zu suchen, statt all ihre Kraft darauf zu verwenden, ihre ursprünglich eingenommene Position durchzusetzen.

4. Mediation

Für die an dem Konflikt Beteiligten ist es in der Regel schwierig, diese Verhaltensregeln konstruktiver Konfliktbearbeitung einzuhalten. Zu sehr sind sie im Konflikt und in ihren jeweiligen Sichtweisen gefangen.

Leichter wird es, wenn eine dritte Person - gleichsam von außen - den Beteiligten hilft, die Grundregeln des Umgangs miteinander zu beachten, die Kommunikation zu sichern und nach Lösungen zu suchen. Dafür gibt es eine ausgearbeitete Methode, die Mediation. Mediation ist ein Verfahren für konstruktive Konfliktlösung, das in den 60er und 70er Jahren in den USA entwickelt wurde und dort mit Erfolg in vielen Lebensbereichen angewendet wird. Wörtlich übersetzt bedeutet Mediation „Vermittlung“. Gemeint ist die Vermittlung in Konflikten durch unparteiische, neutrale Dritte, die von allen Seiten akzeptiert werden. Die MediatorInnen führen die Konfliktparteien durch einen Klärungsprozess, der die KontrahentInnen befähigt, die eigenen Interessen und Gefühle zu erkennen, diejenigen der anderen Seite zu verstehen und gemeinsam eine einvernehmliche Konfliktlösung zu finden. Das Mediationsverfahren bietet ein umfangreiches Instrumentarium, um eine konstruktive Konfliktlösung zu ermöglichen.

Im Baustein 6, „Mediation“, haben wir auf der Basis der amerikanischen Erfahrungen und Grundlagenliteratur ein neues Trainingsprogramm für den Einsatz in pädagogischen Prozessen entwickelt.

5. Peer-Group-Education

Da wir Kinder und Jugendliche befähigen wollen, bei Konflikten in ihrer Altersgruppe und in ihrer Klasse zu vermitteln, haben wir zudem die in den USA und Großbritannien entwickelten Erfahrungen mit Peer-Group-Education aufgenommen.

Diese Konzeption geht von der Tatsache aus, dass Kinder und vor allem Jugendliche sehr stark von ihrer Peer-Group, also von Gleichaltrigen, beeinflusst werden. Allerdings wird das zumeist als negativ betrachtet und beklagt, dass der Einfluss in den Peer-Groups die Jugendlichen zu Nikotin-, Alkohol-, oder Drogenkonsum verführe und eine Entwicklung zu sozialem Verhalten verhindere.

Peer-Group-Education setzt genau an diesem Punkt – dem großen Einfluss, den die Peer-Group auf die Entwicklung von Kindern und Jugendlichen hat – an und macht daraus ein positives pädagogisches Konzept. Das beinhaltet zuvorderst eine andere Haltung zu Kindern und Jugendlichen und ihrer Peer-Group. Sie werden nicht als Problemverursacher, sondern als Problemlöser gesehen.

Eigentlich ist dies kein neuer Gedanke. Die Überlegung, die Problemlösungskompetenzen von Kindern und Jugendlichen in den Erziehungsprozess einzubeziehen, ist in vielen pädagogischen Konzeptionen enthalten. In diesem Prozess verändert sich auch die Rolle der LehrerIn, die als Coach anders arbeiten muss. Der Pädagoge Paulo Freire, der in den Alphabetisierungskampagnen in Lateinamerika Peer-Group-Education angewandt hat, meint dazu: „Der Lehrer ist nicht länger der Einzige, der lehrt, sondern einer, der selbst im Gespräch mit den Schülern belehrt wird ... Sie sind gemeinsam verantwortlich für einen Prozess, in dem alle wachsen.“

Peer-Group-Education als spezielle Methodik ist vor allem dann einsetzbar, wenn es darum geht, dass Kinder und Jugendliche sich gegenseitig helfen, ein Problem zu lösen oder sich gegenseitig vor negativen Tendenzen zu bewahren.

Im Baustein 7 sind dazu eine ganze Reihe von Übungen und Spielen zusammengestellt.

6. Konfliktmanagement

Konstruktive Konfliktbearbeitung in Schulen und Kinder- und Jugendeinrichtungen bezieht sich nicht nur auf Veränderungen im individuellen Verhalten von SchülerInnen und LehrerInnen, sondern auch auf Veränderungen in Gruppen- und Einrichtungsstrukturen.

Gerade in pädagogischen Prozessen haben wir es mit Konflikten zu tun, die sich häufig wiederholen oder ähnliche Ursachen haben. Manchmal sind es auch äußere Einflüsse, die immer wieder zu Problemen führen. Deshalb haben wir uns auch mit Konfliktmanagement beschäftigt und verschiedene Elemente in unser Trainingsprogramm eingebaut. Konfliktmanagement wird im Bereich der Unternehmensberatung und Organisationsentwicklung angewandt. Es geht um Konfliktbearbeitung in Institutionen und sozialen Einrichtungen. Wir haben uns besonders mit dem Buch von F. Glasl, „Konfliktmanagement. Ein Handbuch für Führungskräfte und Berater“ beschäftigt. Glasl hat viele Instrumente zum Erkennen und Verstehen von Konflikten entwickelt und bietet in seinem Buch viele theoretische und praktische Anregungen zur konstruktiven Bewältigung von Konflikten in Institutionen und sozialen Gruppen. Aus Hinweisen in seinem Buch haben wir Übungen, vor allem für die Bausteine 2, 3 und 8, entwickelt.

7. Das Offenbacher Modellprojekt

Das Trainingsprogramm wurde im Rahmen des Offenbacher Modellprojektes zur Gewaltprävention entwickelt und inzwischen vielfach erprobt.

1993 hatten der Magistrat und die Stadtverordnetenversammlung in einem Beschluss das Jugendbildungswerk der Stadt Offenbach beauftragt, ein Modellprojekt zur Prävention von Gewalt und Fremdenfeindlichkeit, Antisemitismus und Rechtsextremismus zu entwickeln.

Ausgangspunkt für die Erarbeitung dieses Projekts waren die oben dargelegten Überlegungen, vor allem der Gedanke, nicht an der Gewaltdiskussion anzusetzen, sondern ein Programm zur Bearbeitung der im Alltag an Kinder - und Jugendeinrichtungen entstehenden Konfliktsituationen zu entwickeln. Ziel ist, den Schulen und Kinder- und Jugendeinrichtungen der Stadt zu helfen, mit den spezifischen kommunalen Problemlagen besser umgehen zu können. Da ist zum einen ein sehr hoher Anteil von Sozialhilfeempfängern. Dies schafft nicht nur finanzielle Probleme für die Kommune, sondern bedeutet auch, dass viele Kinder schon früh von Armut betroffen sind. Diese Situation hat sich in den letzten Jahren durch den Mangel an Lehrstellen noch verschärft. Besonders negativ wirkt sich dies für die Migrantenjugendlichen in Offenbach aus. Dies ist ein wichtiger Faktor, da Offenbach neben Frankfurt die Stadt mit dem höchsten Ausländeranteil in Deutschland ist. Der Anteil der ausländischen Wohnbevölkerung liegt bei fast 30%, bei Kindern und Jugendlichen sogar bei ca. 40%.

Um gezielte Bearbeitungsformen für bestimmte Problemlagen zu entwickeln und sie schrittweise in die Regelarbeit der entsprechenden Institutionen implementieren zu können, wurde das Modellprojekt mit Projektmanagement geplant. Projektmanagement ist eine Methode zur Planung von Prozessen, die in der Industrie entwickelt wurde und zur effizienteren Umsetzung von Neuerungen und Änderungen eingesetzt wird. Im Bereich der Jugend- und Sozialarbeit wird diese Methode noch wenig angewandt. Unsere Erfahrungen zeigen, dass Projektmanagement auch in diesem Bereich erfolgreich eingesetzt werden kann. Ein über Abteilungs- und Einrichtungsgrenzen hinweg abgestimmtes, zielorientiertes Handeln zur Realisierung von Innovation wird durch Projektmanagement erheblich erleichtert und beschleunigt.

Dabei wird ein Projektstrukturplan erarbeitet, der in Teilaufgaben (TA) und Arbeitspakete (AP) gegliedert wird. Diese systematische Herangehensweise macht allen Beteiligten vorab deutlich, was auf sie zukommt.

Die Hauptziele dieses Modellprojekts sind:

1. ein System konstruktiver Konfliktlösung in den Schulen und Kinder- und Jugendeinrichtungen der Stadt Offenbach zu entwickeln und in die Regelarbeit zu implementieren.
2. eine Infrastruktur für Toleranz- und Menschenrechtserziehung aufzubauen. Das heißt konkret: Programme für interkulturelle Erziehung, geschlechtsspezifische Pädagogik, Menschenrechts- und Demokratie-Erziehung und Erinnerungsarbeit zu entwickeln und sie den PädagogInnen, SozialarbeiterInnen und ErzieherInnen zur Verfügung zu stellen.
3. ein kommunales Netzwerk als eine Art soziales Frühwarnsystem in den Stadtteilen aufzubauen.

Das Modellprojekt ist auf drei Jahre angelegt.

Auf der Grundlage dieser Ziele wurde ein Projektstrukturplan entwickelt, der seit Mitte 1994 Schritt für Schritt in die Tat umgesetzt wird. Dieser Projektstrukturplan wird nun halbjährlich fortgeschrieben.

Einer der Schwerpunkte 1994/95 war die Ausbildung einer Pilotgruppe von PädagogInnen und die intensive Beschäftigung mit den auch für uns neuen pädagogischen Verfahren und Methoden. In einem einjährigen Trainingskurs wurden 15 Personen in Methoden konstruktiver Konfliktlösung, v.a. in Mediation, ausgebildet. Sehr positiv wirkte sich aus, dass diese Gruppe sich aus LehrerInnen, SozialarbeiterInnen und ErzieherInnen zusammensetzte. Im zweiten Teil dieser Ausbildung wurden von den TeilnehmerInnen konkrete Projekte erarbeitet, die nun mit Unterstützung des Jugendbildungswerkes in den jeweiligen Schulen, Jugendzentren oder Kindertagesstätten umgesetzt werden.

Inzwischen werden Projekte an 12 Schulen und mehreren Kindertagesstätten und Jugendeinrichtungen durchgeführt.

Dieses Trainingsprogramm ist Ergebnis, aber zugleich auch Grundlage und inhaltliche Klammer dieses komplexen Projektes. Der Baustein 8 „Schulprogramm“ behandelt auch die Frage, welche strukturellen Veränderungen bei der Umsetzung des Programms überlegt werden sollten.

• Phasenplan •

1. Projektphase: →	Erarbeitung der Grundlagen / Konzeptentwicklung
2. Projektphase: →	Erprobung der Konzepte / Installierung Projektmanagement
3. Projektphase: →	Umsetzung in den verschiedenen Bereichen
4. Projektphase: →	Auswertung / Entwicklung der Produktpalette
5. Projektphase: →	Implementierung für den Regelbetrieb

• III. Projektstrukturplan (1. Hj. 96) •

Teilaufgabe A

Konfliktbearbeitung und -beratung

Arbeitspakete:

- **A1** *Kita-Programm*
- **A2** *Schulprogramm*
- **A3** *Trainings für Gruppen*
- **A4** *Fortbildung: KonfliktberaterIn*
- **A5** *Veranstaltungen*

Teilaufgabe B

Aufbau einer Infrastruktur Toleranz und Menschenrechtserziehung

Arbeitspakete:

- **B1** *Zielgruppenorientierte Projekte*
- **B2** *Interkulturelle Arbeit*
- **B3** *Übergreifende Projekte*
- **B4** *Methodenpool*

Teilaufgabe C

Aufbau eines kommunalen Netzes

Arbeitspakete:

- **C1** *Brücken bauen*
- **C2** *Infothek*
- **C3** *Projektbüro*

Teilaufgabe A → Konfliktbearbeitung und -beratung →

Ziel: Installierung eines Systems konstruktiver Konfliktlösung in den Kinder- und Jugendeinrichtungen

A1

Projekte zur Einübung von Formen konstruktiver Konfliktbearbeitung an Kindertagesstätten
Trainings als Teil der Ausbildung von ErzieherInnen

A2

Projekte mit Schulklassen
- Grundlagenprogramm in der Grundschule
- Übergangsprogramm in 5./6. Klassen
- Sensibilisierungsprogramm für Klassen ab dem 7. Schuljahr
- Diagnose- und Bearbeitungsprogramm für aktuelle Konflikte

A3

Trainings zur Ausbildung von MediatorInnen
Aufbau und Betreuung von Mediationsgruppen an Schulen

A4

Fortbildungsprojekte für ErzieherInnen, LehrerInnen und SozialarbeiterInnen

A5

Trainings, Fachtagungen und Podiumsdiskussionen zu
- Schulmediation
- Umgang mit aggressiven Situationen
- Demokratie- und Toleranzerziehung

II. WIE ARBEITEN MIT DEM PROGRAMM?

1. Ziele

Allgemeine Zielsetzung des vorliegenden Programms ist es, Kinder und Jugendliche zu befähigen, auf Gewalt als Mittel zur Lösung von Konflikten zu verzichten und Konflikte konstruktiv zu bewältigen. Dieses Ziel soll durch eine Fülle verschiedener individueller und struktureller Angebote zu konstruktiver Konfliktlösung erreicht werden. Durch Vermittlung von Grundregeln der Mediation und Erweiterung der Handlungskompetenz in kritischen und aggressiven Situationen sollen Kinder und Jugendliche im Unterricht und in den Unterricht ergänzenden Trainings lernen, mit Konflikten in einer anderen, kreativen Weise umzugehen und in Konfliktsituationen bei anderen Kindern und Jugendlichen zu vermitteln.

Gleichzeitig sollen die Lehrerinnen und Lehrer befähigt werden, Konflikte frühzeitig zu erkennen und entsprechend zu reagieren. Denn häufig werden Konflikte zwischen Kindern und Jugendlichen erst zur Kenntnis genommen, wenn „etwas passiert", also eine Auseinandersetzung eskaliert ist. Und auch dann wird meist nur der Vorfall bearbeitet und nicht die dahinter stehenden Konflikte, Nöte und oft auch durchaus berechtigten Interessen und Wünsche.

Langfristig wirksam werden diese Bemühungen, wenn Formen konstruktiver Konfliktlösung in den allgemeinen Unterricht und den regulären Ablauf des Schulalltags integriert und so Teil der Schulkultur werden.

Darüber hinaus sollen auch die Problemlagen für Kinder und Jugendliche beachtet werden, die sich aus der Umgebung der Schule, dem Stadtteil, der Veränderung des Wohnumfeldes, dem Wechsel der Lebensbedingungen und der Veränderung jugendlicher Räume ergeben. Ihre Bearbeitung soll in Konzepte zur Öffnung von Schule integriert und mit Veranstaltungen außerschulischer Jugendarbeit verbunden werden.

Konkret können mit dem vorliegenden Trainingsprogramm folgende Ziele erreicht werden:

1. Kindern und Jugendlichen werden Formen konstruktiver Konfliktlösung vermittelt, die ihre persönlichen Fähigkeiten, in Konfliktsituationen auf Gewalt als Mittel zur Lösung von Konflikten zu verzichten, erweitern.

2. Eine kleinere Gruppe von Kindern und Jugendlichen in jeder Institution wird zu MediatorInnen ausgebildet, um in Konfliktsituationen anderer Kinder und Jugendlicher vermitteln zu können.

3. Lehrerinnen und Lehrer werden in Fortbildungsmaßnahmen befähigt, Konflikte früher zu erkennen, gezielter und effektiver zu reagieren und die Arbeit der MediatorInnen zu fördern und abzusichern.

4. Die in einer Projektphase erprobten Formen konstruktiver Konfliktbearbeitung werden in die Schulkultur, die Schulkonzeption und den regulären Ablauf von Unterricht oder pädagogischen Maßnahmen in der Jugendarbeit integriert.

5. Es ist am günstigsten, wenn diese Mediationsprogramme in Kooperation von außerschulischer Jugendbildung und Schule entwickelt werden. Dies ist eine Chance, neue Formen für eine Zusammenarbeit von außerschulischen und schulischen Bildungsträgern zu finden.

Klima der Hoffnung

Um ein Klima der Hoffnung herzustellen, muss man (nach Tom Leimdorfer, einem englischen Pädagogen, der mit Mediation arbeitet) fünf grundlegende Bestandteile beachten:

1. ein Klima der Bestätigung schaffen (wertschätzen, was jemand ist, nicht, was er macht);

2. ein Klima des aktiven Zuhörens schaffen;

3. ein Klima der Kooperation schaffen;

4. ein Klima der Problemlösung aufbauen (Probleme und Konflikte als Wachstumspotentiale);

5. ein Klima der Menschenrechte aufbauen (als Maßstab, der auch in der Kita, in der Schule, im Jugendzentrum, in der Clique gilt).

2. Die Struktur des Programms

Das Offenbacher Trainingsprogramm gliedert sich in 8 Bausteine, 28 Einheiten und das Kapitel „Spiele".

Grundgedanke für die Gliederung und den Aufbau des Trainingsprogramms ist es, Kinder, Jugendliche und auch PädagogInnen möglichst umfassend als MediatorInnen auszubilden und Anregungen für die Verankerung von Formen konstruktiver Konfliktlösung in Klassen/Gruppen und Institutionen zu geben.

Baustein 1: Grundregeln enthält in den Einheiten 1 bis 4 verschiedene Übungen zur Gruppenfindung und zur Einübung und Verankerung von Gesprächs- und Verhaltensregeln in der Gruppe.

In **Baustein 2: Konflikt** geht es in der Einheit 5, „Was ist ein Konflikt?", darum, sich mit dem Begriff Konflikt auseinander zu setzen und in der Problem landkarte die bestehenden Konflikte zu eruieren und zu ordnen. Dies wird in Einheit 6, „Struktur von Konflikten", vertieft. In Einheit 7, „Motive und Emotionen verstehen", geht es darum, das eigene Verhalten in Konfliktsituationen zu reflektieren.

In **Baustein 3: Konfliktanalyse** wird die genaue Betrachtung von Konflikten noch vertieft. Die Einheiten 8, 9 und 10 bieten Instrumente zur detaillierten Analyse von Konflikten. Die Einheit 11, „Hanno und Hannah", betrachtet die geschlechtsspezifischen Aspekte von Konflikten; Einheit 12, „Das Eigene und das Fremde", thematisiert die interkulturellen Aspekte. Inhalt der Einheiten 5 bis 12 ist es, jeweils bestimmte Instrumente als Analyseformen für Konflikte handhaben zu lernen: Problemlandkarte, Spinnwebanalyse, Punkteliste, Eskalationsskala, Konfliktatlas und Genauer Hinsehen I und II.

In **Baustein 4: Kommunikation** geht es in den Einheiten 12 bis 15 um kommunikative Grundfertigkeiten und sachgerechtes Verhandeln. Im Zentrum stehen dabei die Übungen 15.2-15.4, „Reflektierendes Zuhören", „Kontrollierter Dialog" und „Nicht verletzende Ärgermitteilung".

Baustein 5: Konsens gibt die Grundrichtung der Mediation an, nämlich den Kontakt zwischen den Konfliktparteien aufrechtzuerhalten und wiederherzustellen und eine Lösung zu finden, die den Wünschen und Interessen aller Beteiligten entspricht.

In **Baustein 6: Mediation** wird in 5 ausführlichen Einheiten das Mediationsverfahren eingeübt.

In **Baustein 7: Peer-Group-Education** geht es darum, wie mit der Methodik von PGE eine StreitschlichterInnen-Gruppe aufgebaut und an der Schule verankert werden kann.

Die Bausteine 1-7 sind vor allem für Trainings mit Kindern und Jugendlichen gedacht.

Baustein 8: Schulprogramm wendet sich an die verantwortlichen PädagogInnen. In Einheit 27, „Arbeiten als Coach", geht es um Reflexion über die eigene Rolle als Erwachsene/r im Umgang mit Peer-Groups und in der Einheit 28 um Hinweise und Überlegungen, wie Formen konstruktiver Konfliktbearbeitung in die Struktur und Kultur von Schulen bzw. Kinder- und Jugendeinrichtungen integriert werden können.

Im Kapitel **Spiele** sind eine Fülle verschiedener Spiele zusammengestellt, die je nach Alter, Zusammensetzung der Gruppe und Situation im Rahmen unseres Programms eingesetzt werden können.

3. Methoden und Techniken

Der Ausbildungskurs arbeitet mit einem klar definierten Set von Methoden und Techniken. Ihr Werkzeugcharakter und ihr Bezug zur jeweiligen Aufgabenstellung sollten Ihnen als TrainerIn jederzeit bewusst sein. Wie auf der inhaltlichen Ebene stets klar sein sollte, ob die TeilnehmerInnen gerade geschult werden in Bezug auf ihren Wissensstand, ihre Sensibilität oder ihre Fertigkeiten, so sollten Sie auch Auskunft geben können über die Funktionsweise der einzelnen Einheiten und Schritte.

Die Methoden, die in dieser Ausbildung zur Anwendung kommen, zielen nicht auf eine „subkutane" Beeinflussung der TeilnehmerInnen. Vielmehr streben wir an, dass sie sich aller Prozesse in dieser Ausbildung bewusst sind und bleiben. Die Schaffung von deutlichen Situationen und Bildern, an die sich die TeilnehmerInnen später erinnern können, ist deshalb das angestrebte Ideal.

Die Inhalte, die in diesem Training vermittelt werden sollen, können niemals wichtiger sein als die Menschen, denen wir sie vermitteln. Das sollte in jeder Trainingseinheit spürbar sein. Respekt vor den TeilnehmerInnen steht hinter den Methoden und Techniken der Arbeit mit der Gruppe; wenn sie auch in diesem Geist eingesetzt werden, können sie beitragen, einen Arbeitsraum zu schaffen, der Vertrauen ermutigt, aber das Spiel mit Nähe und Distanz jeder einzelnen TeilnehmerIn selbst überlässt. Wir suchen nicht Katharsis, sondern Lösungen. Wir setzen nicht auf Kontrolle, sondern auf Anleitung. Ergebnisse sind uns wichtig bei einem Ausbildungskurs - aber das Augenmerk gilt vor allem dem Prozess.

Einführungen zu den Einheiten werden knapp gehalten. Die Texte dienen vorwiegend der Instruktion der TrainerIn; ihren Gehalt sollten die TeilnehmerInnen im Verlauf der jeweiligen Einheit durch die Übungen aufnehmen.

Warm-ups stehen zu Beginn jeder Einheit bzw. zu Beginn jeder Arbeitssitzung. Sie haben die Funktion, die Gruppe aus dem Alltag herauszuführen und zusammenzubinden. Sie wirken auch als Eisbrecher, aber sie sind nicht darauf beschränkt. In jedem besseren Märchen werden die Personen durch einen Zauberspruch und anschließende Luftreise auf Wolke oder Flügelpferd in eine andere Welt gebracht. Das Warm-up besorgt diese Aufgabe, aus dem Vertrauten herauszuführen. Mehr dazu im Abschnitt IV, „Spiele".

Energizers sind kurze Spiele, die eine vom langen Sitzen oder angestrengten Debattieren ermüdete Gruppe wieder munter machen können. Näheres im Kapitel IV, „Spiele". Die Initiative zum Einsatz von Energizern kann nicht nur von der TrainerIn, sondern auch von den TeilnehmerInnen kommen.

Wind-downs spielen wir nach einer anstrengenden Übung, insbesondere nach Rollenspielen. Ein Wind-down erleichtert die Lösung der Anspannung und die Rückkehr in die eigene Rolle. Eine solche „Umstiegs-Hilfe" zwischen den unterschiedlichen Arbeitsformen kann wesentlich beitragen zu einer Klarheit darüber, was eigentlich gerade gemacht wird und wozu es gemacht wird.

Wind-downs sind weitgehend identisch mit Warm-ups und mit Auflockerungs-Spielen. Mehr dazu im Abschnitt IV, „Spiele".

Anleitungen durch die TrainerIn sollten klar und, soweit möglich, immer wieder gleich strukturiert sein. Am Anfang steht eine sehr kurze Erläuterung, worin die Übung besteht und welchem Ziel sie an diesem Punkt des Trainings dient. Gewöhnen Sie die TeilnehmerInnen daran, dass dies der geeignete Moment ist, notfalls Bedenken zu äußern. Anschließend folgt die gewissermaßen technische Anweisung, das „Wie-es-gemacht-wird". Diese Anweisung sollte nicht von „Muh und Mäh" und von „Müssen wir wirklich?" unterbrochen oder in Frage gestellt werden. Was jetzt an Skepsis und Rückfragen auftaucht, wird im Anschluss an die Übung in Feed-back und Auswertung seinen Platz finden.

Feed-back, Auswertung und Reflexion können Teil des Abschlusses einer Einheit oder einer Übung, eines Spiels sein. Charakterisiert sind sie durch folgende Fragen: Wie war diese Übung für euch? Wie habt ihr euch bei dieser Übung gefühlt, wie habt ihr einander wahrgenommen? (Feed-back)

Was war gut, was war schwierig, welche waren die entscheidenden Punkte? (Auswertung)

Welche Überlegung zu den Inhalten hat diese Übung bei euch angeregt? (Reflexion)

Die TrainerIn sollte sich bemühen, im Einzelfall eine klare Entscheidung für die eine oder andere Form zu treffen. Erwarten Sie nicht, dass die Antworten klarer ausfallen als die Fragen.

Tagesauswertungen beschließen bei mehrtägigen Trainings den einzelnen Tag. Sie sollten Raum geben, nicht nur auf die Inhalte des Trainingstages, sondern auch auf die Entwicklung und das Befinden der Gruppe einzugehen. Für Sie als TrainerIn sind sie ein wichtiges Navigationsinstrument durch den jeweils nächsten Tag.

Statuentheater ist die Suche nach einem körperlichen Ausdruck für eine Konfliktsituation oder eine Gefühlslage. Zunächst wird in der Gruppe das zu Grunde liegende Problem genau besprochen; hierbei sollte ein Zeitlimit von 5-10 Minuten strikt eingehalten werden. Dann wird die Kleingruppe erneut geteilt. 2-4 TeilnehmerInnen bilden das Grundmaterial für die Statue, die anderen versuchen als Bildhauer, eine Statue mit stimmigem Ausdruck aus ihnen zu formen. Die fertige Statue wird ggf. der Gesamtgruppe vorgestellt und erklärt.

Statuentheater ist weitgehend Übungssache. Beim ersten Versuch mag es eine recht hohe Schwelle geben zwischen dem Diskutieren über ein Problem und der körperlichen Darstellung. Da darf die Praxis nicht weit hinausgeschoben werden. Aber für eine Gruppe, die schon mehrfach zusammengearbeitet hat, kann das Statuentheater eine stimmige und reizvolle Form des gemeinsamen Ausdrucks und der Verständigung werden.

Als Vorübung und Aufwärmübung für ein Statuentheater eignet sich „Blindhauer" (siehe: „Spiele").

Rollenspiel. Ein komplexes Spiel zur Erkundung, welche konkreten Handlungs- und Verhaltensmöglichkeiten Menschen in definierten Umständen (auch denen ihrer eigenen Rolle) offen stehen und auch von ihnen genutzt werden können. Schauspielerisch-darstellende Leistung ist dabei nicht gefragt; wohl aber Einfühlungsvermögen und soziale Fantasie.

Jedes Rollenspiel wird eingeleitet durch eine allgemeine Erläuterung zu Rollenspielen und im Besonderen dazu, warum an einer bestimmten Stelle des Trainings ein spezielles Rollenspiel stehen soll. Wenn Sie hierüber keine Auskunft zu geben in der Lage sind, sollte das Rollenspiel nicht stattfinden.

Jedes Rollenspiel braucht eine definierte Ausgangssituation, eine Aufgabe für die Gruppe der SpielerInnen sowie eine Beschreibung der einzelnen Rollen. Diese Rollenbeschreibung gibt Anhaltspunkte über Haupteigenschaften und Interessenlage des betreffenden Menschen; sie schreibt nicht sein Verhalten vor. Die Beschreibung meidet Wertungen. Niemand spielt sich selbst!

Nach einer kurzen Vorbereitungsphase, die der Vertiefung in die Rollen sowie den notwendigen Absprachen dient, beginnt das eigentliche Spiel, sei es vor dem Plenum, sei es in der Kleingruppe vor mindestens einer BeobachterIn. Das Spiel dauert 10, höchstens 15 Minuten.

Zwei unterschiedliche Formen der Auswertung werden angeschlossen: Unmittelbar nach Spielende das sogenannte **hotseating**, eine Befragung der SpielerInnen, noch während sie in ihren Rollen sind: „Warum machst du das; wie fühlst du dich; wie empfandest du es, als die andere in ihrer Rolle dies oder jenes tat...?" Hotseating lässt sich bei allen Formen von Rollenspielen im weiteren Sinn einsetzen, also auch bei Simulationen und beim Forumtheater.

Anschließend gehen die SpielerInnen aus ihren Rollen. Nach einem längeren oder belastenden Spiel ist hier ein kleiner Übergangs-Ritus angebracht: „Rollen abstreifen", Glieder ausschütteln. Dann bekommt jede SpielerIn die Gelegenheit, noch einen Satz zu der Person zu sagen, die von ihr gespielt wurde; dadurch wird der Übergang besonders deutlich markiert: „Also, lieber Direktor, ich finde, du könntest mal ein bisschen freundlicher zu den SchülerInnen sein!"

In der zweiten Auswertungsphase sprechen nicht Rollen, sondern SpielerInnen. Grundsätzlich sollten die SpielerInnen mit der „unerfreulichsten" Rolle zuerst

Gelegenheit bekommen, sich zu äußern. Je weiter entfernt die Anforderungen der Rolle vom Kodex der Gruppe sind, desto stärker ist die Belastung für die Spielenden - dem sollte die Auswertungsprozedur Rechnung tragen.

Die Hauptverantwortung für Sie als TrainerIn besteht darin, mit jeder ihrer Äußerungen Eindeutigkeit darüber herzustellen, ob gerade die gespielte Rolle oder die spielende TeilnehmerIn gemeint ist.

In einem ausführlichen Training werden neben kurzen Rollensimulationen zwei unterschiedliche Arten von Rollenspiel Verwendung finden: ein sehr stark strukturiertes Spiel wie unser Mediationsrollenspiel; es basiert auf schriftlich vorgegebenen Rollenbeschreibungen; ihr Einsatz in einer genau austarierten Spielstruktur sorgt für einen optimalen Übungseffekt.

Zum Nachspielen von Konfliktsituationen und der Suche nach Lösungen, nicht aber zur Einübung des Mediationsverfahrens, eignet sich das ABC-Rollenspiel. Mit seiner freieren Form kann es im richtigen Moment Spielfreude und Kreativität erwecken.

Forumtheater erweitert die Möglichkeiten des Rollenspiels um das Eingreifen der Zuschauenden in den Spielverlauf.

Für den ersten Spieldurchgang sucht eine TeilnehmerIn sich „ihr“ Spielteam aus. Bei der Auswertung des ersten Durchgangs können nun ZuschauerInnen einhaken und Änderungen bzw. Verhaltensalternativen vorschlagen, die sie dann selbst spielen. Es geht dabei nicht um Korrektur, nicht um „richtig“ oder „falsch“, sondern darum, neue Möglichkeiten für das eigene Verhalten auszuloten. Es ist Ihrem Gespür überlassen, wie weit zu Gunsten einer stärkeren Spieldynamik die Ausführlichkeit bei der Auswertung einzelner Durchgänge zurücktreten darf. Wir plädieren dafür, anfangs eher vorsichtig zu sein, bis die gesamte Gruppe eine spürbare Kompetenz im Umgang mit dieser Arbeitsform erlangt hat. Dann kann das Forumtheater auch gelegentlich spontan eingesetzt werden, um das Reden über Situationen durch die Anschauung zu ersetzen - wobei auch Simulationen geeignet sind.

Simulation nennen wir das kurze Durchspielen einer Situation mit verteilten Rollen. Die Rollen werden dabei von den Spielenden nicht oder kaum weiterentwickelt. Vielmehr handelt es sich darum auszuprobieren, „wie es ist, wenn ...“. Simulationen konfrontieren die Fertigkeiten der TeilnehmerInnen mit den speziellen Anforderungen einer Situation. Sie eignen sich auch zum Einüben von Fertigkeiten. Die Übung „Nicht verletzende Ärgermitteilung“ ist ein gutes Beispiel dafür.

Simulationen erfordern eine sorgfältige Auswertung. In jedem Spiel dieser Art kann einer TeilnehmerIn unabsichtlich eine Konfliktsituation aus ihrem eigenen Leben wieder begegnen; Sie sollten darauf eingestellt sein.

Brainstorming - manche Leute sagen auch „Ideengewitter“ - heißt die Technik, zu einer gegebenen Aufgabe möglichst viele Vorschläge zur Durchführung oder Lösung zu sammeln. Jedes Brainstorming hat drei Phasen:

1. Es wird genau definiert, was eigentlich gesucht werden soll.

2. Die TeilnehmerInnen nennen unstrukturiert alle Vorschläge, die ihnen in den Sinn kommen - diese Vorschläge dürfen dabei weder von ihnen selbst noch von anderen kritisiert, zensiert oder diskutiert werden. Eine HelferIn schreibt während dieses Sammel-Prozesses alle Vorschläge (wirklich alle!) gut sichtbar auf eine Wandzeitung. Obacht: Jeder Versuch, in dieser Phase irgendwie strukturierend, sortierend, selektierend einzugreifen, jede Kritik an oder Ausgrenzung von Vorschlägen schränkt das Lösungs-Potential dieser Technik ein.

Erst in der 3. Phase wird gemeinsam sortiert nach Kriterien, auf die die Gruppe sich einigen sollte. Vorschlag: Die Frage der Machbarkeit erst als letztes Kriterium anwenden.

Runde nennen wir eine besondere Form des strukturierten Gesprächs. Alle TeilnehmerInnen bekommen Gelegenheit, sich nacheinander, in der Reihenfolge ihrer Plätze in der Sitzrunde, zu einer festgelegten Frage zu äußern. Dabei ist der oberste Grundsatz die Regel: Sprich für dich selbst; keine Stellungnahme zu den Äußerungen anderer, also keine Diskussion. Dabei sollten die TeilnehmerInnen im Kopf haben, dass die insgesamt für die Runde verfügbare Zeit, geteilt durch die Personenzahl, ihren eigenen Zeitrahmen angibt.

Blitzlicht. Alle TeilnehmerInnen geben nacheinander eine kurze (!) Auskunft über ihre Befindlichkeit: „Ich bin von dieser Diskussion ziemlich entnervt und auch ein bisschen traurig. Ich glaube, ich brauche jetzt erstmal eine Pause und Ruhe!"

Die sachliche Arbeit, die eine Gruppe leistet, führt die Aufmerksamkeit tendenziell immer weiter von der Gruppe weg. Das Blitzlicht steuert der Vernachlässigung der Gruppe und ihrer Bedürfnisse entgegen - damit sie fit bleibt und weiterhin gute sachliche Arbeit leisten kann.

Meinungsbild. Mit dieser Methode können Sie schnell und ohne Aufwand feststellen, was der momentane Stand der Auseinandersetzung mit einer bestimmten Frage in der Gruppe ist. In der Form gleicht es dem Blitzlicht.

Das Meinungsbild sollte nicht als eine versteckte Form der Abstimmung eingesetzt werden.

Meinungsbarometer leisten diese Verdeutlichung sehr differenziert. Die körperliche Darstellung unterschiedlicher Standpunkte im Raum bietet sich immer dann an, wenn die Meinungsvielfalt zu einem Thema gezeigt werden soll, um die Diskussion anzuregen. Meinungsbarometer sind zu vielen Themen sinnvoll und machbar. In Einheit 5 haben wir exemplarisch eines eingesetzt.

Friedenspfeife ist eine Technik zur äußeren Strukturierung von Gesprächen und Diskussionen. Ein handlicher Gegenstand (ein Stoffball oder dergleichen) wird in die Mitte der Runde gegeben. Wer sprechen möchte, nimmt sich den Ball; danach kommt der Ball wieder in die Mitte. Nur, wer den Ball hat, spricht.

In seiner sozialen Funktion entspricht dieser Ball teilweise der Friedenspfeife bei den Indianern Nordamerikas: Sie wird in ähnlicher Weise zur Strukturierung von Gesprächen eingesetzt.

Stille ist ungewöhnlich in einer Gesellschaft, wo fast alles mit Reden geregelt wird. Zwei Minuten Stille zu Beginn einer Reflexionsphase, mitten in einer hitzig gewordenen Debatte, vor Beginn einer schwierigen Gemeinschaftsarbeit; die Augen geschlossen, den Sinn auf das Kommende gerichtet - dieser Eingriff erspart mehrere andere.

4. Der Aufbau von Kursvarianten

Das gesamte Programm dieses Handbuches umfasst mehr als 120 Stunden. Die sind sicher nicht schlecht angelegt – aber auch in kürzerer und viel kürzerer Zeit lässt sich etwas erreichen. Außerdem sind auch begrenzte Zielsetzungen denkbar.

Aus den 8 Bausteinen des Programms mit ihren insgesamt 28 Einheiten lassen sich für unterschiedliche Zwecke speziell zugeschnittene Trainingskurse zusammenstellen. Die Palette reicht vom Basisprogramm „Konfliktbearbeitung" für einzelne Schulklassen bis zu einer auf Konfliktmanagement zugeschnittenen Organisationsentwicklung für ganze Schulen. Als Anregung geben wir im Folgenden einige Beispiele, aus denen die Kernpunkte der unterschiedlichen Trainings hervorgehen. Eine detaillierte Ausarbeitung kann Ihnen niemand abnehmen. Das gilt auch für den Fall, dass Sie unseren Beratungsservice in Anspruch nehmen. Ein Programm, mit dem Sie arbeiten, muss **Ihr** Programm sein, muss auf Ihrer Kenntnis der Gruppe basieren und Ihre Handschrift tragen.

Akute Konflikte in Klassen – Diagnosetag und zwei Projekttage.

„Konflikte selber lösen" bietet keine Interventionstechnik für einen akuten Konflikt an, bei dem die Beteiligten nicht selbst einen Lösungswillen mitbringen. Vielmehr bietet das Handbuch Verfahren an, die für künftige Konflikte erprobt und eingeübt werden können.

Dennoch liegt es nahe, dass BenutzerInnen und AnbieterInnen des Programms bei laufenden Konflikten herangezogen werden: „Nun macht mal!" Dann ist es wichtig, 1. die Erwartung der Schaulustigen zu dämpfen, 2. auf die Notwendigkeit eines Lösungswillens bei den Beteiligten zu verweisen und 3. genug Zeit einzuplanen: mindestens drei halbe Tage.

Für die Beobachtung der Klasse am ersten Tag bilden die Themen der Bausteine 1 bis 5 das Raster. Spiele, bei denen die Gruppe aus sich herausgehen kann, ohne dass eine Falle gestellt wird, bilden den Stoff. Das Thema heißt: unsere Klassengemeinschaft.

Die Gestaltung der beiden nächsten Tage hängt natürlich von den Beobachtungen an dem ersten Tag ab; deshalb können wir hier keinen Vorschlag machen. Aber es gibt ein einfaches Grundprinzip: Arbeiten Sie mit den Übungen der Einheiten in Baustein 1, 4 und 5, in denen sich die Störungen der Gemeinschaft spiegeln, und nehmen Sie dann, wenn die Probleme dingfest gemacht sind, Übungen aus den Bausteinen 2, 3 und 6 hinzu. Benennen Sie, was Sie wahrnehmen. Sprechen Sie nicht über die Kinder oder Jugendlichen und ihre Konflikte, sondern mit ihnen. Offene Kommunikation schafft Vertrauen.

1. Projekttag: Warm-up, Meinungsbarometer (5.1), Problemlandkarte (5.3), Wind-down.
2. Projekttag: Der 2. und 3. Projekttag bearbeiten die Ergebnisse des ersten.

Basisprogramm für Schulklassen – 2 Projekttage und Begleitung in einzelnen Unterrichtsstunden.

In jeder Schulklasse könnte eigentlich das gemeinsame Arbeiten und Leben viel schöner sein, wenn alle Beteiligten etwas sorgsamer und kompetenter miteinander umgingen. Dass sie es nicht tun, liegt nicht etwa an einer allgemeinen Verrohung der Menschen, sondern schlicht daran, dass es meist nicht eigens geübt wird. Aus der Trias möglicher Trainingsinhalte - Wahrnehmung, Kenntnisse, Fertigkeiten - ist hier vor allem die Schärfung der Wahrnehmung gefragt. Geschärft werden soll die Wahrnehmung eigener und fremder Emotionen und Bedürfnisse und freilich auch deren Artikulation. Verhaltensmuster und Verhaltensentwürfe entstehen auch aus der Spannung zwischen eigenem und fremdem Verhalten und wer beides genauer wahrnimmt, dessen Entwürfe werden sich auch kompetenter in die Realität einfügen und sie verändern.

Wenn dieses Grundlagenprogramm bis zur Vermittlung von Fertigkeiten vordringt, dann ist bereits sehr viel erreicht. Wichtig ist vor allem, dass die Arbeit mit einem solchen Programm keine Eintagsfliege bleibt, sondern dass seine wichtigsten Bestandteile stets weitergeübt werden, bis sie ein fester Bestandteil der Klassenkultur sind.

1. Projekttag: Warm-up, Kennenlernspiel (2.1), Auf 20 zählen (13.2), Böse Geschichten erzählen (14.3), Meinungsbarometer zur Auswertung (5.1).
2. Projekttag: Warm-up, Kennenlernspiel (2.2), Spiele: Gordischer Knoten (Spiele 1.1.3) und Bleistiftbalance (Spiele 4.4), Reflektierendes Zuhören (15.2), Nicht verletzende Ärgermitteilung (15.4), Wind-down.

Grundsätzliches - für alle Altersgruppen und LehrerInnen, TrainerInnen, JugendarbeiterInnen, die über längere Zeit mit einer Klasse oder Gruppe arbeiten.

Es gibt eine Möglichkeit mit geringen Mitteln langfristig soziale Fantasie zu fördern und zu schulen. Unter sozialer Fantasie verstehen wir die Fähigkeit, eigene und fremde Gefühle und Bedürfnisse zu benennen und zu akzeptieren und, darauf aufbauend, Alternativen für das eigene und fremdes Verhalten zu entwickeln und zu erproben. „Geringe Mittel“ bedeutet im schulischen Zusammenhang: ein kleines, überschaubares Set von Arbeitsmethoden, die auch außerhalb eines zusammenhängenden Trainingsprogrammes ohne großen organisatorischen Aufwand und in wechselnden inhaltlichen Zusammenhängen geübt werden können, auch als wiederkehrender Bestandteil des regulären Fachunterrichtes.

Dieses Set von Arbeitsformen heißt: Meinungsbarometer, strukturierte Zweiergespräche, ABC-Rollenspiele.

Meinungsbarometer (in Einheit 5 stellen wir eines vor) fördern die Artikulation eines eigenen Standpunktes sowie die Wahrnehmung und das Akzeptieren fremder Standpunkte. Einmal eingeübt, lassen sie sich ausbauen zu einer differenzierten Methode der Entscheidungsfindung - kein Konsens, aber auch nicht die oft blinde Konfrontation von Abstimmungen.

Strukturierte Zweiergespräche (ein Beispiel ist in 15.2 vorgestellt) bieten eine äußere Form, die einen intensiven Austausch durch zugewandtes Sprechen und Zuhören fördert, auch bei großen Gruppen. Einsetzen lässt sich diese Form im schulischen Zusammenhang ganz vielfältig: bei der Erörterung eines Gruppenproblems; bei der intensiven Suche nach der Lösung für ein solches Problem; als Einstieg in ein neues Unterrichtsthema; bei allen möglichen Erzählanlässen: „Mein schönstes Ferienerlebnis“. Immer wird dabei eine genaue Mitteilung und einfühlendes Zuhören gefördert.

ABC-Rollenspiele (siehe Einheit 22) schließlich bieten eine einfache Form für die Erprobung von Verhaltens-Alternativen. Auch diese Form will geübt sein und es wird sicher einige Übung erfordern, bis die Form bei neuen Anlässen schon fertig zur Verfügung steht. Aber dann ist auch diese Methode für viele Gelegenheiten nutzbar.

Allen drei Methoden ist gemeinsam, dass sie am Sozialverhalten der SchülerInnen arbeiten, ohne Wertungen und wertende Eingriffe durch die LehrerIn oder TrainerIn zuzulassen oder gar zu erfordern. Die SchülerInnen selbst werden zur Instanz für ihr eigenes Verhalten.

LehrerInnenfortbildung Mediation

Es ist ein legitimer Wunsch vieler LehrerInnen, sich erst einmal selbst einen genauen Überblick zu verschaffen, was es mit der Mediation im Einzelnen auf sich hat, bevor sie sich dafür einsetzen, ein System für diese Methode der Konfliktlösung an ihrer Schule zu installieren. Für diesen Überblick bietet sich eine Fortbildung an.

Auf vier Nachmittage oder Abende verteilt, kann diese Fortbildung noch keine eigentliche Mediationsausbildung bieten – aber doch einen sehr genauen Einblick, der es dann später auch erlaubt, als Coach die Tätigkeit von SchülerInnen als StreitschlichterInnen zu begleiten.

Für eine Fortbildung an vier Terminen à 3 Stunden (oder zwei Tagen) schlagen wir vor:

1. Was ist ein Konflikt? (Einheit 5.2, Definition aus 5.2, 9.3)
Rollen im Konflikt (Einheit 20.2, Das Power-Spiel)
Grundtechniken der Mediation (Einheit 15.3, Kontrollierter Dialog, Einheit 17, Konsens)
2. Phasen der Mediation (Einheit 22)
3. Mediationsrollenspiel (Einheit 23)
Interventionen
4. Arbeiten als Coach (Einheit 27)

BAUSTEIN 1

GRUNDREGELN

Ziele:

- *Den Prozess des Kennenlernens dem Zufall entziehen.*
- *Zielstrebige Wege zum Kennenlernen zeigen.*
- *Ein Gespür für guten Umgang in der Gruppe entwickeln.*
- *Bedingungen formulieren und festschreiben, unter denen sich alle in der Gruppe wohl fühlen können.*

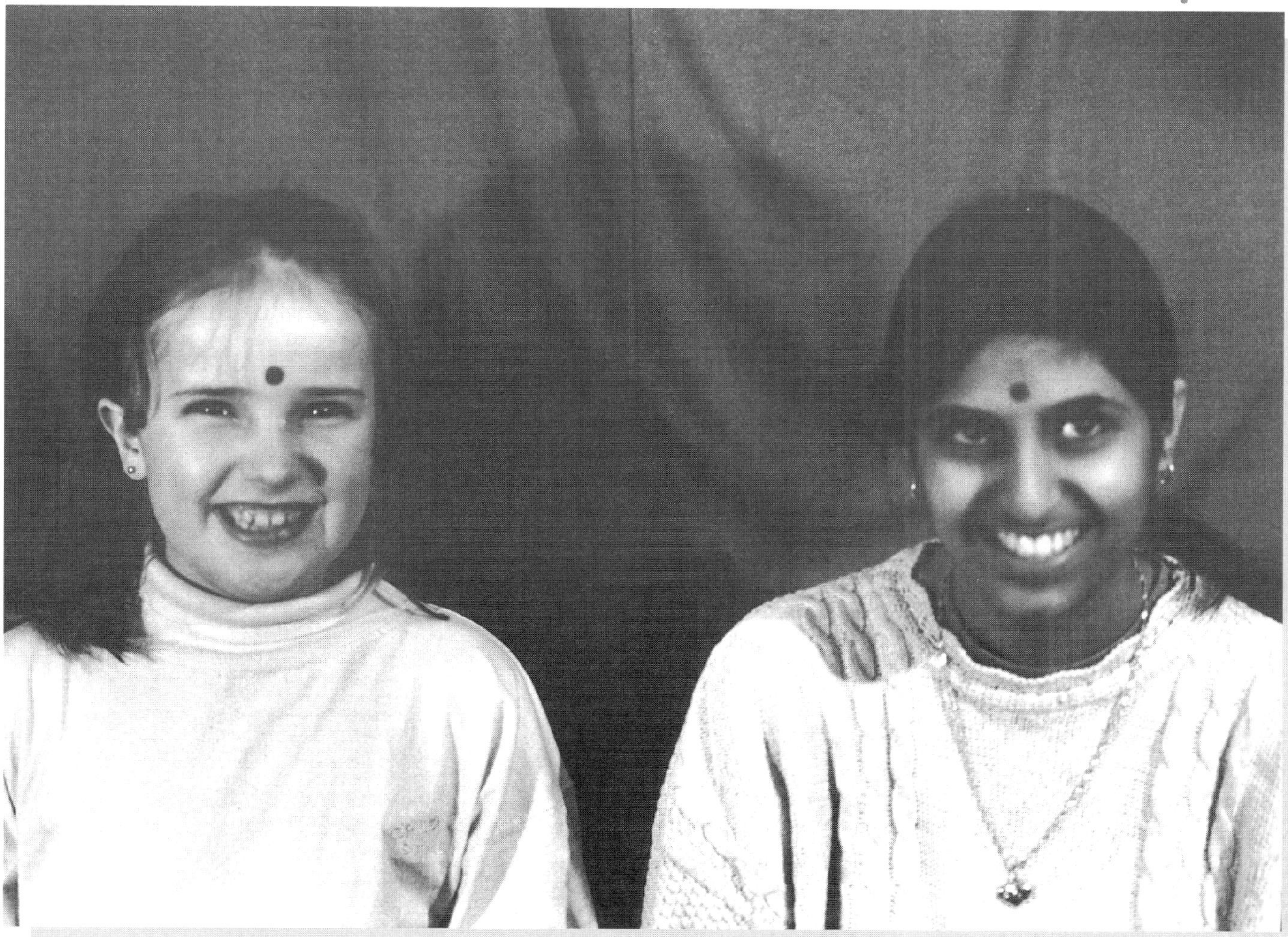

Einheit 1: Begrüßung, Vorstellung

Vorgänge, die nie richtig angefangen haben, gehen wahrscheinlich auch nicht richtig weiter.
Einheit 1 gibt das Signal für einen gleichberechtigten Anfang aller TeilnehmerInnen.

Einheit 2: Gemeinsamkeiten, Unterschiede

Das Erkennen von Unterschieden innerhalb einer Gruppe ist oft mit Ängsten besetzt. Gemeinsamkeiten werden gefordert, aber oft nicht präzise formuliert.
Wie können wir einen Anfang machen, beides, Gemeinsamkeiten und Unterschiede, auszuloten und als Reichtum in die Gruppe hineinzugeben?

Einheit 3: Grundregeln erarbeiten

Damit die Grundregeln vor allem in der Gruppe akzeptiert werden können, sollten sie die Bedürfnisse der gesamten Gruppe widerspiegeln.

Einheit 4: Grundregeln einüben

Die Grundregeln, die eine Gruppe sich gibt, sind kein Strafgesetzbuch, sondern die Züge einer lebendigen Identität, die die Zusammenarbeit prägt. In dieser Einheit üben wir den Umgang mit den Regeln als positive Leitlinie.

Fragen

- ***Beschreiben Sie die Gefühle, die Sie haben, wenn Sie andere Menschen an die Einhaltung von Regeln mahnen.***
- ***Haben Sie schon einmal einem Fremden gesagt: „Sie können mir vertrauen!"? Was genau haben Sie damit gemeint?***

Einleitung

Eine Gruppe, in der ich mich angenommen fühle und nicht ausgegrenzt: Diese Forderung wollen wir konkret anwenden auf den Betrieb, in dem wir arbeiten, auf die Schulklasse, in der wir lernen oder lehren, auf den Sportklub, in dem wir trainieren.

Nun wird bekanntlich in jeder Gruppe ein gewisser Anteil aller Konflikte durch die Machtfrage geregelt; ein zweiter Teil durch Vergleich und Abwägung der Bedürfnisse (da wird also diskutiert und vielleicht gestritten), ein dritter Teil aber auch durch Regeln. Diese Regeln sind, wenn sie gut sind, sozusagen das Gedächtnis aller zuvor bereits befriedigend ausdiskutierten Konflikte. Gute, erlebte Konfliktlösungen sind eine mögliche Quelle für die Regelschöpfung; das sollte auch in Ihrer Gruppe so sein. Aber ein Grundstock für den Anfang sollte doch gleich geschaffen werden.

Es gibt Regelwerke, welche die Humanisierung der Zusammenarbeit und damit auch die Freisetzung eines größeren kreativen Potentials leisten – am bekanntesten sind wohl die Regeln der Themenzentrierten Interaktion (TZI). Wir wollen uns in diesem Kurs darauf verlassen, dass die Gruppe selbst fähig ist, sinnvolle Regeln zu erarbeiten. Freilich wird eine TrainerIn, der die TZI-Regeln vertraut sind, darauf achten, dass keine dieser Regeln unter den Tisch fällt.

Aus den Arbeitszielen einer Gruppe und aus den Grundregeln, nach denen sie lebt, entsteht eine positive Formung des Gruppen-Gesichts.

Einheit 1

Begrüßung, Vorstellung

Hinweis:

Diese Einheit, wiewohl in sich geschlossen, sollte doch nicht allein stehen, sondern mit Einheit 2 verbunden werden - sonst könnte es durch die inhaltliche Erwartung der TeilnehmerInnen zu Enttäuschung kommen.

	Einführung, Grundlagen	
	Warm-up	10 Minuten
1.1	**Begrüßung**	5 Minuten
1.2	**Name, Eigenschaft, Bewegung**	30 Minuten
	Reflexion	5 Minuten

Einführung, Grundlagen

Beiläufige oder unterbleibende Begrüßungen vergrößern den Abstand zwischen denen, die einander schon kennen, und denen, die noch nicht „dazugehören". Eine geregelte Begrüßung und Vorstellung hat einen doppelten Effekt: Sie bewirkt, dass die TeilnehmerInnen sich willkommen fühlen und trägt auf diese Art dazu bei, dass eine angenehme und offene Arbeitsatmosphäre entstehen kann; außerdem fördert sie einen gleichberechtigten Umgang der TeilnehmerInnen miteinander.

Gerade dann, wenn die TeilnehmerInnen einander großenteils schon kennen, ist es wichtig, dass alle die Gelegenheit bekommen, sich im Hinblick auf das Thema nochmals neu und nach eigenem Gusto zu präsentieren.

1.1 Begrüßung

Keine Anleitung zu einer Übung, sondern eine Reihe von Vorschlägen, wie Sie die Situation gestalten können.

Zeitbedarf
5

TeilnehmerInnen eines Trainings werden ja selten gemeinsam mit dem Bus vor der Tür abgeladen - sie kommen allein oder in kleinen Gruppen, also nacheinander. So entsteht eine Zeit vor dem eigentlichen gemeinsamen Anfang, vor der Vorstellungsrunde. Zählt sie noch nicht? - Sie mag noch nicht zum Programm zählen, aber für die TeilnehmerInnen ist es eine Zeit, wo sie erste Eindrücke sammeln. Diese Eindrücke sollten gestaltet werden - es nicht zu tun heißt, eine erste Chance zu verpassen.

1. Mit den nach und nach eintreffenden TeilnehmerInnen gemeinsam können Sie den Raum gestalten - überflüssige Möbel entfernen, Beleuchtung einrichten, Platz für Wandzeitungen schaffen etc. Bis alle eingetroffen sind, ist der Raum fertig vorbereitet und es kann sofort losgehen.

2. Der Raum ist schon fertig vorbereitet, bevor die erste TeilnehmerIn eintrifft? Dann können Sie sich als echte GastgeberIn betätigen: Durch individuelle Begrüßung und Bewirtung der nach und nach Eintreffenden mit Kaffee oder Saft und Plätzchen. Auch die zuletzt Eintreffende bekommt noch etwas (hoffentlich kommt sie pünktlich) und wenn alle sich gestärkt haben, geht es los mit dem offiziellen Programm. Die kleine Begrüßungsrede kann dann wirklich sehr knapp ausfallen.

Eine Vorstellung des Kursprogramms (sofern nicht bereits in einer Vorbesprechung zu einem anderen Termin gelaufen) empfehlen wir erst nach der Einheit 1: Dann gibt es schon mehr Mut, zu diesem Programm auch Stellung zu nehmen.

1.2 Name, Eigenschaft, Bewegung

Zeitbedarf
30 *je nach TeilnehmerInnen-Zahl*

Machen Sie den Anfang. Treten Sie aus dem Kreis in die Mitte, vollführen Sie eine ansteckend schwungvolle, recht weit ausladende Geste und rufen Sie: „Ich bin die tapfere TrainerIn!" - also: nennen Sie Ihren eigenen Namen, zusammen mit einem positiven Eigenschaftswort, das mit demselben Buchstaben beginnt und machen Sie eine passende Geste dazu. Und nun geht es im Kreis in fester Reihenfolge weiter, nach dem Strickmuster von: „Ich packe meinen Koffer ..." Der Nächste sagt also: „Dies ist (Bewegung) die tapfere TrainerIn - und ich bin der hüpfende (Bewegung) Hubert." Weiter im Kreis. Die Letzte braucht starke Nerven.

Ein mnemotechnisches Gruppenerlebnis („Wecken Sie Ihr verborgenes Supergedächtnis! In nur 30 Minuten!")

Erfahrungen:
Diese Übung ist zwar zeitaufwendig, aber auch bei großen Gruppen gibt es danach kein Problem mehr mit den Namen.

Obacht:
Die Adjektive haften ihren BesitzerInnen oft bis zum Ende des Trainings an. Deshalb darauf achten, dass nur positive Adjektive verwendet werden.

Einheit 2

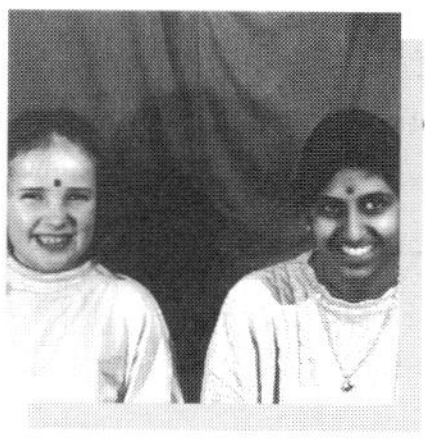

Gemeinsamkeiten, Unterschiede

Hinweis:
Die Übungen 2.1, 2.2 und 2.3 sind in ihrem Gehalt ähnlich; es empfiehlt sich, unter diesen eine einzige auszuwählen und weitere Übungen aus dieser Einheit bei Bedarf zu einem späteren Zeitpunkt als Spiel einzuschieben.

Einführung, Grundlagen

Der Ausbildungskurs ist eine Gemeinschaftsaufgabe für alle TeilnehmerInnen und die TrainerIn. Was bringt jede Einzelne mit? Wo ergänzen wir einander? Wo bestärken wir einander? Wer bringt etwas ein, das für alle anderen neu ist?

Ein unsentimentaler Blick auf Gemeinsamkeiten und die Wertschätzung für Unterschiede, das wird auch bei der Mediation von den Streitenden gefordert. Die TeilnehmerInnen sollen hier eine Sensibilität gewinnen, von der sie später ihren „KlientInnen" etwas vermitteln können.

2.1 Welcome, Diversity

Schwungvoll vorführen, was alles in der Gruppe steckt.

Zeitbedarf **10**

Alle stehen im Kreis. Fordern Sie dazu auf, dass jetzt alle diejenigen in die Mitte gehen, die im Frühling Geburtstag haben (oder was auch immer) - und applaudieren Sie dann gemeinsam mit den anderen denen in der Mitte. Alle gehen zurück in den Kreis und jetzt folgt nach diesem Bauprinzip viel Beifall für die verschiedensten Eigenschaften, Fähigkeiten, Handicaps – weitgehend auf die Gruppe abgestimmt und ein bisschen auf das Thema des Trainings. Bald werden die TeilnehmerInnen selbst Dinge vorschlagen, die sie gern von den anderen wüssten. Bitte darauf achten, dass wirklich jede mal in die Mitte kommt - notfalls sind gegen Schluss ein paar Fragen speziell auf die Übriggebliebenen zuzuschneiden.

Feed-back:
Wie war es, für Dinge Applaus zu bekommen, die sonst nicht so offensichtlich bewertet werden?

Erste Begegnung mit dieser Übung:
Bei Jamie Walker, 1995.

2.2 Was uns verbindet

Sorgfältig auswählen, wie ich mich der Gruppe darstellen möchte - und dann die Gemeinsamkeiten entdecken.

Zeitbedarf
25

Jede TeilnehmerIn bekommt eine Kopie des folgenden Arbeitsblattes und einige Farbstifte.

1. Die Aufgabe ist, ein persönliches Wappen mit Bildern und evtl. Schrift zu gestalten. Geben Sie an, was alle in die einzelnen Wappenfelder malen sollen. Je nach Altersstruktur der Gruppe sollten hier mehr oder minder konkrete oder abstrakte Dinge gefragt werden, zum Beispiel

A. mein Lieblingsfach in der Schule;

B. meine bevorzugte Musikgruppe;

C. was (nicht „wen"!) ich nicht ausstehen kann;

D. meine Lieblingsfarbe.

Ein anderes Beispiel:

A. Mit welcher historischen Gestalt/Film-Figur wäre ich gerne befreundet?

B. Wenn ich eine Landschaft wäre, dann wäre ich...!

C. Welches Verhalten von Freunden verletzt mich besonders?

10 D. Was ich einmal werden möchte.

2. Alle Wappen werden an einer Wand dicht bei dicht aufgehängt. Die TeilnehmerInnen schauen sich die Wappen aller anderen genau an und verbinden dann mit den Wollfäden die einzelnen Felder ihres eigenen Wappens mit den Feldern anderer, bei denen sie eine enge Verwandtschaft feststellen. So ergibt sich ein Netz, in dem Individua-
10 lität und Gruppenbildungen deutlich werden.

Feed-back:
Gab es Überraschungen? Wie ist es, die eigenen Vorlieben als Teil eines Kollektivs zu sehen? Hat irgend jemand ein anderes Wappen entdeckt, bei dem alle Felder ebenso wie beim eigenen ausgefüllt
5 waren?

Hilfsmittel:

- *für jede TeilnehmerIn eine Kopie der folgenden Vorlage*
- *Farbstifte*
- *Wollfäden (2-3 mal so viel wie TeilnehmerInnen), Stecknadeln.*

Was uns verbindet

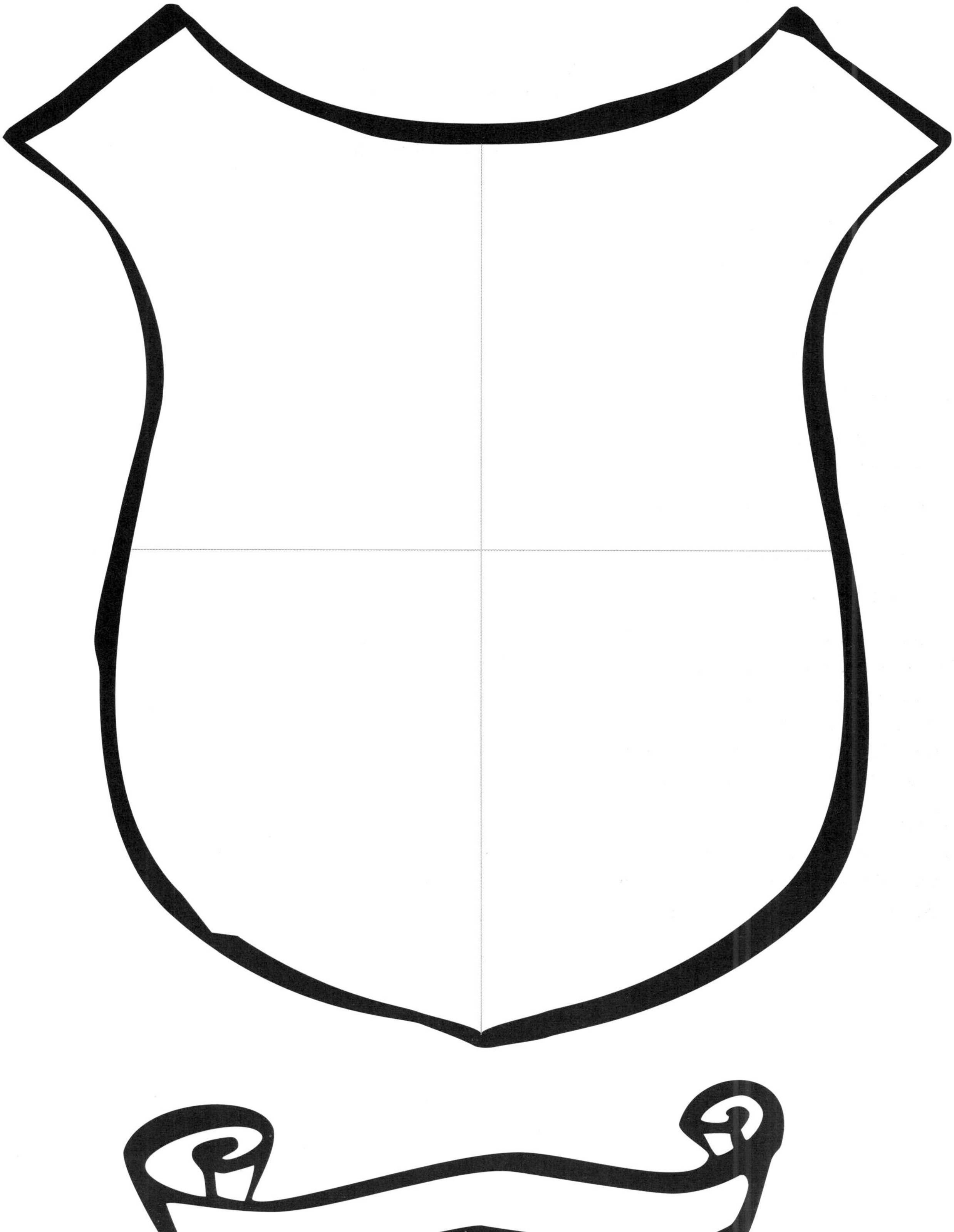

2.3 Bingo

Gemeinsamkeiten und Ansätze für spätere Gespräche finden.

Zeitbedarf
15

Jede TeilnehmerIn erhält ein Blatt Papier und einen Stift.

1. Die TeilnehmerInnen zeichnen auf ihr Papier das Bingo-Schema (siehe unten). Dann schreiben sie in die Felder nach Ihren Angaben eine Reihe von Informationen über sich selbst, zum Beispiel zu den Bereichen: AutofahrerIn? / Kinder? / Musikinstrument? / politisch engagiert? / SportlerIn? Sie beantworten die Kategorien danach, ob sie für sie zutreffend sind, also mit „Ja!" oder „Nein!"

2. Jetzt gehen alle TeilnehmerInnen herum und befragen die anderen, bis sie für jede Kategorie zwei andere TeilnehmerInnen gefunden haben, die das Kriterium genauso erfüllen (also mit „Ja" oder mit „Nein") wie sie selbst. Die Namen werden in die Liste eingetragen.

Wer als Erstes sein Formular gefüllt hat, ruft „Bingo!" und ist fertig.

Hilfsmittel:
Papier und Stift für alle TeilnehmerInnen.

• B I N G O •				
kann mehrere Sprachen	Geschwister	Musikinstrument	geht gern ins Kino	SportlerIn
○ *ja* ○ *nein*	○ *ja* ○ *nein*	○ *ja* ○ *nein*	○ *ja* ○ *nein*	○ *ja* ○ *nein*
……	……	……		
1.				
2.				

2.4 Ansichtskarten

Zeitbedarf
30

Hilfsmittel:
Die Ansichtskarten- und Kunstkarten-Sammlung der TrainerIn.

Hinweis:
Abwandlungen sind gut möglich, zum Beispiel, dass jedes Paar sich gemeinsam eine Karte aussucht oder jede TeilnehmerIn anhand einer Karte von sich selbst erzählt.

1. Führen Sie die TeilnehmerInnen vor die ausgebreiteten Ansichtskarten. Bitten Sie sie, jeweils eine Karte auszusuchen und anschließend mit je einer anderen TeilnehmerIn Paare zu bilden. **5**

2. Die Paare ziehen sich zurück und nun hat jede TeilnehmerIn etwa 5 Minuten Zeit, ihrer PartnerIn mitzuteilen, warum sie sich die Karte ausgesucht hat und welche Vorstellungen sie damit verbindet. **10**

3. Zurück im Plenum stellen die PartnerInnen der Gruppe vor, was die jeweils andere gesagt hat. **15**

Erfahrungen:
Diese Übung eignet sich nicht nur als Vorstellungs-Prozedur, sondern auch, um nach aufgeregten Zeiten und gruppendynamischen Wirrungen die Gruppe wieder zu sich selbst finden zu lassen.

Grundregeln erarbeiten

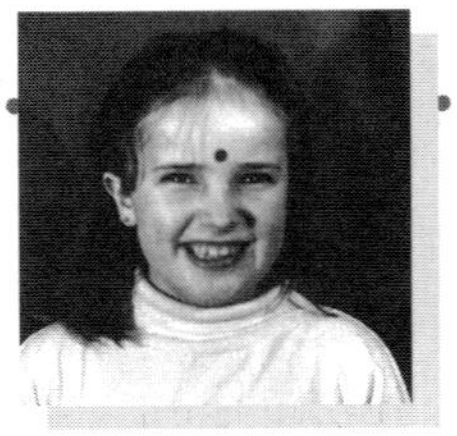

	Einführung, Grundlagen	
	Warm-up	10 Minuten
3.1	**So lieber nicht**	20 Minuten
3.2	**Regeln entwickeln**	30 Minuten
3.3	**Regeln verabschieden**	10 Minuten

Hinweis:
Auch bei einem stark gekürzten Training sollte diese Einheit nicht fehlen. Bei einem extrem und auf einen Ausschnitt verkürzten Training mögen Sie sich darauf beschränken, die als Hinweis in Übung 3.2 ausgeführten Regeln zu nennen, zu erläutern und als Plakat sichtbar zu machen.

Einführung, Grundlagen

„Konflikte selber lösen" ist der Titel unseres Trainings. Regeln sind ein wichtiges Instrument zur Konfliktlösung. „Grundregeln erarbeiten" steht deshalb über dieser Einheit.

Stellen Sie Maximen auf, deren Befolgung sicherstellt, dass alle in der Gruppe sich angenommen fühlen; dass Konflikte ihr Zerstörungspotential verlieren und vielmehr als Chance genutzt werden; dass alle dazu beitragen können, der Gruppe ihre maximale Arbeitsfähigkeit zu geben.

Von Ihnen ist hier ausschließlich eine Moderation des Prozesses gefordert.

3.1 So lieber nicht

Den eigenen Erfahrungsschatz für die positive Gestaltung der Gruppe nutzbar machen.

Zeitbedarf 20

1. In Kleingruppen à 4 oder 5 Personen tragen die TeilnehmerInnen Beispiele zusammen, wann sie sich in einer Gruppe (Schulklasse, Verein, Freundeskreis etc.) ausgeschlossen gefühlt haben, gehemmt in ihrer Möglichkeit mitzuarbeiten, entmutigt, verheizt, vereinnahmt. Die Beispiele werden auf einer Wandzeitung festgehalten.

12

2. Jede Kleingruppe wählt ein Beispiel aus und stellt ein „lebendes Bild" dazu: eine Art Statue, die (vielleicht gestützt durch Erläuterungen) die Grundzüge der ausgewählten Situation darstellt. Der Fantasie sind keine Grenzen gesetzt. Dringender Rat: Sich nicht lange mit der Auswahl der Situation und der Diskussion über die Darstellungsmöglichkeit aufhalten, sondern möglichst rasch mit der Arbeit an der Skulptur beginnen - im Lauf dieser Arbeit klärt sich zwangsläufig, was sonst mühsam herbeigeredet werden muss.

8

Hinweis:
Wenn Übung 3.2 folgt, bedarf es unseres Erachtens nach dieser Übung keiner gemeinsamen Reflexionsphase.

3. Nun stellt jede Kleingruppe im Plenum kurz ihre Statue vor und erläutert sie. Außerdem wird den anderen Kleingruppen kurz anhand der Wandzeitung der „Katalog zu vermeidender Verhaltensweisen" vorgestellt. **n x 5**

Gemeinsam verbindliche Absprachen treffen.

3.2 Regeln entwickeln

Zeitbedarf **30**

Hinweis:
Da auch Sie den verbindlichen Regeln des Kurses unterliegen sollen, müssen Sie auch die Möglichkeit haben, eigene Vorschläge für Regeln einzubringen. Dies sollte aber zurückhaltend geschehen. Als Anhaltspunkt und Anregung geben wir nachstehend einige bewährte Regeln und ihre Begründung wieder.

1. Die Kleingruppen aus 3.1 beraten, welche Regeln in der Trainingsgruppe gelten müssen, damit ähnliche Pleiten vermieden werden. Innerhalb der Kleingruppe sollte Einigkeit über die Regeln herrschen oder zumindest Klarheit: Wo sind wir uns alle einig und wo haben wir abweichende Auffassungen. Halten Sie die Ergebnisse an einer Wandzeitung fest.

Ein guter Rat an die Kleingruppe: Haltet die Regeln so präzise und so allgemein, dass nicht mehr als 10 Regeln entstehen. **15**

2. Im Plenum stellen die Kleingruppen ihren Regelentwurf vor. Moderieren Sie nun den Abgleich der Regeln und die Einigung. Welche Regeln meinen Gleiches oder sehr Ähnliches oder erfüllen eine ähnliche Funktion? In welcher allgemeineren Formulierung lassen sie sich zusammenziehen? Welche Regeln schließen einander aus? Welcher wird dann der Vorzug gegeben? Werden dabei wichtige Bedürfnisse missachtet? **10**

3. Lassen Sie jede einzelne Formulierung nochmals von der Gruppe bestätigen und schreiben Sie sie dann in Schönschrift auf ein großes Plakat: „Dies sind die Regeln dieses Kurses". **5**

Braucht man da überhaupt eine Anleitung?

3.3 Regeln verabschieden

Zeitbedarf **10**

Hilfsmittel:
Gute Fruchtsäfte, so viel schöne Gläser wie TeilnehmerInnen, vielleicht etwas Knabbergebäck, eine weiße Tischdecke.

Hinweis:
Der Umtrunk kann an dieser Stelle die Pause vor der nächsten Einheit ersparen.

Die Gruppe hat ihre eigenen Regeln gemacht, das Plakat hängt an der Wand - das ist einen festlichen Umtrunk wert. Und es braucht ihn auch, denn die Gruppe soll ihre Regeln als einen positiven Besitz im Bewusstsein halten.

Rasch werden auf einem weiß gedeckten Tisch Gläser, Saft und Gebäck festlich hergerichtet. Schenken Sie aus und dann prosten sich alle zu - auf die eigenen Regeln der Gruppe.

Bewährte Regeln für Gruppen

Sprich für dich selbst

Meide Verallgemeinerungen von der Art „Schließlich wollen wir doch alle nur...". Sage stattdessen genau, was du von dir selbst sagen kannst: „Ich möchte, ich fühle, ich brauche ..." Wenn sich alle in der Gruppe so deutlich verhalten, dann entsteht ein klares Bild.

Ausreden lassen

Wenn andere in der Gruppe nicht versuchen, mich zu vereinnahmen, kann ich auch mit größerer Gelassenheit und Ruhe zuhören. Auch wenn's manchmal schwer fällt: Wenn ich davon ausgehe, dass andere in der Gruppe genauso Wertvolles beizutragen haben wie ich ... Ich sollte mich lieber vergewissern, ob ich alles richtig verstanden habe.

Melde dich selbst

Denn eine Aufgabe, die sich jemand selbst wählt, wird meist besser erledigt als etwas, das einem „aufgedrückt" wurde. Und so viele Menschen werden von ihren Bossen genervt - da sollten wir nicht auch den Boss spielen.

Gleicher Raum, gleiche Zeit für alle

Das kann die TrainerIn durch ihre hervorgehobene Stellung in der Gruppe kaum einhalten. Aber es gehört zur Toleranz, dass wir anderen den gleichen Freiraum in der Gruppe zubilligen wie uns selbst.

Unterschiede respektieren

Nur so kann die Vielfalt in der Gruppe als Reichtum wahrgenommen werden. Die Gruppe kann sich Methoden aneignen, wie sie mit dieser Vielfalt zu gemeinsamem Handeln kommen kann - und nicht etwa durch Beschneidung der Vielfalt.

Störungen haben Vorrang

Schmerz, Irritation, Einwände von Einzelnen können wichtiger sein als ein reibungsloser Ablauf des Programms. Die Einzelnen in der Gruppe auch mit ihren „Störungen" ernst zu nehmen stärkt die ganze Gruppe. Das bedeutet nicht: Vorfahrt für alle, die in der Gruppe unkonzentriert oder egoistisch stören wollen.

Vertraulichkeit wahren

Was wir im geschützten Rahmen des Trainings einander anvertrauen, das darf nicht ohne unsere Zustimmung aus der Gruppe herausgetragen werden. Trainings schaffen eine Atmosphäre der Offenheit, manche Grenzen werden weiter gesteckt. Diese Offenheit verpflichtet zu besonderer Sorgfalt im Umgang.

Einheit 4

Grundregeln einüben

Hinweis:
Diese Einheit steht in der Praxis kaum je geschlossen da. Vielmehr bietet es sich an, sie aufzulösen und ihren Inhalt zu anderen Gelegenheiten bei diesen ersten Sitzungen des Trainingskurses anzubringen. Ihnen als TrainerIn aber sollten Gehalt und Gewicht des hier gezeigten präsent sein - darum eine eigene Einheit „Grundregeln einüben".

	Einführung, Grundlagen	
	Warm-up	10 Minuten
4.1	**Zuständigkeiten**	10 Minuten
4.2	**Autocheck**	15 Minuten

Einführung, Grundlagen

Die Grundregeln, obgleich sie von den TrainingsteilnehmerInnen selbst erarbeitet wurden, sind als Wirklichkeitsentwurf relativ weit entfernt von der täglich erlebten Realität der TeilnehmerInnen. Es besteht die Gefahr eines schleichenden Assimilations- und Aufweichungsprozesses, in dessen Verlauf die TeilnehmerInnen sich zunehmend mit der Nichteinhaltung der Regeln abfinden. Dem gilt es entgegenzuwirken. Das geschieht durch die Einführung einer ständigen Selbstkontrolle, die immer wieder die Regeleinhaltung in den Blickpunkt rückt. Es reicht nicht aus, nach Abschluss der Einheit 3 zu sagen: „... und von jetzt an wollen wir uns alle Mühe geben, dass wir die Regeln einhalten und einander auch darauf hinweisen, wenn es mal nicht gelingt...". Das führt tendenziell entweder zu einer „Verwahrlosung" der Regeln oder zu ständigen Ermahnungen Ihrerseits, was dann letztlich die Regeleinhaltung als Ihr Anliegen erscheinen lässt, statt als das, was sie ist: eine verbindliche Absicht der Gruppe. Also: Selbstkontrolle durch die Gruppe, nicht Ermahnungen durch Sie als TrainerIn.

4.1 Zuständigkeiten

Keine Anleitung zu einer Übung, sondern Hinweis auf eine Aufgabe der Gruppe, die in einem festen Rahmen erfüllt werden sollte.

Zeitbedarf
10

1. Die TeilnehmerInnen besprechen zunächst, welche Regeln im Gruppenalltag wohl am häufigsten verletzt werden, ohne dass dies sofort allen bewusst ist. Eine Regel wie „Sprich für dich selbst" sollte hier unbedingt genannt werden; insgesamt werden wohl 3-4 Regeln das Kriterium erfüllen.

2. Nun sollte sich für jede der genannten Regeln eine TeilnehmerIn finden, die für begrenzte Zeit - am besten für die Dauer der Arbeitssitzung - auf ihre Einhaltung achtet. Die Hinweise durch diese „RegelhüterInnen" dürfen nicht als Maßregelung erfolgen, sondern sollten eine freundliche Unterstützung für die anderen TeilnehmerInnen sein: „Sei achtsam, dir unterläuft gerade eine kleine Panne."

Mit Beginn jeder neuen Arbeitssitzung werden die Zuständigkeiten wieder neu verteilt. Diese Routine wird bis zum Abschluss des Bausteins 5 beibehalten und, falls es sich als notwendig erweist, auch darüber hinaus.

4.2 Autocheck

Ein gelegentlicher Check durch die TeilnehmerInnen macht die Erfahrungen der RegelhüterInnen nutzbar für die Reflexion der Gruppe.

Zeitbedarf
15

1. Die RegelhüterInnen der letzten Sitzungen (seit dem letzten Autocheck) werden gebeten, zunächst für die erste der Regeln ihre Beobachtungen über die Einhaltung mitzuteilen. Dabei sollten vor allem wiederkehrende Problemsituationen benannt, nicht aber einzelne TeilnehmerInnen angeprangert werden. Danach kann sich die ganze
5 Gruppe an einem kurzen Gespräch darüber beteiligen.

2. Es folgt der gleiche Vorgang für die anderen „kontrollierten" Re-
10 geln.

Das Gespräch zielt auf die Schärfung der Wahrnehmung von bestimmten Situationen, in denen die Einhaltung der Regeln offenbar besonders schwierig ist – keinesfalls aber auf ein Bloßstellen der kleinen Unzulänglichkeiten im Verhalten einzelner TeilnehmerInnen. Für die angestrebten Verhaltensänderungen ist es nicht fruchtbar, wenn einzelne TeilnehmerInnen erfahren „Ich mache das immer falsch", sondern wenn sie sehen lernen, dass sie in bestimmten Situationen besonders achtsam sein sollten.

Der Autocheck sollte nach jeweils drei bis vier Arbeitssitzungen vorgenommen werden. Dann lassen sich für jede der besonders hervorgehobenen Regeln 3 bis 4 verschiedene Gruppenmitglieder befragen. Diese Routine wird bis zum Abschluss von Baustein 5 beibehalten und, falls erforderlich, darüber hinaus.

BAUSTEIN 2

KONFLIKT

Ziele:

- *Konflikte erkennen und benennen.*
- *Konflikt-Hintergründe sehen.*
- *Methoden erlernen, Konflikte und ihre Struktur deutlich machen.*

Einheit 5: Was ist ein Konflikt?

Die Auffassungen darüber, was ein Konflikt sei, gehen bei verschiedenen Menschen weit auseinander. In Einheit 5 führen wir darüber eine Verständigung herbei und nutzen dafür die im Umfeld der TeilnehmerInnen real existierenden Konflikte.

Einheit 6: Struktur von Konflikten.

Konflikte folgen in der Regel Grundmustern, die in jedem neuen Fall wieder erkannt werden können. Einheit 9 legt die Muster offen.

Einheit 7: Motive und Emotionen verstehen.

Mediation und Konfliktmanagement beurteilen Konflikte nicht von einem Rechtsstandpunkt aus, sondern fragen: Wie sind die Konfliktpartner hineingeraten und wie kommen sie (mit einer Lösung) wieder heraus? Einheit 7 zeigt, von welchen Motiven und Emotionen die Streitenden sich leiten lassen.

Fragen

• Angenommen, Sie könnten einen Menschen, der Ihnen häufig lästig ist, von der Erde verschwinden lassen, ohne dass Blut fließt, und niemand würde sich jemals wieder seiner erinnern - wen würden Sie auswählen?

• Nennen Sie mindestens zwei Gründe, weshalb Sie selbst nicht auf diese Art von der Erde verschwunden sind oder sein sollten.

Einleitung

Binsenweisheit: Jeder Mensch hat Konflikte. Dennoch sehen es viele Jugendliche als Stigma, dass sie welche haben. In dieser Beziehung schafft der 2. Baustein unseres Kurses eine wichtige Voraussetzung für eine konstruktive Konfliktlösung: erkennen, dass Konflikte kein Makel sind und lernen, sie zu benennen.

Einheit 5

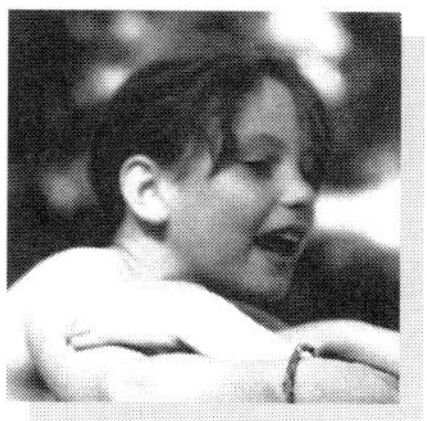

Was ist ein Konflikt?

Einführung, Grundlagen

Ziel der Einheit 5 ist es, Klarheit darüber zu gewinnen, was ein Konflikt ist. Dies soll mit den Übungen „Meinungsbarometer" und „Brief an einen Außerirdischen" erreicht werden. In einer „Problemlandkarte" sollen möglichst umfassend alle Konfliktfelder benannt werden, die in der Gruppe vorhanden sind oder mit denen die einzelnen TeilnehmerInnen konfrontiert sind.

5.1 Meinungsbarometer „Konflikt"

Macht die Vielfalt der Meinungen zum Thema Konflikt in der Gruppe sichtbar

Zeitbedarf
30

Der Raum wird durch ein Kreppband oder durch eine andere Markierung in zwei Hälften unterteilt.

Die eine Seite bedeutet „völlige Zustimmung", (in dieser Übung heißt das „Dies ist auf jeden Fall ein Konflikt"), die Mitte steht für „unentschieden" und die andere Seite steht für „völlige Ablehnung" (in diesem Fall „Dies ist kein Konflikt").

1. Erläuten Sie den TeilnehmerInnen:

„Ich werde nacheinander eine Reihe von kurzen Situationsbeschreibungen vorlesen. Überlegt bitte bei jeder Situation, ob ihr dies als einen Konflikt, also einen echten Streit, bezeichnen würdet. Wenn ihr der Meinung seid, dass dies ein Konflikt ist, dann stellt euch auf die Seite „Ja". Wenn ihr meint, dass dies kein Konflikt ist, dann stellt euch auf die Seite „Nein". Wenn ihr euch nicht entscheiden könnt, stellt euch in die Mitte. Ihr könnt auch jede andere Position dazwischen wählen, wenn ihr mehr zur einen oder anderen Seite neigt. Wenn ihr euch nach jedem Statement aufgestellt habt, frage ich einige, warum sie diese oder jene Position gewählt haben." 5

2. Lesen Sie nacheinander die 10 kurzen Szenen der folgenden Arbeitshilfe vor. Fordern Sie die TeilnehmerInnen auf, den ihrer Meinung entsprechenden Platz einzunehmen und fragen Sie jeweils einige der TeilnehmerInnen, warum sie diese Position gewählt haben. Die Beiträge der TeilnehmerInnen sollen nicht bewertet und kommentiert werden. Eine mögliche Diskussion unter den TeilnehmerInnen, was nun „richtig" oder „falsch" ist, sollte möglichst kurz gehalten werden. Stellen Sie lediglich Fragen zum Verständnis der jeweiligen Position und achten Sie vor allem darauf, dass im Verlauf der gesamten Übung möglichst alle einmal die Möglichkeit erhalten, ihre Position zu erläu-
20 tern.

Auswertung:
War es leicht oder schwierig eine Position zu finden? Bei welchen Szenen wart ihr unsicher, welche Position ihr einnehmt? War es ein Problem, dass nicht jedes Mal eindeutig gesagt wurde: „Dies ist die richtige
5 und dies ist die falsche Antwort!"?

Meinungsbarometer „Was ist ein Konflikt?"

ARBEITSHILFE

• STATEMENTS •

1. Christine sieht schlecht und muss eine dicke Brille tragen. Ralf lacht sie immer aus.

2. Bei den Bundesjugendspielen laufen Jan, Philipp und Marco im 100-Meter-Lauf um die Wette. Jan will auf jeden Fall gewinnen.

3. Erik und Tom spielen Tischtennis auf dem Schulhof. Sie wollen Ahmed und Peter nicht mitspielen lassen.

4. David und Sahand sind in Mathematik die Besten in der Klasse. Sie lachen über andere, die nicht so schnell rechnen können. Tina ärgert sich darüber, sagt aber nichts.

5. Michael fährt in einem Kaufhaus mit dem Aufzug. Eine Frau tritt ihm mit ihren Stöckelschuhen auf seine neuen Schuhe.

6. Ramona und Florian sind befreundet. Ramona ist Vegetarierin. Beim Bummeln in der Stadt holt sich Florian eine Bratwurst.

7. Nicos Vater liebt klassische Musik und lehnt Rockmusik ab. Sie haben aber nur einen CD-Player.

8. Die Klassenlehrerin fordert die SchülerInnen immer auf, sich gegenseitig zu helfen. Peter hilft Annika im Physikunterricht bei einer schweren Aufgabe. Die Physiklehrerin schimpft und trägt Peter eine Fünf wegen „Schwätzen" ein.

9. Bei einem Boxkampf bluten beide Gegner. Aber sie machen weiter.

10. Michael stellt Eike ein Bein. Eike fällt hin und verletzt sich. Michael sagt, er habe nur Spaß machen wollen und es tue ihm leid.

Eine Übung, um tiefer gehend zu klären, was ein Konflikt ist, und um ein einheitliches Verständnis des Begriffs „Konflikt" in der Gruppe zu erreichen.

5.2 Brief an einen Außerirdischen

Zeitbedarf **60**

1. Jede TeilnehmerIn erhält eines von drei Arbeitsblättern, auf denen am linken Rand groß die Buchstaben des Alphabets a) von A - H, b) von I - Q, c) von R - Z stehen. Die TeilnehmerInnen werden in Dreiergruppen aufgeteilt, von denen jede ein anderes Arbeitsblatt hat (a oder b oder c). Jede soll nun auf ihrem Arbeitsblatt zu jedem Buchstaben ein Wort schreiben, das sie mit dem Begriff Konflikt verbindet, z. B. A-Ärger, B-brutal usw. **10**

2. In der Dreiergruppe stellt nun jede TeilnehmerIn den anderen ihr Arbeitsblatt vor. Sie vergleichen, welche Worte ihnen jeweils eingefallen sind und diskutieren darüber. **10**

3. Jeweils zwei Dreiergruppen bilden nun eine neue Gruppe und haben die Aufgabe, einem Außerirdischen - also einer Person, die keine Ahnung von unserem Leben und unseren Gewohnheiten hat - zu erklären, was ein Konflikt ist. Jede Gruppe soll sich auf eine Form einigen, in der dieser Begriff erklärt oder dargestellt werden kann. So kann ein kurzer Brief geschrieben, ein Bild gemalt, eine kurze Szene gespielt oder eine Statue gebildet werden. **10**

4. Jede Gruppe stellt in der Gesamtgruppe ihre Ergebnisse vor. Eine TeilnehmerIn aus jeder Gruppe erklärt auch, wie es zu diesem Ergebnis kam und welche anderen Meinungen es noch gab. **15**

5. Zur Vertiefung können Sie in einem kurzen Input die Definition von Konflikt darstellen, wie sie Friedrich Glasl entwickelt hat:

Sozialer Konflikt ist eine Interaktion

zwischen Aktoren,

wobei wenigstens ein Aktor

Unvereinbarkeiten im Denken/Vorstellen/Wahrnehmen und/oder Fühlen und/oder Wollen

mit dem anderen Aktor in der Art erlebt,

dass im Realisieren eine Beeinträchtigung durch einen anderen Aktor erfolgt.

Diese etwas komplizierte Definition wird leichter vermittelbar, wenn man sie auf ein großes Blatt schreibt und Zeile für Zeile aufdeckt oder eine Folie herstellt und ebenso verfährt. **5**

Auswertung:
Fragen: War es leicht oder schwierig, Worte zu den Anfangsbuchstaben zu finden? War es in der Dreiergruppe möglich, den anderen eure Sicht von Konflikt zu vermitteln? Habt ihr die Ergebnisse der anderen Gruppenmitglieder verstanden? Wo lagen die Probleme, einem Außerirdischen den Begriff Konflikt zu erklären? Glaubt ihr, dass das Ergebnis überzeugend war? **10**

5.3 Problemlandkarte

Eine Übung, um im Rahmen von Gruppengesprächen schnell und übersichtlich die wesentlichen Konfliktpunkte herauszuarbeiten.

Zeitbedarf
60

1. Die TeilnehmerInnen werden in Kleingruppen aufgeteilt und sollen gemeinsam darüber sprechen, welche Probleme, Meinungsverschiedenheiten und Streitpunkte es in der letzten Zeit in der Gruppe gab, an welchen dieser Konflikte sie selbst beteiligt waren und wie sie sich dabei gefühlt haben. Gehen Sie durch die Gruppen und verteilen Sie Kärtchen. Jede TeilnehmerIn soll alle Problem- und Konfliktpunkte, die ihr einfallen, jeweils auf ein extra Kärtchen schreiben. Diese Kärtchen behält sie bei sich.
15

2. Je nach Größe der Gruppe und Anzahl der TrainerInnen wird die Gesamtgruppe in 2 oder 3 Gruppen aufgeteilt. In den Gruppen zeigt nun jede TeilnehmerIn ihre Kärtchen. Alle Kärtchen werden nacheinander auf ein großes Blatt Papier gelegt. Nachdem alle Kärtchen offen liegen und jede TeilnehmerIn erklärt, warum sie diesen Punkt aufgeschrieben hat, wird genau besprochen, welche einzelnen Kärtchen das gleiche oder ein ähnliches Problem ansprechen. Diese Kärtchen werden zusammengelegt.

Als nächster Schritt wird nun für die nach Themenkomplexen gruppierten Kärtchen gemeinsam ein Oberbegriff gesucht. Dieser Begriff wird ebenfalls auf ein Kärtchen geschrieben und in die Mitte der dazugehörigen Kärtchen gelegt.

Danach wird darüber diskutiert, wie die einzelnen Themengruppen miteinander verbunden sind und wie bedeutsam sie für die Gruppe sind. Alle Kärtchen werden nun in der gefundenen Anordnung auf das Papier geklebt. So ist eine Problemlandkarte für diese Gruppe entstanden.
30

3. In der Gesamtgruppe werden nun die erarbeiteten Problemlandkarten nebeneinander aufgehängt. Jede Gruppe stellt ihr Ergebnis vor. Eine TeilnehmerIn aus der Gruppe erklärt auch, wie es zu diesem Ergebnis kam.

Danach wird darüber diskutiert, welche ähnlichen Problempunkte auf den verschiedenen Problemlandkarten aufgeschrieben sind. Diese werden nun mit dicken Linien verbunden. Wieder wird über Verbindung, Gewichtung und Bedeutung der einzelnen Themenfelder diskutiert.

Zum Schluss zerschneiden die TeilnehmerInnen die Vorlagen und erstellen eine große gemeinsame Problemlandkarte.
15

Hinweise:

1. Wichtig ist bei der Erarbeitung einer Problemlandkarte, dass möglichst alle Meinungen in der Gruppe aufgenommen werden. Gibt es also zu einem Themenfeld keine einheitliche Meinung, so sollte die abweichende Position an den Rand oder neben das jeweilige Themenfeld geklebt werden.

2. Bei der Erarbeitung der Problemlandkarte sollte immer wieder darauf hingewiesen werden, dass es hier nur um die Benennung der Konfliktpunkte, aber noch nicht um irgendwelche Lösungsmöglichkeiten geht.

3. Die Problemlandkarte sollte einige Zeit in der Gruppe/Klasse aufgehängt werden, damit die Kinder/Jugendlichen auch außerhalb des Trainings einzeln oder in kleinen Gruppen darüber reden können.

4. Wenn Sie so viel Zeit übrig haben, ist es sinnvoll, die ganze Übung nach einer gewissen Zeit zu wiederholen und die beiden Problemlandkarten zu vergleichen.

Einheit 6

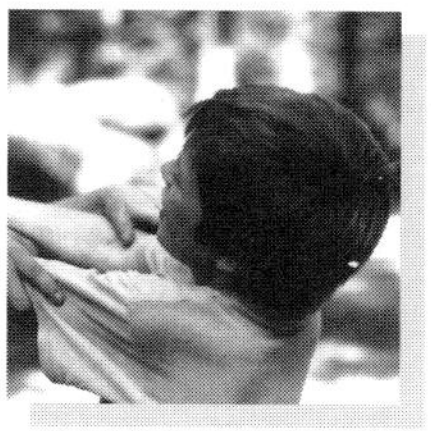

Struktur von Konflikten

Einführung, Grundlagen

Ziel der Einheit 6 ist es, Methoden und Hilfsmittel zu erlernen, um möglichst detailliert die Struktur eines Konflikts erkennen zu können. In einer solchen Analyse sollen die verschiedenen Phänomene und Mechanismen einer Konfliktsituation deutlich werden.

Ein wesentliches Hilfsmittel, um die verschiedenen Ebenen eines Konflikts plastisch darzustellen, ist die Spinnwebanalyse.

Gemeinsamkeiten und Ansätze für spätere Gespräche finden.

6.1 Entscheidungsübung: Welcher Konflikt?

Zeitbedarf 45

Hinweis:
Wenn keine Einigung herbeigeführt werden kann, sollte die Entscheidung vertagt und zu einem späteren Zeitpunkt diskutiert werden. Denn die Diskussion um die Gewichtung der Problembereiche kann sehr viel über die Situation der Gruppe aussagen. Eine durch die TrainerIn unter Zeitdruck herbeigeführte Entscheidung kann bestehende Konflikte verschärfen. Eine Weiterführung der Diskussion sollte daher nicht als Zeitverlust, sondern als Teil des Weges gesehen werden, um gemeinsam Lösungen zu finden.

Eine Übung, die die ganze Gruppe in den Entscheidungsprozess über die weitere Arbeit einbezieht. Konkretes Ziel ist es, gemeinsam aus der Problemlandkarte die Konfliktpunkte auszuwählen, die bearbeitet werden sollen und eine entsprechende Reihenfolge zu erstellen.

1. Hängen Sie die Problemlandkarte auf und erläutern Sie die Zielvorstellung, die Problembereiche auszuwählen, die als erstes genauer betrachtet und bearbeitet werden sollen. In einem Gruppengespräch werden die einzelnen Themen noch einmal ins Gedächtnis gerufen. Dann wird jede TeilnehmerIn aufgefordert, spontan das Problem, das sie am drängendsten findet, auf ihre Karte zu schreiben. Diese Karte behält jede bei sich. 10

2. Die Gruppe wird nun in Dreiergruppen aufgeteilt. In dieser Gruppe erzählt nun jede TeilnehmerIn, welches Problem sie für besonders drängend hält, und erläutert die Gründe. Die Gruppe hat die Aufgabe, sich möglichst auf einen Problembereich zu einigen. Wenn keine Einigung erzielt wird, werden mehrere Positionen weitergegeben. 10

3. Immer zwei Dreiergruppen werden nun zusammengelegt und führen dieselbe Diskussion in der größeren Gruppe. Auch diese Gruppe sollte sich bemühen, sich auf einen Konflikt, der zuerst behandelt werden sollte, zu einigen. Dabei sollte möglichst nicht einfach abge-

stimmt, sondern der Versuch unternommen werden, einen weitestge-
10 hendenden Konsens herbeizuführen.

4. In der Gesamtgruppe stellen die Sechsergruppen ihre Ergebnisse vor. Eine TeilnehmerIn aus jeder Gruppe erläutert auch, wie es zu diesem Ergebnis kam. Versuchen Sie nun, einen Konsens über die weitere Vorgehensweise herbeizuführen. Schreiben Sie die gefundene Reihenfolge auf ein großes Blatt Papier und hängen Sie es neben die Pro-
15 blemlandkarte.

6.2 Die Spinnwebanalyse

Eine Übung, um die Struktur von Konflikten deutlich zu machen.

Zeitbedarf
70

Hinweis:
In den Trainings hat sich gezeigt, dass die Spinnwebananlyse ein sehr gutes Hilfsmittel zur Vorbereitung von Rollenspielen ist.

1. Erläutern Sie in einem kurzen Input die drei wichtigsten Aspekte einer Konfliktsituation, wie sie durch die Spinnwebanalyse dargestellt werden können.

a. Wer? Welche Personen/Gruppen sind an dem Konflikt beteiligt?
b. Was? Was tun die einzelnen Beteiligten?
c. Warum? Welche Beweggründe haben die einzelnen Personen, so zu handeln? Was wollen sie erreichen?

Danach erhalten die TeilnehmerInnen das Arbeitsblatt „Spinnwebanalyse". Gemeinsam wird durchgesprochen, wie die drei Aspekte bei
5 der Spinnwebanalyse dargestellt werden.

2. Die Gruppe wird in mehrere Kleingruppen aufgeteilt. Sie sollen sich
10 zuerst mit dem Arbeitsblatt beschäftigen.

3. Die Ergebnisse und Fragen werden in der Gesamtgruppe vorgestellt und diskutiert. Achten Sie darauf, dass möglichst jede TeilnehmerIn in der Lage ist, die drei Aspekte der Konfliktdiagnose in der Spinnweb-
10 analyse darzustellen.

4. Die TeilnehmerInnen erhalten nun die Aufgabe, sich paarweise damit zu beschäftigen, wie der Konflikt, auf den sie sich in der Übung 6.1 geeinigt haben, in die drei Aspekte aufgeschlüsselt und in einer
20 Spinnwebanalyse dargestellt werden könnte.

5. Danach werden 2 oder 3 Gruppen gebildet, die möglichst angeleitet werden sollten. In diesen Gruppen werden die verschiedenen Gedanken zusammengetragen und eine gemeinsame Spinnwebanalyse
10 erstellt.

6. Die Ergebnisse werden in der Gesamtgruppe zusammengetragen
10 und einzeln vorgestellt.

Auswertung:
Hier sollte nicht so sehr die Technik, sondern der Prozess der Erarbeitung einer Spinnwebanalyse im Vordergrund stehen. Fragen könnten sein: War es schwierig, die einzelnen Aspekte so kurz darzustellen? Sind die Hauptaspekte des Konflikts durch die Spinnwebanalyse deut-
5 licher geworden?

Spinnwebanalyse

Aufgabe:
Zeichne eine Spinnwebanalyse und trage die wichtigsten Punkte ein. Zeichne die einzelnen Kästchen mit verschiedenen Farben:

blau: *Wer ist beteiligt?*

rot: *Was tun die einzelnen Beteiligten?*

grün: *Welche Motive haben die einzelnen Beteiligten?*

Beispiel:
Während des Unterrichts lacht Ralf seinen Mitschüler Jan aus, der eine Frage des Lehrers nicht beantworten kann. Jan wirft das Mäppchen von Ralf auf den Boden. David beobachtet das Ganze. In der Pause gibt es einen heftigen Streit zwischen Ralf und Jan. David steht daneben.

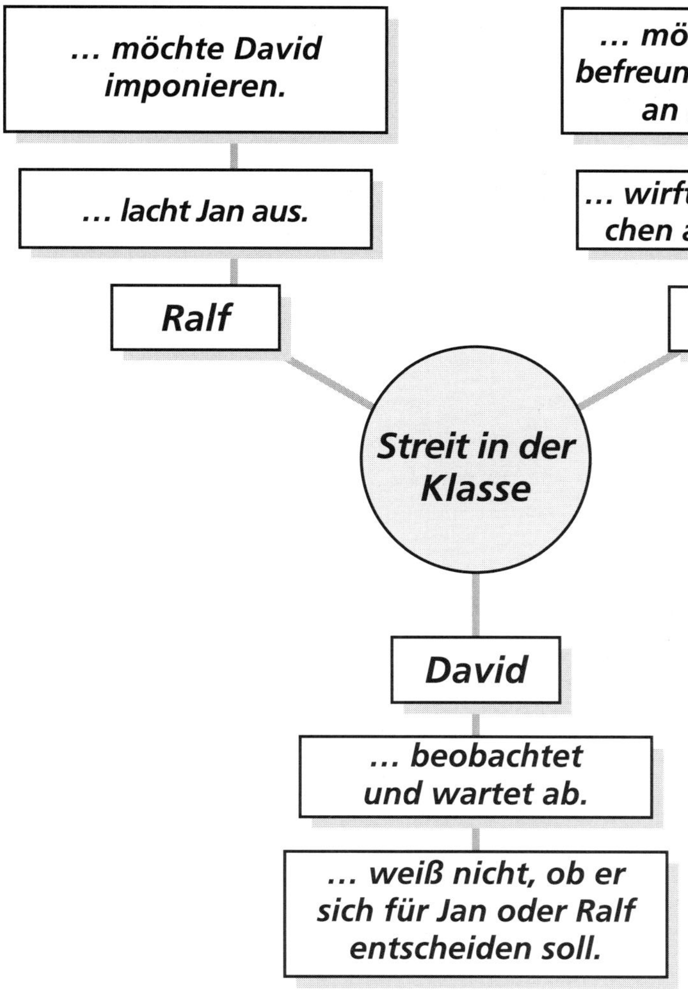

ARBEITSBLATT

Motive und Emotionen verstehen

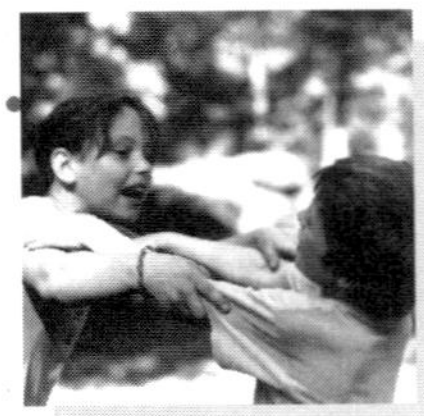

Einführung

Ziel der Einheit 7 ist es, die TeilnehmerInnen zu befähigen, das eigene Verhalten im Konflikt zu reflektieren.

7.1 Die Echo-Übung

Macht deutlich, wie unterschiedlich mein Handeln - je nachdem wie viel persönliche Energie ich einsetze - auf andere wirkt.

Zeitbedarf
60

1. Erläutern Sie anhand des Sprichworts „Wie man in den Wald hineinruft, so schallt es heraus", wie wichtig oft die Art und Weise ist, mit der wir anderen etwas sagen. Betonen Sie, wie notwendig es ist sich über die Wirkung klar zu sein, die eine bestimmte Verhaltensweise auf andere ausübt. Erklären Sie das Ziel der Übung und die verschiedenen Stadien der Anspannung, in denen wir anderen etwas mitteilen können – und was die jeweils unausgesprochene oder heimliche Botschaft dabei ist. Die heimlichen Botschaften eines jeden Stadiums sollten in Form eines Gruppengesprächs erarbeitet werden.

Die verschiedenen Stadien der Anspannung sind:

1. Verschlafen /Müde
Die heimliche Botschaft: Nur keine Anstrengung. Lasst mich in Ruhe! Ich habe es doch schon schwer genug. Muss das auch noch sein?

2. Völlig cool
Die heimliche Botschaft: Alles kein Problem für mich. Mach' ich mit links. Warum regst du dich eigentlich so auf?

3. Entspannt
Die heimliche Botschaft: Ich habe Zeit für dich. Du kannst mir in Ruhe erzählen, was dich bedrückt.

4. Konzentriert/ Geschäftsmäßig
Die heimliche Botschaft: Das ist jetzt eine wichtige Sache. Wir müssen uns ernsthaft damit beschäftigen. Ich will keine Fehler machen.

5. Aufgeregt/Angespannt
Die heimliche Botschaft: Jetzt muss etwas geschehen. Womöglich geht alles schief.

6. Hektisch/ in Panik
Die heimliche Botschaft: Ich weiß nicht mehr, wie es weitergeht. Irgendwie muss ich es noch schaffen, sonst geht alles schief. **5**

2. Die Gesamtgruppe wird in 6 Gruppen aufgeteilt. Jede Gruppe erhält den Auftrag, sich mit einem der 6 Stadien intensiv zu beschäftigen. Alle Kleingruppen haben auch die Aufgabe, in dem jeweiligen Stadium der Anspannung eine kurze Szene einzuüben und diese der Gesamtgruppe vorzuspielen, z.B. „Ich muss die S-Bahn um 14.32 Uhr erreichen, damit ich pünktlich beim Arzt bin." **5**

3. In den Kleingruppen sollte jede TeilnehmerIn sich dazu äußern, bei welcher Gelegenheit sie sich schon einmal in diesem Stadium gefühlt hat. Danach sollen die TeilnehmerInnen für das jeweilige Stadium typische Sätze, Körperbewegungen oder Verhaltensweisen finden. Diese Ergebnisse werden auf ein großes Blatt Papier geschrieben. Danach übt die Gruppe die vorgegebene Szene ein. **20**

4. In der Gesamtgruppe werden die Ergebnisse vorgestellt. Die erarbeiteten Blätter werden an einer Wand aufgehängt und gemeinsam besprochen. Danach werden die eingeübten Szenen vorgespielt. **15**

5. Im Anschluss werden wieder Kleingruppen gebildet. Jede erhält Karten, auf denen jeweils einzelne Sätze notiert sind, z.B.: „Das können wir später erledigen!", „ Ich melde mich wieder!", „ Lass mich bitte jetzt in Ruhe!", „Warum machst du das schon wieder?", "Ich habe dir doch gesagt, dass es nicht geht!" **10**

Jeder in der Gruppe spricht diesen Satz in einem anderen Stadium der Anspannung. Die anderen äußern sich dazu, wie unterschiedlich der Satz auf sie wirkt. **5**

Auswertung:
In der Gesamtgruppe ergeben sich folgende Fragen: Wie wirken diese unterschiedlichen Stadien der Anspannung auf mich? Wie reagiere ich jeweils? Wann bin ich bereit, auf das Anliegen der anderen einzugehen?

7.2 In fremden Schuhen

Gefühle eines anderen interpretieren und nachvollziehen.

Zeitbedarf
30

Stellen Sie zwei verwandte Fragen, welche die Einbettung der Einzelnen in die Gruppe betreffen, z.B.: „In welcher Hinsicht fühlst du dich von der Gruppe gemocht und geschätzt? In welcher Hinsicht fühlst du dich von der Gruppe nicht gemocht und/oder unterschätzt?" Die Fragestellung kann auch genauer auf spezifische Eigenheiten der Gruppe zugeschnitten werden.

1. Jede TeilnehmerIn schreibt für sich allein ihre Antwort auf diese
5 zwei Fragen auf je eine Seite ihres Kärtchens (ohne Namensnennung).

Bei sensiblen Themen, und wenn anzunehmen ist, dass die TeilnehmerInnen einander an ihren Handschriften erkennen, ist zu erwägen, ob die Übung erst am nächsten Tag fortgesetzt wird. Sie sollten bis dahin die Antworten mit Schreibmaschine abschreiben.

2. Die Karten werden in der Gruppe neu verteilt; jede bekommt die Karte einer anderen. Paarweise setzen sich die TeilnehmerInnen zusammen und nacheinander erläutert jede der anderen die Gefühle oder das Selbstbild, die Einschätzung, die sie auf der Karte vorgefun-
10 den hat: in der Ich-Form und so, als sei es ihre eigene Aussage.

3. Zurück im Plenum liest jede vor, was auf der ihr zugeteilten Karte steht, als wäre es ihre eigene Aussage, und gibt dazu eine kurze Erklärung in der Ich-Form – ähnlich wie zuvor in der Kleingruppe. Dazu sollen keine Kommentare und keine Diskussion von den anderen Teil-
10 nehmerInnen kommen.

Feed-back und Diskussion:
Hat das Teilen der Gefühle anderer das Verständnis erweitert? War es schwierig, den Standpunkt einer anderen einzunehmen? Wie war es,
5 die eigenen Gefühle von anderen interpretiert zu hören?

Hilfsmittel:
Für jede TeilnehmerIn ein Kärtchen und einen Stift.

Anmerkung:
Diese Übung lässt sich vielseitig einsetzen:

- *als Hilfsmittel, um eine Gruppenstreiterei zu lösen, zum Beispiel um zwischen Fraktionen in der Gruppe zu vermitteln;*
- *um auf stressfreie Art Aussagen zu einem kniffligen Problem zu sammeln;*
- *als Hilfe bei der Lösung individueller Probleme aller TeilnehmerInnen: Jede schreibt ihr Problem auf, die Karten werden neu verteilt und das Augenmerk richtet sich im Weiteren hauptsächlich darauf, wie andere in der Gruppe mit diesem Problem umgehen würden.*

Erste Begegnung mit dieser Übung:
Bei Nic Fine und Fiona Macbeth, Playing with Fire, London 1992.

Eine Übung, um das eigene Verhalten im Konflikt zu reflektieren.

7.3 Mein Feind

Zeitbedarf 60

Vorbemerkung:
Für diese sehr schlichte Kommunikationsübung sollte die Gruppengröße nicht weniger als 8, aber auch nicht mehr als 12 Personen betragen. Die TrainerIn sollte Erfahrung mit solchen Übungen besitzen, da eine sehr konzentrierte und sorgsame Anleitung notwendig ist.

1. Fordern Sie die Gruppe auf, sich in einen engen Stuhlkreis zu setzen. Weisen Sie auf das Ziel der Übung hin: das eigene Verhalten zu reflektieren. Dazu ist es wichtig einige der schon bekannten Gesprächsregeln zu beachten:

- Sprich für dich selbst
- Jede kann ausreden
- Störungen haben Vorrang
- Alles bleibt in der Gruppe 5

2. In einer ersten Runde äußert sich jede TeilnehmerIn dazu, wie sie sich gewöhnlich in Konflikten verhält und wie sie dieses Verhalten selbst beurteilt. Wenn eine Person sich nicht äußern will, wird das selbstverständlich akzeptiert. 10

3. Fordern Sie danach die TeilnehmerInnen auf, sich – ohne dass anschließend darüber gesprochen wird – die Person oder Personengruppe vorzustellen, mit der sie die größten Konflikte hatten oder die sie am meisten verabscheuen. Jede TeilnehmerIn soll auf die Vorderseite einer Karte die drei Eigenschaften schreiben, die Sie in diesen tatsächlichen oder vorstellbaren Konflikten am meisten nerven. Es kann sich auch um Eigenschaften handeln, die sie am meisten ablehnt. Danach schreiben die TeilnehmerInnen auf die Rückseite der Karte drei Eigenschaften, die sie bei sich selbst am positivsten finden oder Eigenschaften, die sie gerne hätten. 5

4. Eröffnen Sie nun die nächste Runde und fordern Sie die TeilnehmerInnen auf, nacheinander ihre negativen Nennungen vorzutragen. Stellen Sie dabei die Arbeitshypothese für diese Runde auf, die jede bedenken sollte: „Wenn ich die drei negativen Eigenschaften genau betrachte, so trifft eine auch auf mich zu." 15

5. Fordern Sie danach die TeilnehmerInnen auf, ihre positiven Nennungen vorzulesen. Für diese Runde heißt die Arbeitshypothese: „Wenigstens eine der drei positiven Eigenschaften trifft auch auf meinen ‚Feind' zu." 15

6. In einer letzten Runde hat jede TeilnehmerIn die Möglichkeit, irgendeiner Person in der Gruppe, deren Beitrag sie besonders berührt hat, Feed-back zu geben. 10

Auswertung:
Was haben wir und unsere „Feinde" gemeinsam? Welche Ängste haben wir gemeinsam? Welche Befürchtungen lösen wir bei anderen aus?

BAUSTEIN 3

KONFLIKTANALYSE

Ziele:

- *Die Konfliktpunkte erkennen.*
- *Das Maß der Eskalation einschätzen.*
- *Wendepunkte vorhersehen.*
- *Geschlechtsspezifische und interkulturelle Aspekte wahrnehmen.*

Einheit 8: Issues

In jedem Konflikt geht es um bestimmte Punkte - die Issues. Einheit 8 zeigt, wie sie herausgearbeitet und dargestellt werden können.

Einheit 9: Eskalation

Unkontrollierte Eskalation macht Konflikte zerstörerisch. In Einheit 9 geht es darum, die Eskalation eines Konfliktes einschätzen zu lernen.

Einheit 10: Wendepunkte

Jeder Konflikt hat Augenblicke, in denen die Möglichkeit besteht, ihm eine neue oder andere Dynamik zu geben. Einheit 10 schärft den Blick dafür, wo diese Wendepunkte auftreten und zeigt eine Methode für ihre Darstellung.

Einheit 11: Hanno und Hannah

Es gibt eine Vielzahl von ausgesprochen geschlechtsspezifischen Konflikten. Oft werden sie nicht als solche wahrgenommen. Einheit 11 bietet Hilfen, diesen Aspekt von Konflikten zu erkennen.

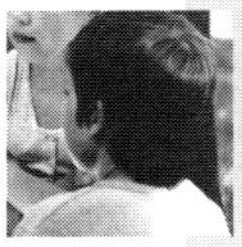

Einheit 12: Das Eigene und das Fremde

Häufig nehmen Konflikte einen besonderen Verlauf durch kulturelle Unterschiede der Konfliktpartner. In Einheit 12 wird die interkulturelle Seite von Konflikten beleuchtet.

Fragen

- ***Falls Sie AutofahrerIn sind: Geben Sie eine realistische Schätzung ab, wie oft Sie im Lauf der vergangenen Woche andere VerkehrsteilnehmerInnen mit grob beleidigenden Begriffen bedacht haben.***
- ***Wie oft haben Sie im gleichen Zeitraum andere Menschen ohne den Schutz der Blechkarosse ähnlich beleidigt?***

Einleitung

Der 3. Baustein bietet weitere Hilfsmittel und Methoden an, um Konflikte genauer zu analysieren und damit Wege und Möglichkeiten zur konstruktiven Lösung von Konflikten besser erkennen zu können.

Bei einem Training und auf jeden Fall bei einer Konfliktbearbeitung ist es sinnvoll, einen oder mehrere der auf der Problemlandkarte genannten Konflikte zu nehmen und ihn mit den in den folgenden Einheiten dargestellten Instrumenten genauer zu analysieren. Um die Arbeitsweise zu verdeutlichen, gehen wir in den 5 Einheiten des 3. Bausteins von einem spezifischen Konfliktfall in einer Klasse aus, den wir unter jeweils anderen Gesichtspunkten betrachten: „Keiner will helfen".

Keiner will helfen

Die Lehrerin ist fassungslos und enttäuscht. Das hätte sie von ihrer Klasse nicht gedacht. Was ist geschehen?

Zwei Schüler aus der 11. Klasse eines Wirtschaftsgymnasiums sind mit dem Motorrad verunglückt. Eike und Sahand haben sich glücklicherweise nur „glimpfliche“ Verletzungen zugezogen. Eike hat sich den Knöchel gebrochen und Sahand den linken Arm. Es geht ihnen schon wieder besser, aber sie müssen noch mindestens 4 Wochen im Krankenhaus bleiben. Damit sie den Anschluß nicht verlieren, hat die Lehrerin vorgeschlagen, dass täglich ein Schüler oder eine Schülerin den beiden die Hausaufgaben ins nahe liegende Krankenhaus bringt und sie über das Schulgeschehen informiert.

Die Lehrerin hat in der letzten Woche schon mehrfach angemerkt, dass sich im Unterricht das Fehlen der beiden Klassenbesten auswirke. Nun ist sie völlig überrascht, dass niemand aus der Klasse bereit ist, die beiden zu besuchen. Der größere Teil der Klasse schaut bei der Frage zu Boden. Winfried, Volker und Anna sagen offen, dass sie nicht bereit sind, diese Aufgabe zu übernehmen. Andere meinen, sie hätten keine Zeit.

Was ist der Hintergrund für dieses Verhalten der Klasse?

Die 11. Klassen am Wirtschaftsgymnasium sind sehr heterogen zusammengesetzt. Nur wenige kommen aus der eigenen Schule. Eike und Sahand kommen von dem örtlichen Elitegymnasium. Dort mussten sie nach der 10. Klasse aussteigen, weil sie zu schlechte Noten hatten. In der 11. Klasse aber sind sie die Klassenbesten, da sie vieles schon einmal im Unterricht hatten. Diesen Vorsprung spielen sie voll aus, rufen ständig dazwischen und lachen, wenn jemand eine falsche Antwort gibt. Die Lehrerinnen und Lehrer, die froh sind, dass jemand schnell antwortet, übersehen zumeist das schlechte Benehmen der beiden und einige beziehen sich fast nur auf sie, um das Leistungsniveau der Klasse zu forcieren. Der größere Teil der Klasse hält sich zurück. Die Mitarbeit der meisten Schülerinnen und Schüler ist sehr stark zurückgegangen. Obwohl einige auch froh sind, dass die beiden die Lehrerinnen und Lehrer zufrieden stellen, haben sie doch zunehmend Angst wegen der Noten.

Nur Winfried und Volker, die auch relativ gut sind, protestieren häufiger gegen das Verhalten von Eike und Sahand, allerdings ohne größere Wirkung.

Besonders scharf ist der Konflikt zwischen Sahand, der aus einer iranischen Familie kommt, und Anna, die aus einer spanischen Familie kommt. Anna ist recht gut in der Schule, aber sprachlich manchmal etwas unsicher. Jedesmal, wenn sie einen kleinen Fehler macht, lacht Sahand sie lauthals aus. Das hat dazu geführt, dass Anna sich immer weniger im Unterricht meldet. Sie spricht aber bei den anderen Mädchen schlecht über Sahand, was diesen wiederum empört.

In der Lehrerkonferenz stellen die Lehrerinnen und Lehrer fest, dass sie das allmähliche Auseinanderfallen der Klassengemeinschaft nicht bemerkt haben. Sie erinnern sich aber nun an eine Reihe von Vorfällen, deren Bedeutung ihnen erst jetzt klar wird. So haben sich schon im August Eike und Sahand gegen die ganze Klasse durchgesetzt, als es um das Ziel einer Klassenfahrt ging. Bei der Klassenfahrt im September gab es harte Auseinandersetzungen zwischen Eike und Sahand und einem großen Teil der Mädchen. Im Oktober kam es zu einem Eklat, als Anna bei einem Schulfest ein Gedicht vorgetragen und Sahand sie anschließend nachgeäfft und sich über sie lustig gemacht hat. Im November haben Eike und Sahand ebenfalls durchgesetzt, dass in Mathematik der Stoff für eine Klassenarbeit, die schlecht ausgefallen war, nicht noch einmal behandelt wurde. Die zweite Arbeit fiel noch schlechter aus.

	Einführung, Grundlagen	
	Warm-up	10 Minuten
8.1	***Den Code knacken***	30 Minuten
8.2	***Das Eisberg-Modell***	45 Minuten
8.3	***Die Punkte-Liste***	90 Minuten
	Reflexion	5 Minuten

Einführung, Grundlagen

Zur Bezeichnung der Streit- und Konfliktpunkte verwenden wir in diesem Programm den englischen Begriff „Issues". Dieser Begriff hat sich in der internationalen Diskussion um Konfliktmanagement und konstruktive Konfliktbearbeitung durchgesetzt und bringt stärker als der deutsche Begriff „Konflikt- oder Streitpunkte" den subjektiven Charakter zum Ausdruck. Denn die Antworten auf die Frage, um welche Punkte es eigentlich bei dem Konflikt geht, liegen bei den Konfliktparteien oft weit auseinander. Um diese Issues deutlich zu machen, arbeiten wir mit der Punkte-Liste.

8.1 Den Code knacken

Eine Übung, um die Aufmerksamkeit gegenüber dem Verhalten anderer zu fördern.

Zeitbedarf 30

1. Die Gesamtgruppe wird in Kleingruppen von 4-5 Personen aufgeteilt. Eine Person in der Gruppe verlässt den Raum. Die anderen vereinbaren ein gemeinsames, aber möglichst verdecktes Zeichen oder eine Verhaltensweise, die sie bei der Diskussion eines Themas immer wieder einsetzen, indem sie sich z.B. nach jedem Beitrag ans Kinn fassen oder
5 ähnliches.

2. Die TeilnehmerIn, die den Raum verlassen hat, wird wieder hereingerufen. Die anderen diskutieren ein Thema und beachten sie nicht. Ihre Aufgabe ist es, die Gruppe zu beobachten und den Code herauszufinden. Wenn sie glaubt, den Code gefunden zu haben, beteiligt sie sich an der Diskussion und benutzt den Code wie die anderen. Nur wenn sie den richtigen Code gefunden hat, wird sie in die Gruppe
10 aufgenommen.

3. Nun verlässt eine andere TeilnehmerIn den Raum und die Übung wird wiederholt, bis jede TeilnehmerIn einmal dran war. Die Übung wird noch interessanter, wenn sie von Mal zu Mal komplizierter ge-
10 staltet wird.

Fragen zur Auswertung:
Wie hast du dich als Außenseiter gefühlt? War es schwer, den Code zu erkennen? Wie hat sich die Gruppe gefühlt? Ist das nur ein Spiel oder gibt es vergleichbare Situationen in Schule, Familie oder Freizeit? 5

Eine Übung, um die Hintergründe eines Konflikts zu reflektieren

8.2 Das Eisberg-Modell

Zeitbedarf 45

1. Erläutern Sie an einer Folie oder Zeichnung das Eisberg-Modell. 5

2. Die Gesamtgruppe wird in mehrere Gruppen aufgeteilt. Jede Gruppe erhält zwei Arbeitsblätter: ein Arbeitsblatt mit dem Eisberg-Modell und ein Arbeitsblatt mit dem Fall „Keiner will helfen". Jede Gruppe hat nun die Aufgabe, auf ein großes Blatt Papier einen Eisberg zu zeichnen und die Meinungen und Positionen - bezogen auf den Fall - einzutragen. Es ist sinnvoll, Punkt für Punkt nach dem Eisberg-Modell vorzugehen. Dabei kann der Fall nach den Erfahrungen der TeilnehmerInnen ausgebaut werden. 20

3. In der Gesamtgruppe werden die Ergebnisse vorgestellt. Eine TeilnehmerIn erläutert jeweils, wie der Gang der Diskussion war. 15

Fragen zur Auswertung:
War es schwer oder leicht, das Eisberg-Modell in dem konkreten Fall anzuwenden? Waren viele Fragen offen? Könnt ihr euch an eigene Erlebnisse erinnern, wo es schwer war, die eigentlichen Gründe für einen Streit zu erkennen? 5

Eisberg-Modell

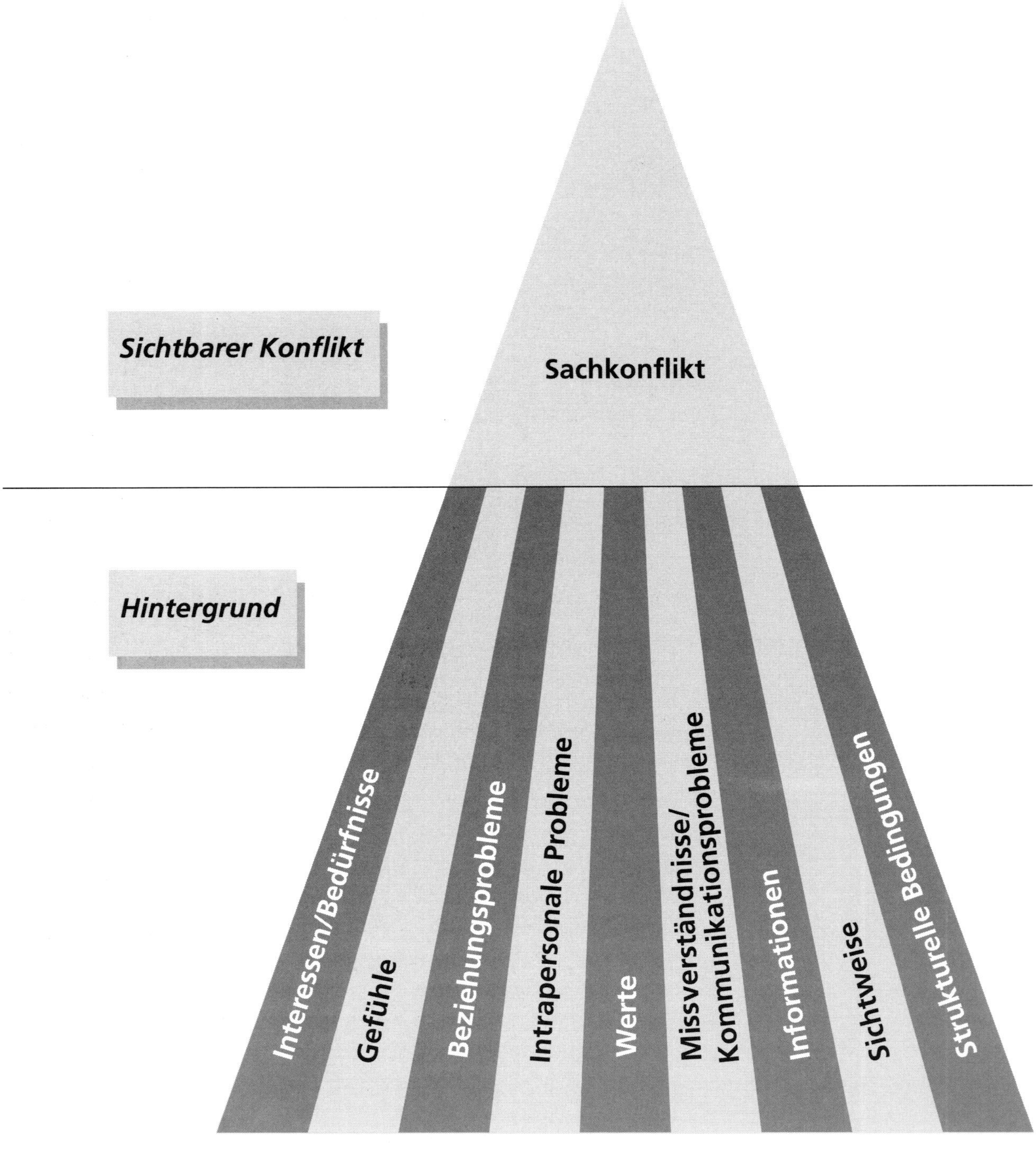

Eisberg-Modell
nach Christoph Besemer,
Mediation

Eine Übung, um die Konfliktpunkte - die Issues - darstellen und vergleichen zu können.

8.3 Die Punkte-Liste

Zeitbedarf
90

1. Erläutern Sie den Begriff „Issue". Weisen Sie noch einmal darauf hin, dass alle Punkte oder Anliegen von Konfliktbeteiligten - gleichgültig ob sie aus der Objektsphäre oder aus der Subjektsphäre kommen - als Issues wichtig zu nehmen sind. Die Punkte-Liste ist ein Hilfsmittel, um die jeweiligen Issues der Konfliktparteien darzustellen und im Vergleich die Unterschiede und Gemeinsamkeiten der Konfliktparteien feststellen zu können. **5**

2. Die Gesamtgruppe wird nun nach der Zahl der Parteien eines zu bearbeitenden Konflikts aufgeteilt, in die Unterstützungsgruppen A, B, C, D usw. Der Begriff Unterstützungsgruppe ist bewusst gewählt worden, um den Gruppen klar zu machen, dass es ihre Aufgabe ist sich in die Ziele, Wünsche und Vorstellungen ihrer Konfliktpartei hineinzudenken. Jede Unterstützungsgruppe hat die Aufgabe, die Issues ihrer Konfliktpartei aufzuschreiben und gemeinsam zu gewichten. Jedes Issue wird auf ein Kärtchen geschrieben und dann nach seiner Bedeutung geordnet. Diese Kärtchen werden dann auf ein großes Blatt Papier geklebt. Damit hat die Gruppe die Punkte-Liste der Konfliktpartei A oder B erarbeitet.

Hinweis:
Die Unterstützungsgruppe sollte sich erst einmal Zeit lassen, um sich in die Lage der jeweiligen Konfliktpartei hineinzudenken.

Wenn man den Fall „Keiner will helfen" zur Grundlage der Übung macht, dann sind 6 Gruppen sinnvoll: 1. Unterstützungsgruppe Eike, 2. Unterstützungsgruppe Sahand, 3. Unterstützungsgruppe Winfried/ Volker, 4. Unterstützungsgruppe Anna, 5. Unterstützungsgruppe „Schweigende Mehrheit" und 6. Unterstützungsgruppe LehrerInnen.

Jede Gruppe schreibt den Namen ihrer Konfliktpartei oben auf ein großes Blatt und erstellt dann eine Reihenfolge der Issues aus der Sicht der jeweiligen Person. **30**

3. In der Gesamtgruppe werden nun die verschiedenen Punkte-Listen nebeneinander aufgehängt. Jede Gruppe erläutert auch, wie sie diese Reihenfolge gefunden hat. Bei der gemeinsamen Analyse der Punkte-Listen sind folgende Fragen sinnvoll:

- Welche Issues bringen die verschiedenen Parteien vor?
- Welche Issues sind mit welchen Parteien verknüpft? Inwieweit decken sich die Issues der Parteien?
- Wie weit kennen die Parteien die Issues der Gegenseite?
- Wie sind die Issues - im Erleben der Parteien - miteinander verknüpft?
- Wie stark sind die Parteien auf die einzelnen Issues fixiert?
- Beziehen sich die Issues auf die Objektsphäre oder auf die Subjektsphäre?
- An welchem Punkt könnte man ansetzen, um eine Lösung des Konflikts zu erreichen?

Die gemeinsamen Punkte auf den verschiedenen Punkte-Listen werden mit farbigen Strichen verbunden und andere Hinweise zusätzlich eingetragen.

4. Gemeinsam wird nun versucht, eine einheitliche Punkte-Liste für alle Konfliktparteien zu erstellen und eine möglichst weite Übereinstimmung über die Reihenfolge, in der die einzelnen Punkte zu bearbeiten sind, zu finden. Zum Schluss wird eine kleine Arbeitsgruppe bestimmt, die die Ergebnisse auf ein großes Blatt Papier überträgt. Dies ist dann die Punkte-Liste, mit der weitergearbeitet werden kann.

Einheit 9

Eskalation

Einführung, Grundlagen

Das zweite wichtige Instrument der Konfliktdiagnose ist die Eskalationsskala, also die Beschäftigung mit der Frage: Wie weit ist der Konflikt fortgeschritten? Denn die Beantwortung dieser Frage ist entscheidend für die weitere Konfliktbearbeitung. Grundlage für die Eskalationsskala ist die entsprechende Darstellung in dem Buch von F. Glasl, „Konfliktmanagement". Sie wurde für diese Übung nur erheblich vereinfacht.

9.1 Die Drei-Minuten-Story

Eine Übung, um Veränderungen im Verhalten des Partners besser wahrnehmen zu können.

Zeitbedarf 25

1. Teilen Sie die Gesamtgruppe in Vierergruppen ein. Die Vierergruppe teilt sich noch einmal in Paare. Das erste Paar erhält die Karten A1 und A2, das zweite Paar die Karten B1 und B2. 5

2. Die TeilnehmerIn mit der Karte A1/B1 erzählt eine Geschichte nach der Anweisung auf ihrer Karte. Die TeilnehmerIn mit der Karte A2/B2 verhält sich entsprechend der Anweisung auf ihrer Karte.

Anschließend werden die Karten für den zweiten Durchgang ausgetauscht. Das Paar A erhält die Karten B und zwar so, dass die ZuhörerInnen des ersten Durchgangs nun die ErzählerInnen werden und umgekehrt. 10

3. Zuletzt tauschen die TeilnehmerInnen in der Vierergruppe ihre Meinungen und Gefühle während dieser Übung aus. 10

ARBEITSHILFE

Die Drei-Minuten-Story

• Die Karten •

A1 Bitte erzähle deiner Partnerin/deinem Partner in den nächsten drei Minuten von deinen schönsten Ferien.

A2 Während deine Partnerin/dein Partner zu dir spricht, zeige ihr/ihm nonverbal (ohne ein Wort zu sprechen) für jeweils die Hälfte der Zeit,
a) dass du aufgeregt bist;
b) dass du ganz ärgerlich bist.

B1 Bitte erzähle deiner Partnerin/deinem Partner drei Minuten lang von einem Buch oder einem Film, die dir gut gefallen haben.

B2 Während deine Partnerin/dein Partner zu dir spricht, zeige ihr/ihm nonverbal (ohne ein Wort zu sagen) für jeweils die Hälfte der Zeit,
a) dass du traurig bist;
b) dass du sehr müde bist.

9.2 Steine werfen

Eine Übung, um die Entwicklung und Eskalation von Konflikten zu reflektieren.

Zeitbedarf 45

1. Die Gesamtgruppe wird in verschiedene Kleingruppen zu 5-6 TeilnehmerInnen aufgeteilt. Erläutern Sie die Aufgabe für alle Gruppen: „Stellt euch folgende Situation vor. Ihr seht eine Person, die gerade dabei ist, mit einem Stein die Fensterscheiben eines Hauses einzuwerfen. Eure Aufgabe besteht nun darin, in jeder Gruppe eine Geschichte zu erfinden, wie es zu dieser Situation kommen konnte. Dabei könnt ihr eurer Fantasie freien Raum lassen. Die Geschichte muss nur zu dieser Szene hinführen und sie soll gemeinsam in der Gruppe gefunden werden. Ihr könnt die Geschichte auf ein großes Blatt Papier schreiben oder
5 sie uns hinterher auch vorspielen."

2. Jede Gruppe überlegt nun eine Geschichte und einigt sich darauf, in
20 welcher Form das Ergebnis der Gesamtgruppe vorgestellt wird.

3. Die Ergebnisse werden in der Gesamtgruppe vorgestellt. Eine TeilnehmerIn erläutert auch, wie die Gruppe zu diesem Ergebnis ge-
10 kommen ist.

Fragen zur Auswertung:
Wie habt ihr euch dabei gefühlt, eine solche Vorgeschichte zu erfinden? Hattet ihr Verständnis dafür, dass man in eine solche Situation kommen kann? Hätte es noch einen anderen Weg gegeben, das Problem zu lösen? Wodurch hat sich der Konflikt immer mehr zugespitzt? Habt ihr selbst so etwas schon einmal erlebt? **10**

9.3 Die Eskalationsskala

Eine Übung, um die Entwicklung von Konflikten besser beurteilen und darstellen zu können.

Zeitbedarf **60**

1. Erläutern Sie „die 9 Stufen der Konflikt-Eskalation" von F. Glasl an einem Schaubild oder einer Folie. **10**

2. Wird im Training mit dem Fall „Keiner will helfen" gearbeitet, dann sollte die Gruppe wieder in die 6 Unterstützungsgruppen eingeteilt werden. In den einzelnen Gruppen soll nun diskutiert werden, wie weit der Konflikt aus der Sicht der jeweiligen Konfliktpartei eskaliert ist. Die TeilnehmerInnen schreiben die Fakten und die Hintergründe für ihre Entscheidung auf Karten.

Wird mit der Problemlandkarte oder einem einzelnen Konflikt gearbeitet, dann sollte die Gruppe in dieselben Gruppen wie bei der Arbeit mit der Punkte-Liste aufgeteilt werden. Die Gruppen haben die Aufgabe, den zu bearbeitenden Konflikt noch genauer zu fassen und ebenfalls eine Entscheidung zu treffen, in welche Stufe oder Stufen er einzuordnen ist. **20**

3. In der Gesamtgruppe werden die Ergebnisse vorgestellt und diskutiert. Dabei sollen die Ergebnisse der Konfliktparteien (z.B. Sahand und Anna) verglichen und der Versuch unternommen werden, eine möglichst einheitliche Festlegung zu erreichen. An dieser Diskussion sollten sich auch alle anderen beteiligen. Die Ergebnisse werden auf ein großes Blatt Papier geklebt, das mit den Stufen I, II und III markiert ist. **20**

I.
Verhärtung, Debatte, Taten

II.
Bündnisse, Gesichtsverlust, Drohungen

III.
Verletzungen, kein Weg mehr zurück

Hinweis:
Wenn im Training genügend Zeit zur Verfügung steht, könnte nach der Erläuterung der Eskalationsskala noch ein Zwischenschritt eingebaut werden. Die Gruppe wird in drei Gruppen eingeteilt und erhält die Aufgabe, sich mit jeweils einer Stufe zu beschäftigen, sie genauer zu charakterisieren und Beispiele dafür zu finden. Die Ergebnisse werden aufgeschrieben und in der Gesamtgruppe besprochen.

Auswertung:
Wo lagen die Schwierigkeiten, den Konflikt einzuordnen? War es schwer, sich mit der Gegenpartei zu einigen? Hat sich durch die Beschäftigung mit der Eskalationsskala der Blick für die Entwicklung von Konflikten verändert? **10**

• Die Eskalationsstufen von Konflikten •

I			II			III		
1 Verhärtung	2 Debatte	3 Taten	4 Images Koalitionen	5 Gesichtsverlust	6 Drohstrategien	7 Begrenzte Vernichtungsschläge	8 Zersplitterung	9 Gemeinsam in den Abgrund
Standpunkte verhärten zuweilen, prallen aufeinander	*Polarisation im Denken, Fühlen und Wollen, Schwarz-Weiß-Denken*	*„Reden hilft nichts mehr" – also Taten; Strategien der vollendeten Tatsachen*	*Stereotypen, Klischees, Image-Kampagnen, Gerüchte auf Wissen und Können*	*öffentlich und direkt Gesichtsangriffe*	*Drohung und Gegendrohung*	*Denken in „Dingkategorien"*	*Paralysieren und Desintegrieren des feindlichen Systems*	*kein Weg mehr zurück!*
zeitweilige Ausrutscher und Verkrampfung	*Taktiken quasi-rational, verbale Gewalt*	*Diskrepanz: verbales – nonverbales Verhalten, nonverbales Verhalten dominiert*	*einander in negative Rollen manövrieren und bekämpfen*	*inszenierte „Demaskierungsaktion", Ritual*		*keine menschliche Qualität mehr*		*totale Konfrontation*
Bewusstsein der bestehenden Spannung erzeugt Krampf			*Werben um Anhänger*			*begrenzte Vernichtungsschläge als „passende Antwort"*		

nach Friedrich Glasl
Konfliktmanagement
Bern/Stuttgart 1994, S. 215

Einheit 10

Wendepunkte

Einführung, Grundlagen

Die Betrachtung der Wendepunkte - also der Ereignisse, durch die der Konflikt weiter eskaliert – vertieft die Betrachtung und das Verständnis der Eskalationsdynamik eines Konflikts. Gleichzeitig können dieselben „kritischen Ereignisse", die einen Konflikt eskalieren ließen, auch die Punkte sein, um ihn bei konstruktiver Bearbeitung zu deeskalieren.

Außerdem erhellt eine genaue Analyse der sogenannten „crucial events", d. h. der typischen und exemplarischen Episoden im Verlauf eines Konflikts, die Grundstruktur des gesamten Konflikts. Diese Wendepunkte werden grafisch im Konflikt-Atlas dargestellt.

Eine Übung, um eine kritische Situation besser verstehen zu können.

10.1 Das Telefongespräch

Zeitbedarf 30

1. Die TeilnehmerInnen arbeiten in Paaren und setzen sich mit dem Rücken gegeneinander auf Stühle. TeilnehmerIn A ist zuerst die SprecherIn. Sie erhält von Ihnen eine Karte, die die andere TeilnehmerIn - also die EmpfängerIn - nicht sehen darf. 5

2. Die SprecherIn versucht, mit ihrer PartnerIn am Telefon über das Problem zu sprechen. Dabei vermeidet sie zu Beginn, das Problem direkt anzusprechen. Die HörerIn stellt gezielte Fragen, um das Problem und den Hintergrund zu verstehen. 10

3. Die Rollen werden nun getauscht und B erhält von Ihnen eine Karte. 10

Fragen zur Auswertung:
War es schwer, die Vorgeschichte einer solchen Situation zu ergründen? War es leichter, eine solche Geschichte zu erzählen oder erst durch Nachfragen den Zusammenhang zu verstehen? Wäre es leichter, wenn man sich anschauen würde? 5

ARBEITSHILFE

Auf der Karte steht:

• DAS TELEFONGESPRÄCH •

• Du hast großen Ärger in der Klasse.

• Dein Freund sagt dir, er habe keine Zeit mehr, sich mit dir zu treffen.

• Deine beste Freundin hat dich nicht zum Geburtstag eingeladen.

• Du verwaltest die Klassenkasse. Weil du dringend Geld brauchtest, hast du dir das Geld aus der Kasse genommen, wolltest es aber so schnell wie möglich zurücklegen. Jetzt hat die Lehrerin die Kasse überprüft und gemerkt, dass Geld fehlt.

• Deine Eltern haben einen Brief von der Lehrerin erhalten, dass du bei der Klassenfahrt wegen deines Verhaltens im Unterricht nicht mitfahren darfst.

10.2 Erfahrungen teilen

Eine Gesprächsübung zu den eigenen Erfahrungen mit Situationen, die Wendepunkte in Konflikten waren.

Zeitbedarf
20

1. Erläutern Sie an Beispielen, was Wendepunkte in Konflikten sind. Fordern Sie die TeilnehmerInnen auf nachzudenken, ob sie sich an solche Wendepunkte in eigenen oder miterlebten oder gehörten Konflikten erinnern. Die Gesamtgruppe wird in Kleingruppen von
5 4 - 6 Personen aufgeteilt.

2. In den Kleingruppen erzählt jede TeilnehmerIn eine Episode aus einem Konflikt, die sich als Wendepunkt zum Schlechteren oder auch zum Besseren herausgestellt hat. Die Gruppe tauscht sich gegenseitig
10 aus.

3. In der Auswertung sollte nicht mehr über die einzelnen Episoden gesprochen werden, sondern nur darüber, wie die Gruppen den Begriff Wendepunkte verstanden und in ihren Erzählungen dargestellt
5 haben.

Eine Übung, um den Verlauf eines Konflikts - vor allem die Wendepunkte - darzustellen.

10.3 Der Konflikt-Atlas

Zeitbedarf
60

1. Erläutern Sie das Grundmuster des Konflikt-Atlas. Bei einem Konflikt-Atlas werden auf der linken Seite eines Blattes die Konfliktparteien eingetragen, während oben quer die Zeitachse verläuft.

	AUGUST	SEPTEMBER	OKTOBER	NOVEMBER	DEZEMBER
Eike					
Sahand					
Anna					
LehrerIn					
Winfried/Volker					
„Schweigende Mehrheit"					

Die entsprechenden Wendepunkte werden nun in die Grafik eingezeichnet und daneben kurz umrissen. Anschließend werden die Wendepunkte durch Striche mit den betroffenen Personen verbunden. **10**

2. Die Gesamtgruppe wird nun wieder in die jeweiligen Unterstützungsgruppen eingeteilt. Die Gruppen haben den Auftrag, die Wendepunkte aus der Sicht der jeweiligen Konfliktpartei in einen Konflikt-Atlas einzuzeichnen und mit den Personen zu verbinden. Dabei kann jede Konfliktpartei auch weitere Punkte eintragen, die in dem Fall bisher nicht erwähnt wurden, aber möglich scheinen. **10**

3. Anschließend setzen sich jeweils zwei Konfliktparteien zusammen und vergleichen ihre Zeichnungen. In dem Fall „Keiner will helfen" a) die Unterstützungsgruppen Eike und Winfried/Volker, b) die LehrerIn und die „Schweigende Mehrheit", c) Sahand und Anna. Die Gruppen sollen versuchen, eine einheitliche Position zu finden. Die Punkte, über die sie sich nicht einigen können, werden entsprechend gekennzeichnet. **15**

4. In der Gesamtgruppe werden die Ergebnisse der drei Gruppen vorgestellt. Eine TeilnehmerIn aus jeder Gruppe erläutert zudem, welche Diskussionen geführt wurden. Die drei Zeichnungen werden nun verglichen und ausführlich besprochen. Die gemeinsam gefundenen Ergebnisse werden in einen gemeinsamen Konflikt-Atlas eingetragen. Dabei werden die Punkte, die strittig sind, als solche gekennzeichnet. Der Konflikt-Atlas wird neben die Punkte-Liste und die Eskalationsskala an der Wand aufgehängt. **15**

Fragen zur Auswertung:
Ist der Konflikt nun deutlicher geworden, wenn ihr die drei Zeichnungen nebeneinander betrachtet? Wo habt ihr die größten Schwierigkeiten gehabt? Welche Dinge waren euch vorher nicht so klar? **10**

	Einführung, Grundlagen Warm-up	10 Minuten
11.1	**Hanno und Hannah**	75 Minuten
11.2	**Jungs und Mädchen zählen auf 20**	60 Minuten
11.3	**Die Waage**	50 Minuten
11.4	**Genauer hinsehen (I)**	45 Minuten
	Reflexion	5 Minuten

Einführung, Grundlagen

Geschlechtsspezifische Aspekte spielen in vielen Konflikten eine Rolle, oft ohne dass sich die Beteiligten dieser Tatsache bewusst sind. Deutlich wahrgenommen werden diese Aspekte meist nur in direkten Beziehungskonflikten. Wichtig ist aber auch, die eher unterschwellig wirksamen geschlechtsspezifischen Verhaltensweisen in ganz anderen Konflikten zu erkennen. Da wird ein Argument für wichtiger gehalten, weil es von einem Mann oder in einem anderen Fall von einer Frau kommt. Da wird auf Kritik empfindlicher reagiert, weil sie von einem Mann oder einer Frau kommt. Die Beachtung derartiger Hinweise hilft oft, „unverständliche" Reaktionen besser verstehen zu können. Die folgenden Übungen sollen die Fähigkeit entwickeln, diese unterschwelligen Verhaltensweisen besser sehen und einschätzen zu können.

11.1 Hanno und Hannah

Eine geschlechtsspezifische Übung, um die Unterschiede und Gemeinsamkeiten in der Erziehung von Jungen und Mädchen zu thematisieren.

Zeitbedarf 75

1. Die Gesamtgruppe wird in eine Jungen- und eine Mädchengruppe aufgeteilt. Jede Gruppe hat die Aufgabe, auf einem großen Blatt Papier darzustellen, was in der Erziehung von Jungen und Mädchen typisch ist. Welches Spielzeug erhalten Jungen oder Mädchen? Was wird ihnen gesagt? Wann werden sie gelobt, wann getadelt? Welche Berufe werden ihnen vorgeschlagen? usw.

Zur Darstellung wird das Blatt in verschiedene Stadien unterteilt, z.B. Babyalter bis 3 Jahre, Kindergarten, erster Schultag, Grundschule, weiterführende Schule, Teenager, Freundschaft und Liebe, der erste Job, die Zukunft usw.

20 Fragen dazu sind: Was war typisch für Jungen oder Mädchen, was war gleich?

2. Jede Gruppe hat nun die Aufgabe, eine Geschichte von einem Mädchen namens Hannah oder von einem Jungen namens Hanno zu

schreiben, die später der anderen Gruppe vorgestellt werden soll. Diese fiktive Figur soll all das positiv darstellen oder erleben, was Mädchen an Mädchen und Jungen an Jungen toll und spannend finden. Die Geschichte sollte mit den Erfahrungen zu tun haben, die Jungen und Mädchen machen, mit ihren Wünschen, ihren Problemen und ihren Erwartungen für die Zukunft. Die Geschichte soll von der ganzen Gruppe geschrieben werden. Dazu kann auch eine Zeichnung gemacht werden. **30**

3. In der Gesamtgruppe kommen beide Gruppen wieder zusammen, stellen ihre Ergebnisse vor und diskutieren darüber. **10**

4. In einem nächsten Schritt werden in den Geschichten von Hanno und Hannah die beiden Namen und „er/sie" ausgetauscht. Die Geschichten werden in der veränderten Form vorgelesen. **5**

Auswertung:
Was ist nun anders an den beiden Geschichten? Was hat euch überrascht, als ihr die Geschichte der anderen Gruppe gehört habt? Was hat amüsiert? **10**

Eine veränderte Auswertung gibt dem in unserem Training bewährten Konzentrationsspiel eine neue Aussage: Reflexion über Geschlechtsrollen-Spezifik.

11.2 Jungs und Mädchen zählen auf 20

Zeitbedarf
60

Das Spiel „Auf 20 zählen" (Anleitung unter 13.2) wird ohne Veränderungen angeleitet und gespielt. **15**

Feed-back und Auswertung:
Dies sollte in zwei Gruppen, getrennt nach Jungen und Mädchen, erfolgen. Stellen Sie zunächst die Fragen: Was war schwer, was war einfach, was ist euch aufgefallen?

Dann folgen Fragen zur Geschlechtsspezifik: Sind euch Unterschiede im Spielverhalten von Jungen und Mädchen aufgefallen? Wie begründet ihr die Unterschiede? In welcher Weise wurde die Dynamik des Spiels jeweils von Mädchen und Jungen beeinflusst? Unter welchem Druck standen die TeilnehmerInnen jeweils innerhalb der Mädchen-Jungen-Gruppe? Welche Werte mögen dahinter stehen? Gab es eine erkennbare Dynamik zwischen den Mädchen einerseits und den Jungen andererseits? Wie ist euer Verhalten beim Sport, gibt es da Vergleichsmöglichkeiten?

Welche Auswirkungen mögen die Unterschiede, die wir festgestellt haben, in der Zusammenarbeit der Gruppe außerhalb dieses Spiels haben? In welcher Form können Mädchen und Jungen aufeinander eingehen, damit ihre Zusammenarbeit erfreulich wird? Welche sozialen Erfordernisse entstehen gegenüber der Minderheit in einer Gruppe, die in der überwiegenden Mehrheit aus Mädchen besteht? Und in einer Gruppe, die überwiegend aus Jungen besteht?

Hinweis:
Wir raten dazu, auf eine Bewertung des unterschiedlichen Verhaltens zu verzichten.

45

11.3 Die Waage

Eine Übung, um geschlechtsspezifische Aspekte im Umgang mit Konflikten deutlicher zu sehen.

Zeitbedarf
50

1. Die Gesamtgruppe wird in eine Jungen- und eine Mädchengruppe aufgeteilt. Die TeilnehmerInnen sprechen darüber, wie sie sich in Konflikt- oder Streitsituationen gewöhnlich verhalten. Stellen Sie anschließend die Frage, was daran typisch männlich oder typisch weiblich ist.

10

2. Thematisieren Sie nun, welches Verhalten in Konflikten die Mädchen an den Jungen nicht gut finden und umgekehrt. Und was finden sie gut? Alle Meinungen in der Gruppe werden auf ein großes Blatt Papier geschrieben. Auf der einen Seite steht, was positiv, und auf der anderen, was negativ ist.

15

3. Im nächsten Schritt werden die verschiedenen Statements, die auf beiden Seiten stehen, noch einmal durchgesprochen und sortiert. Nun folgt die Überlegung, welche Meinungen die Gruppe der anderen Gruppe mitteilen will und welche nicht. Auf ein großes Blatt Papier wird nun eine Waage gezeichnet. Zu beiden Seiten der Waage werden die Statements eingetragen. Zum Schluss trifft die Gruppe anhand einer inhaltlichen Gewichtung gemeinsam die Entscheidung, wie stark der Waagebalken sich zur einen oder zur anderen Seite neigt und dies wird dann entsprechend eingezeichnet.

15

4. Die beiden Waagen werden nun in der Gesamtgruppe vorgestellt und diskutiert. Wenn eine Gruppe sich scheut, ihre Waage selbst in der Gesamtgruppe vorzustellen, dann können auch nur die beiden Waagen ausgetauscht, in den bestehenden Gruppen diskutiert und evtl. mit einem Kommentar versehen werden. Beide Waagen werden dann im Gruppenraum aufgehängt.

10

Fragen zur Auswertung:
Gibt es überhaupt typische Unterschiede im Konfliktverhalten von Jungen und Mädchen? Was hat euch überrascht? Fandet ihr die Waagen gerecht? War es gut oder nicht gut für euch, in geschlechtsspezifischen Gruppen zu arbeiten?

11.4 Genauer hinsehen (I) Blaue Karten

Gemeinsamkeiten und Ansätze. Eine Übung, um die geschlechtsspezifischen Aspekte in Konflikten deutlicher herauszuarbeiten und darzustellen.

Zeitbedarf
45

1. Die Gesamtgruppe wird in die gleichen drei Gruppen wie bei Übung 10.3 eingeteilt. Die Gruppen haben die Aufgabe, den jeweiligen Konflikt in dem Fall „Keiner will helfen" noch einmal genauer unter geschlechtsspezifischen Aspekten zu betrachten. Wenn es dabei neue Aspekte gibt, werden sie auf blaue Karten geschrieben.

20

2. Die Ergebnisse werden in der Gesamtgruppe vorgestellt und diskutiert. Die blauen Karten werden je nachdem zusätzlich auf die Punkte-Liste, die Eskalationsskala oder den Konfliktatlas geklebt.

15

Auswertung:
Hat diese Einheit neue Erkenntnisse für die Beurteilung des Konflikts gebracht? Fallen euch andere Beispiele ein?

10

Einheit 12

Das Eigene und das Fremde

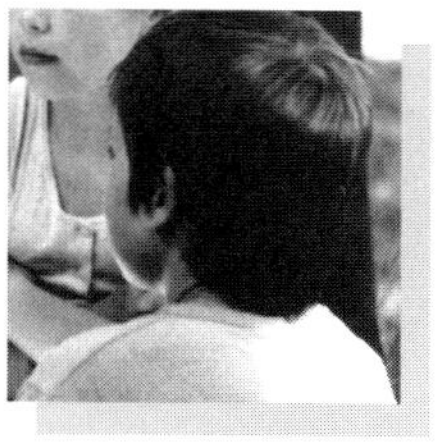

Einführung, Grundlagen

Ähnlich wie bei der Einheit 14 geht es in dieser Einheit nicht direkt um die Bearbeitung interkultureller Konflikte, sondern um interkulturelle Aspekte bei Konflikten in Kinder- und Jugendeinrichtungen und Schulen. Denn in nahezu jeder Klasse/jeder Gruppe in einem Jugendzentrum sind Kinder und Jugendliche mit unterschiedlichen kulturellen und ethnischen Hintergründen. Und diese unterschiedlichen kulturellen Erfahrungen spielen in den alltäglichen Konflikten eine Rolle. Deshalb ist die besondere Betrachtung der interkulturellen Aspekte ein wichtiges Element der Konfliktanalyse.

12.1 Car-Park

Realistisch und sinnlich greifbar darstellen, in welchem Maß Vorurteile und Diskriminierung die Entfaltungsmöglichkeiten eines Menschen beschneiden.

Hilfsmittel:

Für jede TeilnehmerIn 1 „Rollenkärtchen" der folgenden Arbeitshilfe.

Zeitbedarf 75

1. Die TeilnehmerInnen stellen sich in einer Linie an der schmalen Seite des Raumes auf. Jede TeilnehmerIn erhält ein Rollenkärtchen. Die darauf notierte Rolle soll bis zur Auswertung der Übung für die anderen TeilnehmerInnen geheim bleiben. In den nächsten 3 Minuten stellen sich die TeilnehmerInnen innerlich auf ihre Rollen ein. 10

2. Kündigen Sie an, dass Sie eine ganze Reihe von Fragen stellen werden. Jede TeilnehmerIn möge sich überlegen, ob sie in ihrer Rolle die Frage mit „Ja" beantworten kann - dann geht sie einen deutlichen Schritt vorwärts - oder ob sie mit „Nein" anworten muss - dann bleibt sie bei dieser Frage stehen. Es geht dabei letztlich nicht um nachprüfbare sachliche Richtigkeit, sondern um die subjektive Einschätzung. So wird jetzt bei den etwa 12 Fragen verfahren. 20

Feed-back: Nach der letzten Frage bleiben alle TeilnehmerInnen in ihrer Rolle und an ihrem Platz. Eine nach der anderen werden sie gebeten, den anderen ihre Rolle zu nennen und zu erklären, wie sie sich gefühlt haben. Wie haben sie sich selbst gesehen und wie die Gruppe der anderen? Welche Frage hat besondere Empfindungen ausgelöst? 25

Auswertung: Ein kurzes, schnelles Bewegungsspiel oder einfaches „Ausschütteln" sollte Gelegenheit geben, wieder aus den Rollen herauszufinden.

Anschließend folgt, im großen Kreis sitzend, die Auswertung. Sie fragt nach der gesellschaftlichen Realität, nach eigenen Erfahrungen und Vorurteilen, nach Reaktionsmustern, nach Möglichkeiten der Veränderung. 20

ARBEITSHILFE 1

Rollen-Kärtchen

• CAR - PARK •	
Ein 18-jähriger marokkanischer Hilfsarbeiter mit Hauptschulabschluss.	Eine 20-jährige Schwangere, HIV-positiv, ledig.
Eine 42-jährige ledige philippinische Krankenschwester.	Eine 35-jährige ledige deutsche Krankenschwester.
Ein 30-jähriger verheirateter deutscher Facharbeiter.	
Eine 19-jährige türkische Abiturientin mit traditionell muslimischem Hintergrund.	Die 28-jährige thailändische Ehefrau eines deutschen Omnibusfahrers.
Eine 18-jährige deutsche Handelsschülerin mit guten Noten.	Der 32-jährige deutsche Inhaber eines Friseursalons.
Ein 26-jähriger ghanaischer Asylbewerber, ledig.	Ein 32-jähriger wohnsitz- und arbeitsloser Fliesenleger.

Hinweis:
Diese Rollen sind Beispiele. Je nach der Zusammensetzung der Gruppe müssen einige oder viele der Rollen verändert oder ersetzt werden. Das sollten Sie in Ruhe und überlegt tun.

Fragen

Kannst du ...

- eine KFZ-Haftpflichtversicherung abschließen?
- einen Urlaub in deiner Heimat verbringen?
- beim Versuch, einen Diebstahl anzuzeigen, faire Behandlung von der Polizei erwarten?
- ein Bankdarlehen zur Renovierung einer Mietwohnung bekommen?
- eine Familie planen?
- zahnärztliche Behandlung bekommen, wenn du sie möchtest?
- dich nach Einbruch der Dunkelheit auf der Straße sicher fühlen?
- Sympathie und Unterstützung von deiner Familie erwarten?
- 20 Jahre im Voraus planen?
- eine Lebensversicherung abschließen?
- im örtlichen Tennisverein Mitglied werden?
- bei der nächsten Kommunalwahl wählen?
- deinen Vermieter um Hilfe bitten, wenn deine Nachbarn ständig nachts lärmen?
- dein nächstes Kind im städtischen Kindergarten anmelden?

Hinweis:
Diese Fragen sind Beispiele. Je nach der Zusammensetzung der Gruppe müssen einige oder viele der Fragen verändert oder ersetzt werden. Das sollten Sie in Ruhe und überlegt tun.

12.2 Stereotypen

Eine Übung, um den Einfluss von Stereotypen auf unsere Meinungsbildung deutlich zu machen und Verständnis dafür zu wecken, dass Stereotypen über andere Menschen gefährlich, aber gleichzeitig auch legitim und notwendig zur Orientierung sind.

Zeitbedarf
45

1. Jede TeilnehmerIn erhält ein Blatt Papier und soll es mit dem Stift in vier Felder unterteilen. In das Feld A sollen Stereotypen (typische Verhaltensweisen oder klischeehafte Bilder) über die Deutschen eingetragen werden; in das Feld B Stereotypen über Minderheiten oder Ausländer, die in Deutschland leben; in das Feld C eine Situation, in der sich die TeilnehmerInnen in der Minderheit fühlten und andere sie dies auch spüren ließen; in das Feld D eine Situation, in der sie sich gegenüber Minderheiten als Vertreter der Mehrheit fühlten. Die TeilnehmerInnen sollten Zeit haben nachzudenken und das Blatt in Ruhe
10 auszufüllen.

2. Die Gesamtgruppe wird nun in Kleingruppen zu 3-4 Personen aufgeteilt. In diesen Gruppen besprechen die TeilnehmerInnen, was sie auf ihren Blättern eingetragen haben und tauschen sich darüber aus. Sie sprechen auch über weitere Situationen, in denen sie sich in der
25 Mehrheit oder in der Minderheit gefühlt haben.

Auswertung:
Was ist die Ursache für Stereotypen? Haben sie eine Bedeutung? Was sind die positiven und negativen Folgen von Stereotypen? Wie fühlt man sich als Mehrheit oder Minderheit? Was kann man voneinander
10 lernen?

12.3 Genauer hinsehen (II) Grüne Karten

Eine Übung, um die interkulturellen Aspekte in Konflikten deutlicher herauszuarbeiten

Zeitbedarf
45

1. Ausgehend von dem Fall „Keiner will helfen" wird die Gesamtgruppe wie bei den Einheiten 10 und 11 in drei Gruppen aufgeteilt. Wichtig ist dabei, dass in der Klasse/Jugendgruppe nicht nur Sahand und Anna aus nichtdeutschen Familien stammen, sondern möglichst weitere 10 Jugendliche aus der „Schweigenden Mehrheit". Auch die Gruppe A, deren Kontrahenten Deutsche sind, sollte darüber nachdenken, welchen Einfluss ihre Form der Auseinandersetzung auf die anderen hat. Wenn es in der Diskussion neue Aspekte aus der interkulturellen Betrachtungsweise gibt, sollten diese Argumente auf grüne Karten
20 geschrieben werden.

2. Die Ergebnisse werden in der Gesamtgruppe vorgestellt und diskutiert. Die grünen Karten werden ebenfalls zusätzlich auf die Punkte-
15 Liste, die Eskalationsskala oder den Konflikt-Atlas geklebt.

Auswertung:
10 Welche neuen Momente in der Beurteilung des Konflikts gab es?

Wenn die Gruppe die umfangreiche Arbeit mit dem Baustein 3 beendet hat, ist es sinnvoll, sich die erarbeiteten Ergebnisse - die Punkte-Liste, die Eskalationsskala und den Konflikt-Atlas mit den blauen und grünen Karten – noch einmal im Zusammenhang zu betrachten und darüber zu sprechen, welche neuen Sichtweisen sich durch die Zusammenschau dieser unterschiedlichen Analysemethoden ergeben.

BAUSTEIN 4

KOMMUNIKATION

Ziele:

- ***Die Bedingungen von Kommunikation kennen lernen und erproben, wie sie normalerweise aussehen und wie wir sie gestalten können.***
- ***Den Zusammenhang von Kommunikation und Konfliktlösung erhellen.***
- ***Interesse am anderen finden, nicht am Echo der eigenen Stimme.***

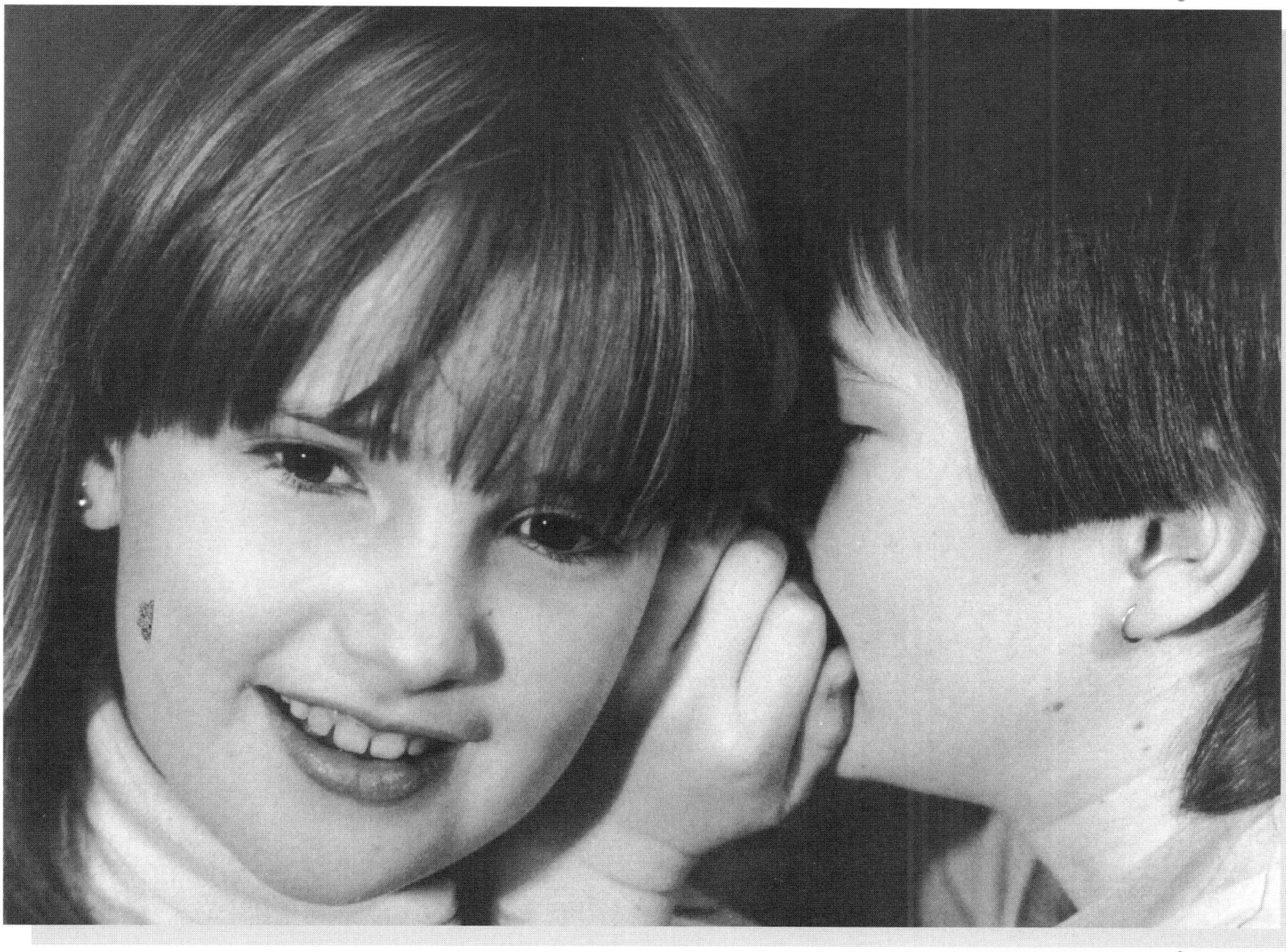

Einheit 13: Mehr als Worte

Sprache ist nur eine von vielen Grundformen der Kommunikation.
In Einheit 13 wird spielerisch erprobt, welche anderen Formen wir nutzen können.

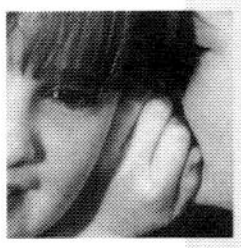

Einheit 14: Kommunikation testen

Dass vieles falsch läuft, ist klar. Aber wie sind bei der falschen (oder besser: unzweckmäßigen) Kommunikation denn eigentlich die Wirkungsmechanismen? Das soll an einigen drastischen Beispielen erprobt werden.

Einheit 15: Gezielt einsetzen

Die für die Mediation zweckmäßigen Formen der Kommunikation lassen sich beschreiben und einüben. Das geschieht in dieser Einheit.

Fragen

- ***Hören Sie sich gerne reden: ja oder nein?***
- ***Weshalb?***
- ***Wenn Sie auf einen Ihrer Sinne verzichten müssten, welchen würden Sie dann auswählen?***

Einleitung

Kommunikation, insbesondere die verbale Kommunikation, wird gefordert und strapaziert bei jeder Mediation. Wir erleben sie in drei verschiedenen Erscheinungsformen: zunächst als Fehlkommunikation, die Verständigung behindert und Konflikte verschärft; als zielgerichtetes Mittel zur Klärung und Verständigung in Konflikten; und schließlich - das übersteigt die Möglichkeiten dieses Kurses - als Befähigung, eigene und anderer Menschen Grenzen zu überschreiten, um gemeinsam Dinge aufzubauen, die allein nicht möglich wären.

Im Kontext des Trainingskurses wird der instrumentale Aspekt von Kommunikation besonders berücksichtigt; wie man aber durch Kommunikation sich selbst und anderen zu einer stärkeren Humanität verhilft, dies wird vielleicht ansatzweise erfahrbar.

Peer Education und Peer Mediation insbesondere lebt davon, dass Jugendliche oder Kinder eine Vorbildfunktion übernehmen. Die Einheiten in diesem Baustein über Kommunikation vermitteln einerseits etwas, das die angehenden MediatorInnen selbst können sollten - und das sie andererseits ihren KlientInnen durch die Vorbildwirkung weitervermitteln sollen. Im Bereich der Kommunikation versprechen wir uns von Vorbildern eine besonders deutliche Wirkung auf die Streitkultur einer Schulklasse, einer Gruppe.

Die Übungen aus diesen Einheiten sollten deshalb regelmäßig wiederholt werden; sie sollten den TeilnehmerInnen in Fleisch und Blut übergehen.

Einheit 13

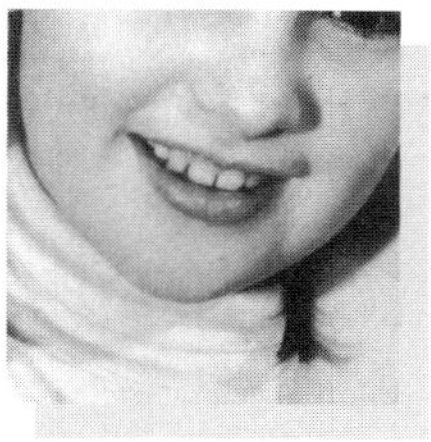

Mehr als Worte

Hinweis:
Die Übung „Geburtstagskette" kann auch als ein Warm-up für diese Einheit eingesetzt werden.

„Auf 20 zählen" kann, wenn es von der Gruppe gut angenommen wurde, als Konzentrations- und Wahrnehmungsspiel auch bei späteren Gelegenheiten immer wieder die Gruppe zusammenführen und sammeln.

	Einführung, Grundlagen	
	Warm-up	10 Minuten
13.1	**Geburtstagskette**	10 Minuten
13.2	**Auf 20 zählen**	30 Minuten
13.3	**Was der Körper sagt**	45 Minuten
	Reflexion	5 Minuten

Einführung, Grundlagen

Diese Einheit soll Teile eines Basisverständnisses von Körpersprache entwickeln helfen. Wir wollen sie dafür einsetzen, körpersprachliche Signale zu fördern, die die Botschaft des Gesagten verstärken, und andere auszuschalten, die ihr widersprechen.

Vor allem anderen aber soll die Lust geweckt werden, Sprache als nur ein Mittel von mehreren zur Verständigung zu begreifen. Zu den anderen Mitteln gehört auch die körperliche Berührung, die von vielen Menschen nur noch in der Einengung zur Aggression und/oder zum sexuellen Signal verstanden und eingesetzt wird.

Ein besonderes Erlebnis schließlich kann es für die TeilnehmerInnen sein, dass sie in einer gar nicht so schwierigen Übung sich ohne Worte, ohne Berührung, ohne Blickkontakt, allein durch Einfühlung und Konzentration miteinander verständigen.

13.1 Geburtstagskette

Eine lockernde Übung zur nonverbalen Kommunikation.

Zeitbedarf
10

Die TeilnehmerInnen bekommen die Aufgabe, sich in der Reihenfolge aufzustellen, wie ihre Geburtstage über das Jahr verteilt sind. Es soll also nicht die Älteste am einen Ende stehen, der Jüngste am anderen, sondern wer am 1. Januar geboren ist, steht am einen Ende, wer zu Silvester geboren wurde, steht am anderen. Machen Sie keine Angabe dazu, wo im Raum jeweils Anfang und Ende der Kette sein sollen. Die TeilnehmerInnen dürfen nicht miteinander sprechen oder sich durch Schreiben verständigen. Erst wenn die Reihe steht, darf jede zur Kontrolle, ob auch alles stimmt, laut ihren Geburtstag nennen.

Anmerkung:
Die Übung schafft bei großen Gruppen eine günstige Voraussetzung für die willkürliche Aufteilung in Kleingruppen.

Feed-back und Auswertung:
War's schwierig? Wie wurde entschieden, in welcher Richtung die Kette verläuft?

13.2 Auf 20 zählen

Verständigung durch Einfühlung und Konzentration. Ein Spiel.

Zeitbedarf
30

Die TeilnehmerInnen sitzen im Kreis. Eine Person wird bestimmt, die in diesem Spiel immer wieder den Anfang macht. Danach schließen alle die Augen und die bestimmte Person beginnt zu zählen und nennt die Zahl „1". Die anderen TeilnehmerInnen müssen die Zahlenreihe in aufsteigender, lückenloser Folge fortsetzen und zwar so, dass nie eine Zahl von zweien oder mehreren gleichzeitig genannt wird. Das passiert natürlich recht oft und es muss immer wieder angefangen werden. Auch darf der direkte Nachbar nicht unmittelbar die nächste Zahl der Zahlenreihe
20 nennen. Erst wenn die Gruppe bis auf Zwanzig gezählt hat, ist sie eine aufeinander eingestimmte Gruppe.

Auswertung: Wie haben sich die einzelnen TeilnehmerInnen verhalten –
10 abwartend oder forsch? Woran lag es, dass immer wieder von vorn angefangen werden musste? Welche Gefühle spielten dabei eine Rolle?

Erste Begegnung mit dieser Übung:
Bei Nick Fine und Fiona Macbeth, Playing with Fire, London 1992.

13.3 Was der Körper sagt

Körperlicher Ausdruck: deuten und richtig einsetzen.

Zeitbedarf
45

Hilfsmittel:
5 Blätter A3 oder A4 mit jeweils der Bezeichnung für eine innere Haltung.

1. Die TeilnehmerInnen sitzen einander in Paaren gegenüber. PartnerIn A wählt eine innere Haltung: Unentschlossenheit, Freude, Tatkraft, Abwehr, Skepsis etc. und nimmt dann eine dafür stimmige äußere Haltung ein. PartnerIn B soll nun erraten, was ausgedrückt werden soll. Sie tut dies, indem sie selbst einen dazu passenden Satz sagt, ihn also sozusagen A in den Mund legt. Etwa: „Wie schön, dass du mich besuchen kommst!"; „Jetzt räume ich mit all meinen alten Konflikten auf!"; „Ob meine PartnerIn diese Übung wohl bis zum Schluss durchhält?".
A sagt, ob dieser Satz die richtige innere Haltung trifft, und korrigiert ansonsten. Dann führt B vor, wie sie diesen Satz körperlich ausdrücken würde. A und B vergleichen die Unterschiede in ihrer Körperhaltung und diskutieren die Unterschiede im Ausdruck. In dieser Weise werden von A
5 x 4 und B abwechselnd insgesamt 5 Beispiele durchgespielt.

2. Vor einer Wand werden in je 1m Abstand fünf Stühle aufgestellt. Auf jedem Stuhl liegt ein Blatt mit der Bezeichnung für eine innere Haltung.

Fünf Freiwillige setzen sich auf diese Stühle, jeweils in der adäquaten Körperhaltung. Die übrigen TeilnehmerInnen schauen zu. Nachdem die ZuschauerInnen ausführlich die 5 begutachtet haben, werden die Blätter über den Stühlen an die Wand gepinnt, aber in völlig „falscher" Reihenfolge. Die Sitzenden müssen nun die Haltung verbalisieren, die über ihnen auf dem Blatt steht, dabei aber ihre vorherige Körperhaltung beibehalten. Es wird also vielleicht jemand, der unter einem Schild „Zufriedenheit" sitzt, mit seiner Körperhaltung „Angst" ausdrücken müssen, während er fort-
5 während sagt: „Ich bin ja sooo zufrieden."
Es folgt ein Gespräch darüber, wie stark die Körperhaltung einer verbalen
10 Aussage widersprechen kann.

Reflexion: Welche Rolle spielen bei Streit und Versöhnung eine stimmi-
10 ge oder unstimmige Körperhaltung?

Einheit 14

Kommunikation testen

Einführung, Grundlagen

Die Einschätzung, ob ein Kommunikationsversuch richtig oder falsch war, muss sich nach den Zielen richten, denen er dienen sollte. Wer will behaupten, dass Ironie prinzipiell niemals zweckdienlich sei? Wir aber haben uns für unsere Arbeit auf die eigentliche Rede festgelegt: Das Gesagte und das Gemeinte sollen gleich sein. Das ist kein zwingendes Erfordernis - aber es bietet einen Weg aus dem Dickicht der konfliktverschärfenden Unaufrichtigkeiten, Mehrdeutigkeiten, Irreführungen.

Die meisten Menschen leisten sich in diesem Sinne eine Menge falscher und schlicht unzweckmäßiger Kommunikation im Lauf eines Tages. Aber kaum jemand leistet es sich, genau hinzusehen und auszuwerten: Weshalb und durch welchen Wirkungsmechanismus ist das jetzt schief gegangen? Dazu soll Einheit 14 eine Einführung geben.

Ein lautstarker Test zur verbalen Durchsetzung.

14.1 Ja/Nein-Sagen

Zeitbedarf 10

Die TeilnehmerInnen stehen sich in Paaren gegenüber. In den nächsten 3 Minuten dürfen die TeilnehmerInnen A immer nur „Ja" sagen, TeilnehmerInnen B hingegen nur „Nein". A hat die Aufgabe, B vom „Ja" zu überzeugen, und B soll A vom „Nein" überzeugen - nur mit diesem einen Wort, in allen Tonlagen und Lautstärken. 3

Nach 3 Minuten wechseln die beiden ihre Rollen. 3

Feed-back:
Was ist leichter gefallen: dem „Ja" Druck zu verleihen, oder dem „Nein"? Hat jemand im Lauf der 3 Minuten ihre Rolle aufgegeben oder war sie in Versuchung dazu? Wie kam es dazu? Welche begleitenden Elemente (Körpersprache, Mimik) haben aus Sicht der jeweils anderen PartnerIn besonderen Nachdruck verliehen und weshalb? 4

14.2 Gleichzeitig reden

Sensibilisierung für die Weichenstellungen in der Fehlkommunikation.

Zeitbedarf
10

Die TeilnehmerInnen sitzen einander in Paaren gegenüber. Jede nimmt sich ein eigenes Thema vor, über das sie sprechen möchte. Auf „los" geht's los: Alle fangen gleichzeitig an, jede redet über ihr Thema - mit dem Bemühen, die andere zum Zuhören und zum Umschwenken
5 auf das eigene Thema zu bewegen.

Feed-back:
Was ist schwer gefallen, was leicht? Was hat für die eine PartnerIn beinahe oder tatsächlich zu einem Umschwenken auf das Thema der
5 anderen geführt?

14.3 Böse Geschichten erzählen

Wie Vorurteile die Wiedergabe von Fakten verändern.

Zeitbedarf
30

1,5 1. Eine TeilnehmerIn erzählt, wie sie zum Training angereist oder in die Schule gekommen ist - mit allen Details, vom Verlassen des Hauses, bis sie schließlich am Trainingsort zur Tür herein kam.

1,5 2. Nun versucht eine andere TeilnehmerIn, die Erzählung in der 3. Person wiederzugeben; die erste SprecherIn kann sie danach korrigieren.

3 3. Jede TeilnehmerIn erhält jetzt ein Kärtchen, das eine bestimmte Erzähl-Haltung oder -Voraussetzung angibt. Den Inhalt der Karte soll sie bitte für sich behalten. Mit der angegebenen Ausgangslage erarbeitet jetzt jede TeilnehmerIn ihre eigene Version der Geschichte – sie handelt in der dritten Person von der TeilnehmerIn, die die erste Geschichte erzählt hat.

n x 1,5 4. Einzelne TeilnehmerInnen stellen jetzt ihre neue Version der Geschichte den anderen TeilnehmerInnen vor; diese versuchen zu erraten, was die Anweisung auf der Karte beinhaltete. Zum Schluss wird es offen gelegt.

Feed-back und Auswertung:
Inwiefern ist die Information verzerrt worden? Lässt sich ein solcher Vorgang im normalen Leben leicht offen legen? Verändern wir eigentlich immer die Informationen, die wir weitergeben? In welchen Situatio-
12 nen und in welcher Weise haben wir das bisher schon getan?

Hilfsmittel:
Die Kärtchen der folgenden Arbeitshilfe für Absatz 3.

Anmerkung:
An Stelle der eher komischen Verzerrungen wie in den Beispielen könnte auf den Kärtchen auch jeweils ein problematischer gesellschaftlicher Kontext angegeben sein, z.B.: Erzähle die Geschichte aus einem rassistischen Zusammenhang; aus dem Zusammenhang eines gewaltgeladenen Generationenkonflikts ...

• BÖSE GESCHICHTEN ERZÄHLEN •

Das ist die lustigste Geschichte, die du je gehört oder erzählt hast.
Den anderen ist vielleicht nicht ganz klar, was daran so lustig ist, aber das macht nichts – dich amüsiert jedes einzelne Detail ganz köstlich.

Du erzählst nur, um von den tatsächlichen Fakten abzulenken, die ganz anders sind, als deine Erzählung vorgibt.
Das kann dir jede hier anmerken: Eigentlich ist noch was ganz anderes im Busch und du versuchst, einen auf ganz cool zu machen.

Du arbeitest beim Geheimdienst und berichtest über das Verhalten einer verdächtigen Person.
Du bist dabei ganz sachlich, aber man merkt schon, dass alles, aber auch wirklich alles, in deinen Augen verdächtig ist.

Du gibst ein bisschen Klatsch an die Geschichte, damit sie sich interessanter anhört.
Du bist wohl die neugierige Nachbarin, die immer ihre Nase in anderer Leute Angelegenheiten steckt und hinter allen Leuten hier im Haus nachschnüffelt, um dann den anderen Nachbarn „interessante" Sachen zu erzählen.

Du musst dringend zur Toilette, aber vorher muss auf jeden Fall die Geschichte fertig erzählt werden.
Du willst nichts Wichtiges weglassen, aber man merkt schon, dass du ziemlich unter Zeitdruck bist und dass du eigentlich mit dem Kopf nicht mehr so recht dabei bist.

Es ist die traurigste Geschichte, die du je gehört oder erzählt hast.
Wir wissen nicht, warum – aber für dich scheint der ganze Vorgang so traurig zu sein, als wenn berichtet wird, wie dein bester Freund zu Grabe getragen wird.

Du verabscheust die Person, über die du sprichst.
Sie hat dir früher mal etwas Schlimmes angetan und noch heute ist es so, dass wirklich alles, was diese Person tut, deinen negativen Eindruck von ihr bestätigt.

ARBEITSHILFE

Erste Begegnung mit dieser Übung bei Christoph Besemer, Königsfeld 1993.

Einheit 15

Einführung, Grundlagen

	Warm-up	10 Minuten
15.1	**Klare Antworten**	45 Minuten
15.2	**Reflektierendes Zuhören**	18 Minuten
15.3	**Kontrollierter Dialog**	10 Minuten
15.4	**Nicht verletzende Ärgermitteilung**	30 Minuten
15.5	**Ich-Aussagen**	40 Minuten
15.6	**Wie ich Dich sehe**	45 Minuten
	Reflexion	5 Minuten

Hinweis:
Die Übungen 15.4 und 15.5 erfüllen eine ähnliche Funktion. Innerhalb der Einheit 15 sollten Sie sich für eine der beiden Übungen entscheiden; die andere sollte dann aber zu einem späteren Zeitpunkt, vielleicht in Einheit 17, aufgenommen werden.

Einführung, Grundlagen

Richtige Kommunikation lässt sich einüben - da gibt es Fragen der Technik und der inneren Disziplin. Aber darin erschöpft sich die Sache nicht. Einüben wollen wir auch eine innere Haltung: sich hinwenden zu anderen; anerkennen, dass der/die andere eine eigene Wahrheit hat; zuhören, um etwas zu erfahren und nicht allein, um einen Aufhänger für eine Replik zu bekommen; spüren, dass auch andere über die Kraft verfügen, Konflikte zu lösen - und ihnen den Raum dafür lassen. All das drückt sich in der Kommunikation aus und es lässt sich zum Teil durch bestimmte Formen der Kommunikation auch aufbauen. Aber jenseits der Technik gibt es an der Haltung etwas, das weiter greift. Wir erhoffen uns, dass dies durch Ihren Umgang mit den TeilnehmerInnen ständig deutlich wird.

Die Übungen in Einheit 18 geben eine Einführung zum technischen Aspekt; es ist viel gewonnen, wenn die TeilnehmerInnen akzeptieren, dass dieser technische Aspekt Ausdruck eines Größeren ist, an dem sie teilhaben können.

15.1 Klare Antworten

Ein Simulations-Spiel. Es übt die Selbstbehauptung in sozial schwierigen Situationen.

Zeitbedarf
45

1. Die Übung beginnt in Kleingruppen zu 4-6 TeilnehmerInnen. Jede in der Kleingruppe wird Gelegenheit bekommen, als ProvokateurIn (A), als Antwortende (B) oder als BeobachterIn zu handeln. Jede Kleingruppe erhält ein Set Kärtchen. Auf den Kärtchen steht, was A zu sagen hat.

A nimmt sich die oberste Karte, B setzt sich ihr gegenüber. A spricht B mit dem Satz von der Karte an. B kennt bis dahin den Inhalt der Karte nicht und soll jetzt sofort eine Antwort geben. Die Antwort soll möglichst so sein, dass sie Bs angeschlagene Stellung wieder verbessert.

Die BeobachterInnen teilen mit, ob ihnen die Antwort zweckmäßig erschien - wobei aber letztlich das Empfinden von B ausschlaggebend ist,

Hilfsmittel:
Kärtchen der folgenden Arbeitshilfe - so viele Sets wie Kleingruppen.

Erste Begegnung mit dieser Übung:
Bei Nic Fine und Fiona Macbeth, Playing with Fire, London 1992.

ob ihre Antwort wirklich zu ihren eigenen Bedürfnissen und Ausdrucksformen passt.

A und B kehren zu ihren Plätzen zurück und die beiden nächsten SpielerInnen treten vor. 15

2. Die TeilnehmerInnen tun sich zu Paaren zusammen. Jede überlegt und formuliert eine schwierige Situation, mit der sie zu tun hat oder in die sie bald geraten wird. Jetzt gibt die Übung den Paaren Gelegenheit, Antworten und Antwort-Strategien zu überlegen und zu erproben, die einen Bezug zum realen Leben der TeilnehmerInnen haben. 10

3. Im Plenum werden einige der Ergebnisse dieser Überlegungen vorgestellt. 10

Feed-back und Auswertung:
Was waren verbreitete Mittel der Selbstbehauptung? Wie stark wurde dies durch Selbstbestätigung versucht und wie durch Gegenangriff? Wo wurde eine weitere Auseinandersetzung abgeschnitten, wo wurden Wege für eine konstruktive Auseinandersetzung geöffnet? 10

• Klare Antworten •

Kaufhaus-Detektiv Ich hab's genau gesehen - Sie waren es!	*Elternteil* Jetzt ist es 2 Uhr früh! - Du solltest um 11 zu Hause sein!
Fahrkarten-Kontrolleur Was soll das heißen: „Ich finde mein Billet nicht!"?	*In einer Warteschlange* Freundchen, die Schlange fängt dort hinten an!
Elternteil Was haben Sie um drei Uhr morgens vor dem Schlafzimmer meiner Tochter zu schaffen?	*In der Kneipe* Du siehst einsam aus - darf ich mich dazusetzen?
In einer Warteschlange Entschuldigung, ich war aber zuerst dran!	*Bei einer Party* Hab' ich Sie nicht schon mal irgendwo gesehen?
An der Kinokasse Tut mir leid - dies ist kein Film für Kinder!	*Zollbeamter* Eine Flasche ist die Obergrenze bei Spirituosen.
Unter Freunden Du hast mich drei Stunden lang warten lassen!	*Kellner* Ich bedaure, aber Gäste in Strandkleidung sind nicht willkommen.

ARBEITSHILFE

15.2 Reflektierendes Zuhören

Übung für eine Gesprächstechnik, die im Mediationsverfahren eine wichtige Rolle spielt. Und die sich außerdem in vielen anderen Zusammenhängen sinnvoll anbietet.

Zeitbedarf
18

Die TeilnehmerInnen bilden mit ihren Stühlen zwei konzentrische Kreise mit jeweils gleich viel Stühlen. Der äußere Kreis schaut nach innen, der innere nach außen. (Falls die TeilnehmerInnen ohnehin schon im Stuhlkreis sitzen, rückt einfach jede Zweite mit ihrem Stuhl nach innen und dreht ihn so, dass sie ihrer bisherigen Nachbarin jetzt gegenüber sitzt.) Dabei achten Sie darauf, dass die Paare sich dicht gegenüber sitzen, während sie den Seitenabstand zu den anderen Paaren recht groß halten – das heißt, dass der gesamte Kreis möglichst groß sein wird.

Nun wird allen Paaren ein gemeinsames Thema gestellt. Am besten eines, über das jede und jeder etwas zu sagen hat: „Wie habe ich mei-
3 nen letzten Geburtstag erlebt?"

Alle TeilnehmerInnen im Außenkreis bekommen nun 5 Minuten lang Gelegenheit, ihrer PartnerIn im Innenkreis etwas zu erzählen. Diese hat die Aufgabe, sehr genau zuzuhören, und das Gehörte gelegentlich mit eigenen Worten zusammenzufassen. Dabei sollte sie darauf achten, auch Gefühle wiederzugeben, die sie bei ihrer PartnerIn wahrgenommen hat. Die Zuhörende beginnt mit dem Satz: „Habe ich dich richtig verstanden, du meinst also, dass ..." Die Erzählende korrigiert
5 diese Darstellung nötigenfalls.

Nun rücken alle TeilnehmerInnen im Innenkreis um jeweils einen Stuhl weiter nach rechts, so dass sie eine neue PartnerIn vor sich haben. Nun erzählen die innen Sitzenden ihren neuen PartnerInnen von ihrem letzten Geburtstag, wobei die außen Sitzenden intensiv zuhören und
5 anschließend zusammenfassen.

Feed-back und Auswertung:
Welche Wirkung hatte das reflektierende Zuhören von B auf A? Wie war es für B, nur aufzunehmen und keine eigenen Gedanken zu formulieren? Wie leicht ist es gefallen, in dieser vergleichsweise strengen
5 Struktur einer nicht selbst gewählten PartnerIn etwas zu erzählen?

Anmerkung:
Bei der ersten Anwendung dieser strengen Gesprächsstruktur empfiehlt es sich, das Gesprächsthema relativ einfach zu wählen, dass alle TeilnehmerInnen dabei ohne weiteres etwas zu sagen haben. Bei wiederholter Übung können die Inhalte komplexer werden.

15.3 Kontrollierter Dialog

Die Fortsetzung des reflektierenden Zuhörens.

Zeitbedarf
10

Geben Sie ein Gesprächsthema vor, das für die gesamte Gruppe von Interesse ist (beispielsweise eine aktuelle gesellschaftspolitische Frage). Die TeilnehmerInnen setzen sich in Dreiergruppen zusammen: jeweils zwei GesprächspartnerInnen, A und B, sowie eine BeobachterIn.

A macht eine Aussage zum Thema, B fasst diese Aussage mit eigenen Worten zusammen, bevor sie (ggf. nach einer Korrektur durch A) ihre

Antwort anschließt. A fasst die Antwort von B mit eigenen Worten zusammen und knüpft dann ihre Antwort daran. So geht das Gespräch voran, gebremst (oder beflügelt?) durch das Element des reflektierenden Zuhörens.

Die BeobachterIn folgt dem Prozess unter den Gesichtspunkten: korrekte Wiedergabe, Dynamik des Gesprächs, Körperhaltung. 5

Feed-back und Reflexion:
Das Feed-back folgt den Punkten der BeobachterInnen; die Reflexion fragt nach den vermutlichen Wirkungen, die der kontrollierte Dialog in verschiedenen Phasen eines Konfliktes hätte. 5

Eine praxisnahe Simulation für konstruktives Verhalten in Alltagskonflikten.

15.4 Nicht verletzende Ärgermitteilung

Zeitbedarf
(abhängig von der Gruppengröße) etwa 30

Hilfsmittel:
Kärtchen mit je einer Situationsbeschreibung aus der folgenden Arbeitshilfe.

1. Die Gruppe unterhält sich über die Notwendigkeit, Verletzungen und Kränkungen gegenüber derjenigen auszudrücken, die sie ausgeübt hat - wie kann das so geschehen, dass es akzeptiert wird, statt ein „Ping-Pong" zu werden? Wie funktioniert es mit einem Rückgriff auf die Grundregeln: Sprich für dich selbst? 10

2. Vorschlag: Das Grundmuster der nicht verletzenden Ärgermitteilung sollte so aussehen: „Du hast Folgendes gemacht: ... Das hat mich geärgert (verletzt, gekränkt) in folgender Weise: ... Ich möchte deshalb gerne, dass wir für die Zukunft folgende Verhaltensweise verbindlich verabreden: ...". Erläutern Sie dieses Muster anhand eines Beispiels. 5

3. Die Kärtchen der Arbeitshilfe werden in die Mitte des Kreises gelegt. Eine TeilnehmerIn tritt in den Kreis, nimmt die erste Karte, liest den Text vor und sucht sich eine zweite TeilnehmerIn aus, der sie nach dem eben skizzierten Muster ihre „Ärgermitteilung" vorträgt. Die Angesprochene darf (muss aber nicht) spontan antworten. Danach erfolgt jeweils ein kurzes Feed-back von den anderen TeilnehmerInnen. Dann nimmt die erste SpielerIn wieder Platz und die angesprochene TeilnehmerIn nimmt die nächste Karte. n x 3

Reflexion:
Welche Voraussetzungen und welche Folgen hat diese Ausdrucksform?

Erfahrungen:
In einem Fall traf eine Situationsbeschreibung genau die tief sitzende wiederholte Kränkung einer Teilnehmerin. Ihre Betroffenheit musste vom Trainer sorgfältig aufgefangen werden.

Nicht bei allen Alltagskonflikten wollen wir wirklich eine Lösung im Sinne dieser Übung erzielen; nicht überall wollen wir wirklich die andere zu einer Verhaltensänderung bringen - manchmal möchte man ja auch einfach nur im geeigneten Moment Dampf ablassen. Welche Art von Konflikten bedürfen einer bewussten Bearbeitung und wo kommt uns diese überflüssig vor? Gibt es in der Gruppe übereinstimmende Kriterien dafür? 5

ARBEITSHILFE

Nicht verletzende Ärgermitteilung

• SITUATIONSBESCHREIBUNGEN •	
• *Jemand tritt dir in der Straßenbahn auf deine neuen Schuhe.*	• *Du wirst Zeuge, wie ein Busfahrer einen Schwarzafrikaner angiftet, der kein passendes Kleingeld für den Fahrschein hat: „Dann geh' doch zurück in den Urwald!"*
• *Deine Sitznachbarin hat dich bei der Klassenarbeit nicht abschreiben lassen und du hast eine schlechte Note bekommen.*	• *Du fährst mit dem Rad. Der Radweg ist durch ein parkendes Auto versperrt; der Fahrer sitzt bei offenem Fenster im Wagen.*
• *Du erfährst, dass jemand in der Gruppe, an dessen Freundschaft dir liegt, zu anderen in der Gruppe sagt, dass du immer so uncool angezogen bist.*	• *Du sitzt im Restaurant beim Essen. Ein älterer Herr setzt sich mit an den Tisch und steckt sich eine Zigarre an.*
• *Eine Freundin hat dein letztes Geburtstagsgeschenk schon nach einer Woche einer gemeinsamen Bekannten weiterverschenkt.*	• *Du sitzt im Unterricht an deinem Platz. Ein Mitschüler geht an deinem Tisch vorbei und wirft dabei dein Mäppchen herunter - offenbar absichtlich.*
• *Du reist in einem Eisenbahnabteil. Die Person dir gegenüber macht es sich bequem und zieht die Schuhe aus. Der Geruch ist unerträglich.*	• *In der Pause auf dem Schulhof. Du gehst an einer Gruppe von Mitschülerinnen vorbei; da hörst du, wie jemand sagt: „Da geht die blöde Soundso."*

Hinweis:
Erweitern Sie diese Reihe um Situationen, die speziell auf Ihre Gruppe zugeschnitten sind.

Übung für eine sprachliche Ausdrucksform, die im Konflikt die Selbstbehauptung festigt und dabei Raum für konstruktive Bearbeitung bietet.

15.5 Ich-Aussagen

Zeitbedarf **40**

1. Erklären Sie mit Hilfe des Infoblattes den Begriff und den Aufbau von Ich-Aussagen. **10**

2. Die TeilnehmerInnen finden sich in Dreiergruppen zusammen. Sie überlegen (und notieren) ein Beispiel für jedes Gruppenmitglied, bei dem ihnen diese Form der Aussage wichtig erscheint und formulieren sie korrekt. Dann suchen sie eines der drei Beispiele aus, das sie im Plenum vorspielen werden. **15**

3. Vorspiel und kurze Diskussion der Beispiele aus jeder Gruppe im Plenum. **15**

Auswertung:
Nach der Erfahrung im Spiel: In welcher Weise beeinflussen Ich-Aussagen die weitere Entwicklung eines Konflikts? Was veranlasst diese Form bei dem, der sie anwendet? Wie sorge ich dafür, dass ich dabei „authentisch" bleibe?

Hinweis:
Es geht nicht darum, recht lieb und nett zu sein, sondern vielmehr um Selbstbehauptung und Konfliktlösung. Suche deine eigene Sprache für die Ich-Aussagen!

INFOBLATT

• ICH-AUSSAGEN •

Andere beschuldigen, andere verantwortlich machen, von anderen Veränderung verlangen und gar andere bedrohen, das führt in der Regel zu scharfen Gegenreaktionen und allgemein zu einer Verhärtung des Konflikts – oft schon in seinen ersten Anfängen. Der Satz „Dein ständiges Geklimper zu nachtschlafender Zeit ist wirklich unverschämt rücksichtslos und irgendwann werde ich dir noch zeigen, wie es ist, wenn andere ständig die Nachtruhe stören!" – dieser Satz, eine massive „Du-Aussage", wird wohl den Konflikt kaum zu einem sinnvollen Ende bringen. Hingegen wirkt die Ich-Aussage: „Wenn du Klavier übst, während ich schlafen will …" genauer und dabei auch besser akzeptabel.

Ich-Aussagen enthalten:

Den Vorfall

Eine Feststellung der Tatsachen: „Dein Klavierüben" statt „Dein Geklimper".

Meine Reaktion

Die Subjektivität der eigenen Emotionen sollte dabei deutlich werden: „…werde ich wach; …ärgere ich mich, weil ich nicht schlafen kann; …liege ich wach und werde nervös, weil ich weiß, dass ich schon um 6 Uhr wieder aufstehen muss." Sage besser: „Ich ärgere mich" als „Du bist rücksichtslos". Es ist sinnvoll, zusätzlich die Beziehung als Rahmen zu beschreiben: „Das finde ich schade, weil ich gerne gut mit dir zusammenleben möchte."

Was ich mir wünsche

Ein Ausblick auf eine denkbare Verbesserung, aber ohne Anspruch an den anderen: „Ich möchte gerne Zeiten mit dir aushandeln, wo du ungeniert üben kannst, und andere Zeiten, wo die Hausruhe Vorrang hat." An Stelle der Aufforderung: „Halt' dich gefälligst an die Hausordnung!".

Eine Simulationsübung

15.6 Wie ich dich sehe ...

abhängig von der Zahl der TeilnehmerInnen, etwa Zeitbedarf 45

1. Die TeilnehmerInnen sitzen sich in zwei konzentrischen, einander zugewandten Stuhlkreisen paarweise gegenüber; die Kreise sollten recht groß sein, damit die Stühle viel seitlichen Abstand haben.

Die jeweiligen PartnerInnen aus dem Innen- und Außenkreis schauen einander einen Moment lang in Ruhe an; wir gehen davon aus, dass sie sich nach den ersten drei Bausteinen dieses Programms auch schon recht gut kennen.

Jede TeilnehmerIn im Außenkreis beginnt, indem sie ihrer PartnerIn im Innenkreis je eine Sache nennt, die ihr an ihr gefällt und eine, die sie an ihr stört. Zum Beipiel: „Mir fällt auf, dass du so gluckerst, wenn du lachst. Das gefällt mir. Ich finde, dass du mich oft korrigierst, wenn ich im Plenum etwas sage. Ich fühle mich davon angegriffen und es stört mich." Die Feed-back-GeberIn sollte versuchen auf die beiden Aussageteile (Was tust du? Was macht das mit mir?) jeweils gleiche Sorgfalt zu verwenden. 2

2. Nun werden die PartnerInnen gewechselt, indem alle TeilnehmerInnen in der inneren Stuhlreihe einen Platz weiter nach rechts rutschen. 2

3. Das Verfahren wird wiederholt, bis der innere Kreis einmal ganz herumgegangen ist. Jetzt geben die neuen PartnerInnen im Innenkreis ein Feed-back nach außen. n x 2

Feed-back und Auswertung:
Wie schwierig war es, Feed-back zu geben? War es schwierig, es anzunehmen? Haben die TeilnehmerInnen Neues darüber erfahren, wie sie jeweils von den anderen gesehen werden? Empfinden sie diese „Aussprache" für den weiteren Verlauf des Trainings eher als belastend oder als förderlich? 10

Reflexion:
Welche Rolle spielt ein differenziertes Feed-back für die Entwicklung eines Konfliktes? Welche Bedingungen müssen erfüllt sein, damit Feed-back auch angenommen werden kann? 10

INFOBLATT

• Feed-back-Regeln •

Wir alle sind auf Feed-back angewiesen und wir geben häufig Feed-back: Zur Selbstkontrolle und für eine richtige Steuerung künftiger Handlungen wünschen wir uns eine Rückmeldung von den betroffenen Mitmenschen und immer wieder sagen wir anderen Menschen, wie wir ihr Handeln wahrgenommen haben. Wo wir Feed-back nicht ausdrücklich bekommen, versuchen wir es aus den Reaktionen der anderen zu konstruieren; das setzt eine genaue Kenntnis des sozialen Kodex in der jeweiligen Gruppe voraus und oft genug geht es schief.

Wo kein ausdrückliches Feed-back gegeben wird oder wo es im falschen Moment oder in unangemessener Form gegeben wird, da sind Konflikte vorprogrammiert. Und im Konflikt muss ein genaues Feed-back dazu beitragen, eine unerwünschte Eskalation zu verhindern.

Damit Feed-back wirklich nützlich und ertragreich wird für die Beteiligten, sollte es bestimmten Regeln folgen. Wir haben sie hier auf diesem Blatt gesammelt. Am besten ist es, du versuchst zu jeder Regel ein paar Beispiele aus deiner eigenen Erfahrung zu finden.

Sei direkt.

Gib Feed-back, wenn der andere es hören und aufnehmen kann - aber möglichst bald nach dem Anlass, um den es geht. Gelegentlich ist es gut, vorher nachzufragen: „Ich möchte dir gerne Feed-back zu gerade eben geben - ist das für dich der richtige Moment?"
Am allerbesten kann der andere dein Feed-back aufnehmen, wenn er selbst darum gebeten hat.

Gib Klarheit über dich.

Teile genau mit, was deine Wahrnehmung, was deine Vermutung und was dein Gefühl ist. Sprich von dir selbst und verzichte darauf, den anderen zu analysieren.
Es steht dir nicht zu, den anderen zu beurteilen - aber es steht dir frei, ihm mitzuteilen, was bei dir selbst vorgeht. Im Fall von Kritik lässt das dem anderen mehr Spielraum dein Feed-back bei seiner künftigen Verhaltenssteuerung zu berücksichtigen, als wenn du Urteile über ihn sprichst; die könnten nur Widerstand wecken oder entmutigen.

Gib auch positives Feed-back.

Es ist genauso wichtig wie kritisches.
Positives Feed-back ist etwas anderes als das übliche Lob („Das hast du aber fein gemacht!"). Vielmehr folgt es der Feed-back-Regel „Gib Klarheit über dich".

Auch der Feed-back-Nehmer darf die Umstände bestimmen.

Nimm Feed-back dann an, wenn du wirklich zuhören kannst - sonst bitte begründet um Verschiebung des Zeitpunkts. Aktives Zuhören ist wichtig, wenn du Feed-back bekommst, denn an Klarheit und Deutlichkeit sollte dir selbst gelegen sein. Schiebe aber das Annehmen gerade von unbequemem Feed-back nicht aus Bequemlichkeit hinaus - vielleicht brauchst du es ganz dringend, um deinen nächsten Schritt besser zu setzen.
Gegenseitiges Feed-back sollte eine gute Gewohnheit werden zwischen Menschen, die zusammenarbeiten. Wenn es partnerschaftlich und fair erfolgt, wird es eine Stütze für beide Seiten.
Autofahrer fahren lieber bei klarer Sicht als halbblind und sehen deshalb zu, dass sie die Windschutzscheibe sauber halten - auch, obwohl und weil sie dann unter anderem unerfreuliche Dinge sehen (rote Ampeln, Hindernisse, Schlaglöcher) und eigene Fahrfehler rascher bemerken - nicht erst wenn sie im Graben gelandet sind.
Gutes Feed-back schafft klare Sicht zwischen den Menschen.

BAUSTEIN 5

KONSENS

Ziele:

- *Machbarkeit von Verständigung erkennen.*
- *Begrenzbarkeit von Konflikten erkennen.*
- *Eigene Verantwortung in konflikthaften Entscheidungsprozessen erkennen.*
- *Lernen, die eigenen Bedürfnisse und die anderer klar zu erfassen und bestehen zu lassen.*
- *Kritikvermögen gegenüber Entscheidungsprozessen schärfen.*
- *Technik und Haltung der Konsensentscheidung erlernen.*

Einheit 16: Issues und Entscheidungsbedarf

Verschiedene Arten von Problemstellungen erfordern unterschiedliche Formen der Entscheidungsfindung. Welche Form ist in welchem Fall angemessen? Was sollten wir bei Abstimmungen bedenken?

Einheit 17: Bedürfnisse und Positionen

Hinter den Positionen, die wir im Streit vertreten, stehen individuelle Bedürfnisse. Auf der Ebene dieser Bedürfnisse kann ein Konsens zwischen Menschen konträrer Positionen gesucht werden. Wie lassen sich bei anderen und bei einem selbst die Bedürfnisse erfragen und formulieren?

Einheit 18: Das Konsensverfahren

Welche Arbeitsschritte führen zum Konsens? Welche Haltung ist dafür Voraussetzung? Sind wir jetzt schon in der Lage, Gruppenprobleme durch Konsens zu lösen? Welche Qualität haben andere Entscheidungsprozesse, an denen wir beteiligt waren oder sind?

Fragen

- ***Wenn Sie Macht hätten zu befehlen, was Ihnen heute richtig scheint, würden Sie es befehlen gegen den Widerspruch der Mehrheit? Ja oder nein? (Max Frisch)***
- ***Halten Sie sich für klüger oder für weniger klug als den Durchschnitt Ihrer Mitmenschen?***
- ***Wenn Sie mehrheitlich gewählt werden zu einem Amt oder einem Auftrag: schmeichelt Ihnen das? Wenn ja, weshalb? Wenn nein, weshalb nicht?***

Einleitung

Konsensfindung ist das Verfahren, das der Streitschlichtung zu Grunde liegt. Es wird geübt als eine besondere Methode, wie mehrere Menschen gemeinsam Entscheidungen treffen können, ohne dass dabei obsiegende und unterliegende Parteien entstehen. Wo Abstimmungen Menschen schon im Vorfeld zu Gegnern machen, die sich bzw. ihre Position gegeneinander durchsetzen müssen, da hilft die Konsens-Methode, Gemeinsamkeiten und Kooperationsmöglichkeiten auch da zu finden, wo gegensätzliche Positionen dies zunächst auszuschließen scheinen.

Für das Streitschlichtungs-Verfahren hat dies eine besondere Bedeutung. Dem trägt dieser Baustein 5 Rechnung.

In den folgenden Einheiten bieten wir den SchülerInnen eine erwachsene, problemorientierte Form der gemeinsamen Entscheidungsfindung an. Wenn die SchülerInnen ihre Grundzüge einmal verstanden und eingeübt haben, ist es ein Instrument in ihrer Hand, mit dem sie Konflikte wirkungsvoll bearbeiten können - nicht nur bei der Mediation.

Einheit 16

Issues und Entscheidungsbedarf

Hinweis:
Das Arbeitsblatt 16.2 kann bei einem verkürzten Kursprogramm auch ohne das vorhergehende Spiel eingeführt werden.

	Einführung, Grundlagen	
	Warm-up	10 Minuten
16.1	**Entscheidungsspiel: Das Klassenfest**	100 Minuten
16.2	**Arbeitsblatt: Die richtige Prozedur**	15 Minuten
16.3	**Arbeitsblatt: Problematik von Mehrheitsentscheidungen**	15 Minuten
16.4	**Dilemma-Karten**	45 Minuten
	Reflexion	10 Minuten

Einführung, Grundlagen

Wir sprechen in diesem Baustein zu Gunsten der Konsensentscheidung. Sie ist die Grundlage des Mediations-Verfahrens und sie ist bei vielen Gelegenheiten allen anderen Verfahren einfach überlegen. Aber sie hat auch spezifische Anwendungsbereiche, außerhalb derer sie leicht ins Absurde gezogen werden kann. Die Form der Entscheidungsfindung beeinflusst wesentlich das Ergebnis und ihre Wahl ist eine Machtfrage.

Besonderes Augenmerk muss dabei die Abstimmung finden. Mehrheitsentscheidungen sind der populärste Ansatz, Entscheidungen anders als schlicht durch den groben Einsatz von Machtmitteln Einzelner herbeizuführen. Aber je nachdem, in welche Kultur der Auseinandersetzung die Abstimmung eingebettet ist, trägt sie entweder noch deutliche Zeichen einer Abstammung vom Faustrecht („Wir zählen jetzt die Fäuste einfach nur noch") oder aber sie erscheint als dramatischer Endpunkt eines Ringens um die besseren Argumente. Eine Abstimmung ist dabei oft nichts anderes als eine bequeme Ausflucht. Konstruktive Auseinandersetzungen sind nämlich unbequem. Sie brauchen gelegentlich viel Zeit, außerdem fordern sie von allen Beteiligten die Bereitschaft von ihrer Lieblingsidee abzurücken. Dieser Vorgang ist auch angstbesetzt - erstaunlicherweise oft stärker, als die Möglichkeit, bei einer Abstimmung zu unterliegen.

Der Preis ist dann hoch: Es wird als Ergebnis von vornherein nur noch möglich, was bei konstruktiver Konfliktlösung der eher seltene Sonderfall wäre: „We agree to disagree" - wir verständigen uns darauf, dass wir uns nicht verständigen können. Für die Fähigkeit zur Toleranz ist eine solche Aussage wichtig - als *angestrebtes* Ergebnis von Konfliktlösung ist sie ein Armutszeugnis.

Konsenssuche, die Mutter der konstruktiven Konfliktlösung, muss ihre Vorzüge an der Mehrheitswahl messen lassen; nur dann hat sie eine Chance, dauerhaft als praktikabel akzeptiert zu werden.

Diese Einheit „Issues und Entscheidungsbedarf" trainiert also nicht unmittelbare Voraussetzungen zur Mediation, sondern sie verhilft zu einer Einschätzung der „Landschaft", in der das Mediationsverfahren angesiedelt ist.

16.1 Das Klassenfest

Zeitbedarf
100 (bei abgekürztem Spielverlauf: 60 Minuten)

1. Jede Kleingruppe erhält ein Set mit den 4 Personenkarten, 4 Entscheidungsmustern und 4 Situationskarten.

2. Die SchülerInnen verteilen in der Kleingruppe zunächst die vier Personenkarten. Diese Rollen bleiben im Lauf des Spiels unverändert - es sei denn, die SchülerInnen entscheiden von sich aus, die Rollen auch einmal zu wechseln.

3. Danach zieht eine MitspielerIn eine Situationskarte und dazu noch eine Entscheidungskarte. Aufgabe der Gruppe ist es nun durchzuspielen, wie der Entscheidungsprozess zum gegebenen Problem nach dem
5 gegebenen Muster konkret abläuft.

4. Danach wird eine neue Entscheidungskarte gezogen und die gleiche Situation nach dem Muster der neuen Entscheidungskarte ge-
3 x 5 spielt.

5. Sind zu einer Situation alle Entscheidungsmuster durchgespielt,
3 x 20 wird die nächste Situationskarte gezogen.

Je nachdem wie viel Zeit zur Verfügung steht, kann die Zahl der Situationskarten reduziert werden, bzw. die Situationskarten können thematisch auf die Gruppen aufgeteilt werden.

Eine andere Variante könnte sein, dass jeder Situation vom Spielleiter von vornherein eine bestimmte Entscheidungskarte zugeordnet wird.

Feed-back, Auswertung und Reflexion:
Zunächst die Frage nach den Gefühlen beim Unterliegen oder beim Obsiegen in den verschiedenen Entscheidungsgängen. Und dann, auf der inhaltlichen Ebene, nach der Angemessenheit der Verfahren bei der jeweiligen Problemstellung. Gibt es unterschiedliche Auffassungen dazu? Lassen sie sich erklären aus der Position, die der einzelne Mensch im betreffenden Durchgang einnahm?

Dann sollte erörtert werden, wer die Macht hat, bestimmte Entschei-
20 dungsverfahren als „richtig" zu definieren und damit durchzusetzen.

Simulations-Übung zur Erprobung verschiedener Entscheidungsverfahren für ihre Tauglichkeit bei gegebenen Problemen.

TeilnehmerInnen:
Kleingruppen à 4.

Alter:
Ab 14.

Hilfsmittel:
Für jede Kleingruppe eine Kopie der folgenden Arbeitshilfe, in einzelne Karten zerschnitten.

Hinweis:
Es bietet sich an, besonders einprägsame Lösungen und Fehl-Lösungen, die von den SchülerInnen erarbeitet wurden, immer wieder zu zitieren - Konfliktlösung verträgt ein gewisses Maß von „pattern-drill".

Mit weniger Nähe zur Lebenswelt der Jugendlichen, aber dafür mit mehr Dramatik bietet sich eine Spielvariante als „Ballonfahrer-Spiel" an (Kopiervorlage für die Spielkarten: Arbeitshilfe 2).

ARBEITSHILFE 1

Das Klassenfest

Wir befinden uns im Schulhaus, wenige Stunden vor Beginn der Fete. Vier Personen sind dabei, die letzten Vorbereitungen zu treffen. Leider kommen sie in allerlei knifflige Situationen …

• Personenkarten •

Du bist die Klassensprecherin.
Sie weiß, wie viel in der Klassenkasse ist und kennt noch weitere Geldquellen. Außerdem hat sie versprochen, die Musik für alle mitzubringen.

Du bist der Hausmeister.
Er hat alle Schlüssel, auch den zum Sicherungs-Schrank.

Du bist die Lehrerin.
Aus Versicherungsgründen muss sie anwesend sein; außerdem hat sie ein Auto.

Du bist der Mitschüler.
Er weiß am besten, wie man den Raum dekoriert.

• Entscheidungsmuster •

Mehrheits-Entscheidung
„Wir stimmen ab!"

Expertengutachten
Ein Experte arbeitet eine Empfehlung aus und begründet sie - wir nehmen sie an, wenn sie plausibel ist.

Konsens
Wir suchen eine Lösung, bei der sich niemand ausgebootet vorkommt.

Einzel-Entscheidung
Nur der wirklich Betroffene entscheidet, und nur für sich selbst.

• Situationskarten •

Hohe Getränkepreise
Das Geld in eurer Klassenkasse reicht nicht, um die vereinbarten zwei Kästen Cola zu kaufen.

Kurzschluss
Die Musikanlage ist zu stark.

Sturz von der Leiter
Dem Mitschüler geht es danach gar nicht gut und er möchte lieber nach Hause gehen.

Geschmackssache
Der Mitschüler sagt der Klassensprecherin, dass ihre Techno-Musik längst nicht der ganzen Klasse gefällt.

ARBEITSHILFE 2

Das Ballonfahrer-Spiel

• Personenkarten •

Du bist Navigatorin.
Du bist dafür ausgebildet, das Ziel rasch, gefahrvermeidend und treibstoffsparend anzusteuern.

Du bist Passagier.
Dein Ziel ist Berlin; die Flugdauer beträgt bei gutem Wind 5 Tage. Du entpuppst dich als Bastler und beherrschst tausend Künste. Du bezahlst die Reise.

Du bist Bord-Köchin.
Ohne dich gibt es nichts zu essen. Du hast einen 50-kg-Sack Reis dabei.

Du bist Heizer.
Ohne dich hält sich der Ballon nur kurz in der Luft.

• Entscheidungsmuster •

Mehrheits-Entscheidung
„Wir stimmen ab!"

Expertengutachten
Eine Expertin arbeitet eine Empfehlung aus und begründet sie - wir nehmen
sie an, wenn sie plausibel ist.

Konsens
Wir suchen eine Lösung, bei der sich niemand ausgebootet vorkommt.

Einzel-Entscheidung
Nur die wirklich Betroffene entscheidet, und nur für sich selbst.

• Situationskarten •

Starker Gegenwind
Wir können nicht direkt bis Berlin fliegen. Wie regeln wir Fahrpreis und Mehrkosten durch eine Busfahrt?

Dramatischer Höhenverlust
Trotz Volldampf-Heizung. Wen oder was werfen wir ab? Sonst sofortige Landung!

Unfall bei der Navigatorin zu Haus
Sie hört es über Funk und möchte rasch zu ihrer Familie. Was tun?

Kälte-Einbruch
Nur der Platz des Heizers ist erträglich warm.

Kriterien dafür, welche Entscheidungsprozedur wofür angemessen ist.

16.2 Die richtige Prozedur

Ist das Problem wichtig für alle in der Gruppe oder jedenfalls für einen großen Teil der Gruppe? Berührt es Fragen, die wesentlich für die Zusammenarbeit der Gruppe sind?

Dann sollte nur einvernehmlich durch die ganze Gruppe entschieden werden und zwar so, dass die stärksten Bedürfnisse und Ängste der Einzelnen berücksichtigt sind: durch Konsens.

Konsens

Ein Beispiel: Wo soll die Klassenreise hingehen?

Nenne zwei weitere Beispiele:

1. ....

....

....

....

2. ....

....

....

....

Betrifft das Problem und die Entscheidung überhaupt nur eine oder wenige in der Gruppe? Dann sollen sie für sich entscheiden - es gibt keinen Grund, weshalb die anderen sich einmischen sollten.

Einzelentscheidung

Ein Beispiel: Soll jemand, der sich heftig den Magen verdorben hat, weiter am Unterricht teilnehmen? Das kann und muss von der/dem Betroffenen allein entschieden werden - aber vielleicht mit der Überlegung, welche Auswirkungen das Fehlen auf die gemeinsame Arbeit haben wird.

Nenne zwei weitere Beispiele:

1. ....

....

....

....

2. ....

....

....

....

ARBEITSBLATT

Expertise

Ein Beispiel: Soll die Klassenfahrt mit dem Bus oder mit Privat-PKW gemacht werden? Es waren Bedenken wegen Versicherungsfragen aufgetaucht.

Nenne zwei weitere Beispiele:

1. ....

....

....

2. ....

....

....

Manche Dinge lassen sich durchs Miteinanderreden klären und andere Dinge muss man nachschauen. Wenn eine Problemstellung Aspekte birgt, die Fachwissen erfordern, dann sollte jemand innerhalb oder außerhalb der Gruppe beauftragt werden, dieses Fachwissen einzuholen.

Das Ergebnis wird dann Entscheidungsgrundlage für die Gruppe.

Delegieren

Ein Beispiel: Soll für die Klassenfahrt ein staatliches Schullandheim oder ein selbst verwaltetes Tagungshaus gebucht werden? Die Klasse ist sich einig, dass der Preis den Ausschlag geben soll.

Nenne zwei weitere Beispiele:

1. ....

....

....

2. ....

....

....

Wenn die wesentlichen Dinge gemeinsam geklärt sind, kann anderes delegiert werden an eines oder mehrere Gruppenmitglieder. Dabei sollte aber klar sein, ob diese dann selbst entscheiden oder nur eine Entscheidung durch die Gruppe vorbereiten.

Abstimmung

Nennt zwei Beispiele für sinnvolle Problemstellungen:

1. ....

....

....

2. ....

....

....

16.3 Problematik von Mehrheitsentscheidungen

ARBEITSBLATT

Euer Sportlehrer lässt seit zwei Jahren einmal jeden Monat die Klasse durch Abstimmung entscheiden, was an diesem Tag im Sportunterricht gemacht wird. In der Klasse sind 22 SchülerInnen. 12 sind begeisterte FußballerInnen, 2 machen am liebsten gar keinen Sport und 8 sind erpicht auf Geräteturnen.

Was wird seit zwei Jahren in der monatlichen „demokratischen Stunde" gemacht?

. . . .

. . . .

Die Schule bereitet jetzt ein Sportfest vor. Jede Klasse soll dazu inhaltlich und organisatorisch beitragen, fantasievoll und mit viel Einsatz. Der Lehrer unserer Klasse lässt auch in diesem Fall abstimmen über die schwierige Frage: Was wird unser Beitrag zum Sportfest? Die Mehrheit der Klasse entscheidet, dass die gesamte Klasse Fußball-Training für die SchülerInnen der anderen Klassen anbietet.

. . . .

. . . .

Wie qualitätvoll werden diese Trainings-Stunden? Wer wird sich stark daran beteiligen, wer nicht?

. . . .

. . . .

Was für Beiträge zum Sportfest wären bei dieser Klasse noch denkbar gewesen?

. . . .

. . . .

Wenn in allen Klassen dieser Schule Mehrheits-Abstimmungen zum Sportfest durchgeführt wurden - wie sieht das Fest wohl aus? Und wie wirkt sich das auf das Niveau der sportlichen Leistung in dieser Schule insgesamt aus?

. . . .

. . . .

Was ist eure Vorstellung von einem schönen Sportfest?

. . . .

. . . .

Malt ein Bild dazu:

16.4 Dilemma-Karten

Eine praxisnahe Übung, die die Diskussionsfreude und Differenzierungsfähigkeit bei Kindern und Jugendlichen fördert.

Zeitbedarf
45 pro Thema

5 1. Erläutern Sie den Ablauf der Übung. Sie stellt die Ausgangssituation des ersten Dilemmas dar sowie die vier Hauptargumente.

20 2. In Kleingruppen diskutieren die TeilnehmerInnen über das Problem und schreiben ihre Meinung zu den vier Argumenten auf eine Wandzeitung. Vorlieben und Abneigungen gegenüber den einzelnen Argumenten werden ausführlich begründet. Neue Argumente werden ebenfalls dazugeschrieben.

10 3. Die Kleingruppen stellen im Plenum ihre Ergebnisse vor und setzen die Diskussion über die unterschiedlichen Standpunkte fort. Es ist dabei nicht das Ziel, eine einheitliche Meinung herbeizuführen; vielmehr sollten die möglichen unterschiedlichen Standpunkte und ihre Berechtigung deutlich werden.

10 ***Feed-back und Auswertung:***
Welche Gefühle hat es ausgelöst, dass in keinem der Fälle eine Entscheidung getroffen wurde? Im richtigen Leben hätte in jedem der Fälle eine Entscheidung getroffen werden müssen. Welchen Wert hat es, sich mit Meinungen zu befassen, die von der eigenen abweichen? Wie verhalten sich „die Suche nach dem Richtigen" und eine akzeptierende Haltung gegenüber gegensätzlichen Haltungen zueinander?

Dilemma-Karten

ARBEITSHILFE

• Dilemma I – Die Kopftuch-Debatte •

Ausgangssituation.
In Frankreich ist es islamischen Mädchen in vielen Schulen verboten worden, mit dem Kopftuch in die Schule zu kommen. Diese Diskussion wird auch in Deutschland geführt. An einer Schule in unserer Stadt, die von vielen ausländischen Kindern besucht wird, hat die Schulleitung in einem Brief die Eltern aufgefordert, ihre Töchter nicht mehr mit dem Kopftuch zur Schule zu schicken. In dem Brief wird ausdrücklich betont, dass es sich nur um eine Bitte, nicht um ein Verbot handele. Was meinst du dazu?

KARTE A:
Interessiert mich nicht! Ich trage sowieso nie ein Kopftuch. Sollen doch diejenigen, die ein Kopftuch tragen, mit den LehrerInnen diskutieren.

KARTE C:
Sehr gut! Endlich wird mal ein Zeichen gesetzt, um die Unterdrückung der islamischen Frau zu beenden.

KARTE B:
Unmöglich! Damit verletzt man die Würde der islamischen Menschen und unterstützt die Ausländerfeindlichkeit.

KARTE D:
Dagegen muss man etwas tun! Ich werde vorschlagen, dass wir alle mit Kopftuch in die Schule kommen oder eine Aktion gegen Ausländerfeindlichkeit vor der Schule veranstalten.

•Dilemma II– Zusammenhalten oder nicht?•

Ausgangssituation.

Dennis und Matthias gehen in dieselbe Klasse. Sie sind außerdem dicke Freunde. Dennis hilft Matthias und Matthias hilft Dennis in allen Lebenslagen. Eines Tages verschwindet aus der Schultasche ihrer Mitschülerin Martina deren Geldbeutel mit 50 Mark. Dennis hat gesehen, wie Matthias in der Pause in Martinas Tasche gegriffen hat. Er weiß, dass Matthias hohe Schulden hat, wegen der Sache mit dem Fußball in der Schaufensterscheibe neulich. Und er weiß auch, dass Martina ein großzügiges Taschengeld bekommt.

Als Martina schon wenige Minuten später, zu Beginn der nächsten Stunde, das Fehlen ihres Portmonees bemerkt und das Problem in der Klasse zur Sprache kommt, fühlt sich Dennis sehr unwohl. Er weiß nicht, wie er sich jetzt seinem Freund gegenüber verhalten soll.

Was würdest du tun?

KARTE A:

Den Mund halten, natürlich! Freunde müssen doch zusammenhalten und mit Martina hat es ja keine Arme getroffen.

KARTE B:

Auch seinen Freunden darf man keine Schweinereien durchgehen lassen! Dennis soll sich melden und sagen, dass er Matthias gesehen hat.

KARTE C:

Die Sache unauffällig ausbügeln. Wenn Dennis seinen Freund wirklich gerne mag und sich wegen des Diebstahls trotzdem schlecht fühlt, sollte er Martina anonym einen 50-Mark-Schein aus eigener Tasche zustecken. Dann ist alles wieder heil.

KARTE D:

Guten Einfluss ausüben! Dennis sollte seinem Freund gut zureden, dass der sich zu seiner Tat bekennt und sie so schnell wie möglich selbst wieder gutmacht. Wenn Matthias sich darauf aber nicht einlässt, hat Dennis wenigstens sein Bestes getan.

•Dilemma III –Ausgerechnet meine Disco•

Ausgangssituation.

Eine Mitschülerin klärt dich darüber auf, dass deine Lieblingsdisco als Drogen-Umschlagplatz bekannt ist. Obwohl du alle ein bis zwei Wochen dort bist und auch den DJ ein bisschen kennst (und wirklich cool findest), hast du noch nie was von Drogen dort mitgekriegt.

Was wirst du tun?

KARTE A:

Immer vorsichtig! Bei deinen nächsten Besuchen in der Disco wirst du besonders aufmerksam sein. Dann kann dir eigentlich auch nichts Unangenehmes geschehen.

KARTE B:

Jetzt willst du's wissen! Bei deinem nächsten Besuch in der Disco stellst du den DJ zur Rede, um zu erfahren, was wirklich läuft.

KARTE C:

Was sagen die anderen? Du schlägst in deiner Klasse im Unterricht ein Gespräch über das Thema vor um zu hören, wie deine Mitschüler sich bei so etwas verhalten.

KARTE D:

Da sind Experten gefragt! Du rufst das Rauschgift-Dezernat der Polizei an um zu erfragen, in welche Disco du denn eigentlich ohne Gefährdung gehen kannst.

Bedürfnisse und Positionen

Einführung, Grundlagen

	Warm-up	10 Minuten
17.1	**Was steckt dahinter?**	30 Minuten
17.2	**Alles einfach nur so?**	80 Minuten
17.3	**Infoblatt: Positionen und Bedürfnisse**	
	Reflexion	15 Minuten

Hinweis:
Wir raten dazu, diesen zentral wichtigen Punkt tatsächlich mehrmals zu behandeln, wie im Programm vorgesehen.

Einführung, Grundlagen

Streitigkeiten und Konflikte werden oft über Positionen ausgetragen. „Das macht man so!", „Nein, das macht man anders!" sind Verallgemeinerungen aus eigentlich ganz individuellen Bedürfnissen („Ich brauche ...", „Ich möchte ...", „Ich habe Angst, wenn wir nicht ..."). In einem länger anhaltenden Streit werden die Positionen wie eine verkrustete Oberfläche, unter der die Streitenden als Menschen fast verloren gehen - jedenfalls sind sie dann nicht mehr gut zu sehen. In vielen Zusammenhängen wird uns immer wieder beigebracht, „Sachlichkeit" (gemeint ist: sich auf Sachzwänge berufen) sei reif und erwachsen und wem es gelingt, seine eigenen Wünsche als Sachzwänge zu formulieren, der hat schon fast gewonnen.

Für die konstruktive Konfliktlösung und also auch für die Mediation ist es ein wichtiger Schritt, den Streitenden zu helfen, dass sie die Bedürfnisse erkennen und formulieren, aus denen die Streitpositionen abgeleitet sind. Das fällt vielen Menschen schwer. Diese Einheit dient gezielt dazu, die Hindernisse zu überwinden.

17.1 Was steckt dahinter?

Eine Gesprächsübung, möglichst in 2 bis 3 Teilgruppen, über die Hintergründe von Vorlieben und Abneigungen.

Zeitbedarf
30

1. Nennen Sie nacheinander Freizeitaktivitäten wie Disco, Kino, Surfen, Computerspiel, Modellbau, Fremdsprachenlernen, Fahrradfahren. Fordern Sie die TeilnehmerInnen auf, nicht nur anzugeben, ob sie die jeweilige Aktivität für sich ablehnen oder gutheißen („Surfen ist cool!" „Modellbau ist öde!"), sondern detailliert mit ihren eigenen Bedürfnissen für Freizeit und Erholung zu begründen. Zum Beispiel: „Ich mag nicht surfen. Ich denke, da muss man stundenlang im kalten Wasser sein und außerdem macht man sich beim Surfen-Lernen leicht lächerlich - ich möchte aber nicht frieren und mich auch nicht vor den Mädels und Jungs am Strand lächerlich machen." Rückfrage der TrainerIn oder einer anderen TeilnehmerIn: „Heißt das, wenn das Wasser warm ist und du an einem einsamen Strand bist, dann hättest du nichts gegen Surfen und würdest es vielleicht sogar probieren wollen?"

10

2. Es folgt ein Gespräch darüber, ob in der Umgebung der TeilnehmerInnen (Freundeskreis, Schule, Familie) über Bedürfnisse gesprochen werden kann, ob diese anerkannt werden oder ob das Reden über Positionen vorherrscht.

15

Reflexion:
Wie verändern sich die Möglichkeiten des einzelnen Menschen in der Gesellschaft (in seinem Freundeskreis, seiner Familie, seiner Schulklasse), wenn Bedürfnisse anerkannt und unterschiedliche Bedürfnisse respektiert werden? 5

17.2 Alles einfach nur so?

Gesprächsübung über die Bedürfnisse hinter den Positionen. Die Übung hilft den TeilnehmerInnen, den Sachverhalt bei sich selbst zu klären und als MediatorInnen anderen diese Klärung zu erleichtern.

Zeitbedarf
80

1. Die TeilnehmerInnen schreiben, jede für sich, eine Liste mit insgesamt 3 Einträgen zu folgenden Überlegungen:
   a) ein Ding, das ich dringend haben möchte;
   b) was ich unbedingt tun möchte;
   c) was ich unbedingt erledigen muss. 5

Die Liste sollte keine Nichtigkeiten enthalten, sondern für die jeweilige TeilnehmerIn wirklich belangvoll sein.

2. Die TeilnehmerInnen setzen sich in zwei lose gestellten, konzentrischen Stuhlkreisen, wo der äußere Stuhl nach innen und der innere nach außen gewandt ist. In beiden Kreisen stehen gleich viel Stühle, je ein Innen- und ein Außenstuhl bilden ein Paar. 5

3. Die AußenpartnerIn erzählt der InnenpartnerIn ihre Überlegung zu a: „Was ich dringend haben möchte". Die InnenpartnerIn hört aktiv zu, spiegelt Wichtiges und versucht, durch einfühlsames Nachfragen Folgendes zu klären:
- Welche Annehmlichkeit erhoffst du für dich? Welche Verbesserung soll es dir bringen? In welcher Hinsicht?
- Soll es deine Beziehung zu einem oder mehreren anderen Menschen beeinflussen? In welcher Weise?
- Soll es dir helfen, eine Unannehmlichkeit oder Nachteile zu vermeiden?

Die InnenpartnerIn darf vorsichtige Vorschläge anbringen, sollte aber Acht geben, dass diese deutlich genug von der AußenpartnerIn bewertet werden. Das gilt besonders für die folgende Frage:
- Ließen sich diese Bedürfnisse auch auf andere Art erfüllen? 10

4. Anschließend wechseln die beiden PartnerInnen die Rollen. 10

5. Alle TeilnehmerInnen im inneren Kreis setzen sich jetzt um einen Platz weiter nach rechts. Mit ihren neuen gegenübersitzenden PartnerInnen gehen sie jetzt nach dem gleichen Muster die Frage „b" durch. Danach rücken alle wieder weiter. 10 + 10

6. Die gleiche Prozedur erfolgt nun mit Frage „c". 10 + 10
Anschließend werden die Kreise wieder aufgelöst.

Feed-back und Auswertung:
Zunächst zur äußeren Form der Übung, also über die Schwierigkeit, mit wechselnden PartnerInnen über ein wichtiges Thema zu sprechen – oder war die feste Struktur der Übung eine Stütze? Wie erlebten sich die Einzelnen dabei, als Teil eines Paares, als Teil der gesamten Gruppe?

Die Auswertung fragt weiter nach dem Prozess, Bedürfnisse hinter den Positionen aufzudecken. Wie haben ihn die Erzählenden erlebt und wie ihre zuhörenden/fragenden PartnerInnen? 10

INFOBLATT

17.3 Positionen und Bedürfnisse

Eine ***Position*** ist
- ein Standpunkt, den ich anderen gegenüber durchsetzen möchte.
- oft bereits das Ergebnis eines Konfliktes: Sie ist meine Antwort, sie ist das, was ich durchsetzen will.

Positionen sollen
- allgemein gültig und sozusagen gesetzmäßig erscheinen, damit sie mehr Durchsetzungskraft haben.
- nicht nur mir nützen, sondern auch dem anderen schaden, falls der Konflikt bereits weit eskaliert ist.

Positionen werden
- umkämpft, sie werden angegriffen und verteidigt. Dabei verhärten sich oft die Fronten und der Konflikt eskaliert weiter.
- starrer, je länger ein Konflikt anhält.

Jeder Position liegen ***Bedürfnisse*** zu Grunde:
- das, was ich eigentlich für mich haben möchte.
- materielle oder emotionale Bedürfnisse.

Bedürfnisse sollen nicht bewertet werden, sondern nur ergründet, am besten durch Leitfragen wie:
- Was erwarte ich mir bei der Position, die ich durchfechten will, an Positivem für mich selbst?
- Welche Erleichterung, Verschönerung oder Bereicherung für mein Leben erwarte ich davon?
- Welcher Unannehmlichkeit kann ich dadurch ausweichen?
- Welches Übel kann ich dadurch abwenden?
- Auf welche anderen Arten kann ich das für mich erreichen?

Nicht jede dieser Fragen ist in jedem Zusammenhang sinnvoll – aber das ergibt sich.

Manchmal stellt sich auch heraus, dass jemand beim Kampf um seine Position längst vergessen hat, welchen Bedürfnissen sie eigentlich dienen sollte.

Bedürfnisse können schwerlich angegriffen werden. Es gibt sie subjektiv, dann sind sie ein Faktum. Anders als etwa Interessen können sie nicht objektiv festgestellt oder bestritten werden. (Der Unterschied von Interessen und Bedürfnissen kann leicht illustriert werden: Rauchen ist vielleicht mein Bedürfnis, aber es ist nicht in meinem Interesse.) Aber es muss verhandelt werden, ob und wie Bedürfnisse befriedigt werden können.

Meine Positionen zu hinterfragen nach den Bedürfnissen, die ihnen zu Grunde liegen, bedeutet zwangsläufig, vom Angriff gegen andere überzugehen zum Reden über mich selbst.

Einheit 18

Das Konsensverfahren

Hinweis:
Diese Einheit ist unerlässlich auch für eine gekürzte Fassung des Kursprogrammes. Es empfiehlt sich, bei der Auswertung der einzelnen Aufgaben sowie bei der Reflexion immer wieder die Verbindung zu den Grundregeln herzustellen.

	Einführung, Grundlagen	
	Warm-up	10 Minuten
18.1	***Die Kreis-Lösung***	40 Minuten
18.2	***Infoblatt: Die Stufen für den Konsens***	15 Minuten
18.3	***Konsens-Übung***	30 Minuten
18.4	***Ein kritischer Blick***	50 Minuten
	Reflexion	10 Minuten

Einführung

Die Konsenssuche ist ein Verfahren, das seine Komplexität (oder seinen Reichtum) dadurch gewinnt, dass es auf zwei Ebenen spielt: einerseits mit einem festen Kanon aufbauender Stufen; ihre Einhaltung macht den Erfolg wahrscheinlich. Andererseits mit einer bestimmten Haltung, die erst die Früchte des Verfahrens ernten lässt. Wir versuchen, beides zu vermitteln und einzuüben: die Technik sowie ihre inneren Voraussetzungen.

Wir möchten mit der Übung eine Schärfung des Blickes für Entscheidungsprozesse überhaupt verbinden. Wenn die Unduldsamkeit gegenüber unklaren oder gar unredlichen Entscheidungsverläufen zunimmt, steigt gleichzeitig die Bereitschaft, das Konsensverfahren ausführlich und mit der anfangs nötigen Geduld zu üben.

Konsenssuche verlangt als Haltung von allen Beteiligten ein Verantwortungsbewusstsein für die Erlangung einer Lösung, die für alle taugt. Sie verlangt Vertrauen in die Kräfte und Absichten der anderen und den Verzicht darauf, für andere sprechen zu wollen. An Fertigkeiten verlangt sie aktives Zuhören und das Aussprechen klarer Botschaften.

18.1 Die Kreis-Lösung

Vorübung zum Ablauf des Konsensverfahrens. Verteilte Verantwortung lässt die gemeinsame Zuständigkeit für das Gelingen spürbar werden und gibt den einzelnen TeilnehmerInnen ein Gefühl für die Stützung durch die Gruppe.

Zeitbedarf
40

1. Eine TeilnehmerIn nennt ein Problem, das sie in der Gruppe hat, etwas, das sie irritiert - Nichteinhaltung der Pausenzeiten, ständige Störungen usw.

Es ist bei dieser Übung wichtig, dass es sich um ein Problem handelt, das vor allem für eine TeilnehmerIn präsent ist - und nicht etwa um ein Problem, das gleichgewichtig die ganze Gruppe erfasst.

2. Die TeilnehmerIn zur Linken der ersten RednerIn hat die Aufgabe, das Problem und seine Einzelfragen wiederzugeben und seine Verständlich-

keit sicherzustellen. (Etwa: „Kurt, du hast gesagt, dass es dich sehr stört, wenn die Gruppe nach dem Essen mit der nächsten Arbeitsphase anfängt, solange du noch mit dem Aufräumen der Küche beschäftigt bist...“). Die erste RednerIn bestätigt, ob ihre Aussage treffend wiedergegeben wurde.

3. Die TeilnehmerIn links neben der zweiten SprecherIn erklärt nun das Problem der ganzen Gruppe. Dies ist im Wesentlichen eine Wiederholung des ersten Statements, aber diesmal wird das Problem an die Gruppe als Aufgabe übergeben. Etwa so: „Ein Mitglied der Gruppe hat wahrgenommen, dass eine Schwierigkeit entsteht, wenn der Küchendienst sich zeitlich mit der nächsten Arbeitsphase überschneidet...“

4. Die nächste TeilnehmerIn definiert die Aufgabenstellung der Problemlösung: „Wir sollten eine Lösung suchen, wie wir sicherstellen können, dass der Küchendienst und unsere Arbeitsphasen richtig gemacht werden können, ohne dass dies zu Lasten der jeweiligen KüchenhelferInnen geht...“

Diese TeilnehmerIn sollte mit ihrem Statement eine Herangehensweise vorschlagen, in der alle Beteiligten ihre Sicht und ihre Bedürfnisse - soweit bereits formuliert - aufgehoben finden.

Dass bei dieser Methode nicht alle TeilnehmerInnen zunächst ihre Bedürfnisse vortragen, ist eine Schwäche. Sie wird dadurch erträglich, dass es sich nicht um ein allgemeines Gruppenproblem handelt.

5. Die nächste TeilnehmerIn trägt einen ersten Vorschlag bei, wie das Problem gelöst werden könnte. (Vorschlag, nicht Vorschrift!) Es ist nützlich, wenn sie dabei auch angibt, welche Bedürfnisse dieser Vorschlag insbesondere erfüllen soll.

6. Jetzt geht es weiter im Kreis mit Beiträgen zur Lösung. Sie sollten der Regel folgen, dass jeder Beitrag auf dem aufbaut, was vorher gesagt wurde. Wer davon ausscheren möchte, sollte zunächst wiederholen, was der bisherige Stand der Vorschläge in der Gruppe war und begründen, warum er von diesem Strang abweichen möchte. Die nächste RednerIn hat dann die Wahl, dem neuen Strang zu folgen oder am alten Strang
30 anzuknüpfen.

7. Wenn die TrainerIn annimmt, dass eine für alle akzeptable Lösung erreicht ist, prüft sie, ob diese Lösung von allen unterstützt wird. Sonst dreht sich das Rad weiter ...

Feed-back und Auswertung:
Welchen Schwierigkeiten ist die Gruppe begegnet? Was muss geschehen, damit die Übung Erfolg hat?
10

Erste Begegnung mit dieser Übung:
Nic Fine und Fiona Macbeth: Playing with Fire, London 1992.

18.2 Die Stufen für den Konsens

1. *Was ist das Problem?*

Sehen alle das Problem und erkennen es an? Sonst muss es von einem Gruppenmitglied, das die Konsenssuche anregen will, erläutert werden. (Störungen haben Vorrang!)

2. *Welche Ängste und Bedürfnisse stehen für jede/n hinter dem Problem? Und mit welchem Gewicht?*

3. *Welche Details zu Handlungsvorschlägen könnten diesen Ängsten und Bedürfnissen Rechnung tragen?*

Vorschläge sammeln.

4. *Gibt es einen Konsensvorschlag?*

5. *Welche Qualität hat der Vorschlag für die Einzelnen?*

Nötigenfalls neuen Vorschlag formulieren, der breiter getragen wird.

6. *Formulierung festhalten!*

7. *Wer übernimmt welche Arbeit?*

INFOBLATT

18.3 Konsens-Übung

Zeitbedarf
30

1. Bringen Sie ein möglichst aktuelles, „heißes" Problem für die Gruppe
5 zur Entscheidung ein.

2. Die Gruppe erarbeitet eine Konsens-Lösung. Sie folgt dabei den Schritten in Infoblatt 18.2. Die einzelnen Schritte sollten dabei jeweils klar benannt werden; das Gewicht liegt aber eindeutig bei der Arbeit
15 am Problem, nicht bei der Reflexion des Prozesses.

Feed-back und Auswertung:
Welchen Schwierigkeiten ist die Gruppe begegnet? Wodurch wurde der Prozess behindert? Durch welche Schritte oder Interventionen
10 kam der Prozess entscheidend voran?

Praktische Durchführung des gesamten Konsens-Verfahrens. Beherrscht die Gruppe das Verfahren?

Hilfsmittel:
Wandplakat mit dem Inhalt von Infoblatt 18.2.

18.4 Ein kritischer Blick

Dialogische Vorübung zur Selbstauswertung von Entscheidungsprozessen.

Hilfsmittel:
Das folgende Infoblatt (1 Kopie für je 3 TeilnehmerInnen).

Zeitbedarf **50**

1. Jede TeilnehmerIn überlegt für sich allein: Welche Entscheidungen, die mich mit betroffen haben, sind im Laufe des vergangenen Jahres gefallen in
- meiner Familie?
- meinem Freundeskreis?
- meiner Klassengemeinschaft?

Sie notiert sich aus jedem Bereich ein Beispiel. (Inhalte dieser Liste tauchen später im Plenum auf.) **5**

2. Anschließend werden Kleingruppen zu je 3 TeilnehmerInnen gebildet. Die TeilnehmerInnen A tragen ihr erstes Beispiel vor und erklären die Situation. Die TeilnehmerInnen B hören zu und erfragen dann, gestützt durch eine Kopie der Checkliste (siehe das folgende Infoblatt) die Umstände und den Verlauf der Entscheidungsfindung. Die TeilnehmerInnen C beobachten den Prozess und machen sich Notizen zu folgenden Fragen:
- Wie wichtig war die Entscheidung für die Betroffenen? (Begründung)
- War die Form der Entscheidungsfindung angemessen für das Problem?
- Bei welcher Frage aus der Checkliste hat sich am deutlichsten gezeigt, ob die Form angemessen war?

10

3. Jetzt tragen die TeilnehmerInnen B ein Beispiel von sich aus einem anderen Bereich vor. Die TeilnehmerInnen C hören zu und werten dann mit B (wie eben beschrieben) den Vorgang anhand der Checkliste aus. Die TeilnehmerInnen A sind dabei BeobachterIn.

10

4. Schließlich tragen die TeilnehmerInnen C ein Beispiel aus dem dritten Bereich vor. Die TeilnehmerInnen A hören zu und werten mit C aus. Die TeilnehmerInnen B beobachten.

10

Feed-back und Auswertung:
Im Plenum geben die TeilnehmerInnen aus ihrer Sicht als BeobachterInnen in einem strukturierten Gespräch (Friedenspfeife) ihre Beobachtungen weiter. Wer in einer anderen Rolle denn als BeobachterIn etwas zum jeweiligen Fall sagen möchte, muss zuvor ihre Funktion bei dem Gespräch (Vortragende oder AuswerterIn) offen legen.

15

Hinweis:
Mit Hilfe der Checkliste können die TeilnehmerInnen anschließend die beiden anderen Entscheidungen von ihrer Liste selbst auswerten.

INFOBLATT

Ein kritischer Blick

• Checkliste •
zur Selbstauswertung von Entscheidungsprozessen

1. Wie schwerwiegend war das Problem?

2. Wer war von der Entscheidung betroffen?
   Wer war an der Entscheidungsfindung beteiligt?
   Decken sich die beiden Personenkreise?
   Falls nein: Hat jemand die Abweichung begründet?
   Womit?

3. War allen von der Entscheidung Betroffenen vorher bewusst, dass sie betroffen sein würden?
   Entspricht das dem Standard der Kommunikation in dieser Gruppe?
   Falls nein: Wer hatte in diesem Fall ein Interesse an der Abweichung vom Standard?

4. Wie kamen die Alternativen zu Stande, zwischen denen entschieden wurde?
   Wurden sie entwickelt oder vorgegeben, und von wem?

5. Gab es Sachzwänge, die auf eine Entscheidung gedrängt haben?
   Falls ja: Von wem wurden sie angeführt?
   Wurde überlegt, ob die Sachzwänge sich nicht vielleicht abschaffen lassen?

6. Wurden vor der Entscheidung die hauptsächlich Betroffenen gefragt, was ihnen dabei wichtig ist?
   Hast du dir gemerkt, was sie gesagt haben?
   Merkt man der Entscheidung an, was den Betroffenen wichtig war?

7. Wurde nach der Entscheidung gemeinsam überlegt und festgehalten, welche Arbeiten durch die Entscheidung notwendig werden und wer sie tun wird?

8. Wirkt die Gruppe seit der Entscheidung (im Vergleich zu vorher) eher gespalten oder eher einig und geschlossen?
   Ist durch die Entscheidung in der Gruppe insgesamt Zufriedenheit gewachsen oder Unzufriedenheit?

9. Was war deine eigene Rolle im Verlauf der Entscheidungsfindung?
   Hast du dich verantwortlich gefühlt für das, was geschehen wird?
   Wie geht es dir jetzt?

Dies ist eine Checkliste zur nachträglichen Einschätzung von Entscheidungsprozessen. Man kann die Liste auch verwenden, um während einer Entscheidungssuche abzuchecken, ob alles richtig läuft.

BAUSTEIN 6

Ziele:

- ***Mediation als Methode in der Vermittlung von Konflikten kennen lernen.***
- ***Eigene Fähigkeiten und Fertigkeiten als MediatorIn koordinieren.***
- ***Trainieren der koordinierten Anwendung dieser Fähigkeiten durch Übungen und Rollenspiele.***

Einheit 19: Was ist Mediation?

Zum ersten Mal wird den TeilnehmerInnen das Mediationsverfahren geschlossen als ein handliches Werkzeug vorgestellt.

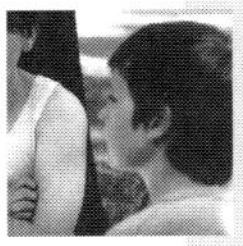

Einheit 20: Täter, Opfer, Helfer

Ein Blick auf das schwierige Beziehungsgebilde, in das die MediatorIn eingreift, nützlich für die Bestimmung von eigenem Standort und Marschroute.

Einheit 21: Was muss eine MediatorIn können?

Diese Einheit bietet eine Zusammenschau der bisher erworbenen Fertigkeiten, bereits bezogen auf den knappen Rahmen des Mediationsverfahrens.

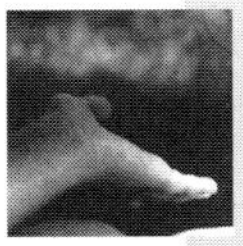

Einheit 22: Phasen der Mediation

Der innere „Fahrplan", den jede MediatorIn im Kopf und im Gefühl haben sollte, um die Streitenden durch den Prozess zu führen, ohne sich zu verhaspeln.

Einheit 23: Rollenspiel Mediation

Es ist die Vorwegnahme der eigenen Praxis: authentische Fälle, realistische Bedingungen, Einheit von Zeit und Raum. Was sich hier bewährt, wird auch „draußen im Leben" standhalten.

Fragen

• Falls Sie verheiratet sind: Schätzen Sie es, wenn bei Ihren Ehestreitigkeiten andere Menschen anwesend sind? Warum nicht? Oder: Warum?

Einleitung

In der Bearbeitung der Bausteine 1 bis 5 haben die TeilnehmerInnen fast alle Voraussetzungen erworben, die sie als MediatorInnen benötigen werden.

Jetzt geht es darum, die Einzelteile zusammenzufügen. Die Einheiten des Bausteins 6 vermitteln Verständnis für den Aufbau und die logische Abfolge des Verfahrens - und sie lassen die TeilnehmerInnen erstmals auch selbst als MediatorInnen auftreten.

Durch die ausführliche Vorbereitung in den ersten Bausteinen sind sicher auch besondere Erwartungen hinsichtlich einer besonderen Komplexität des Verfahrens genährt worden. Solche Erwartungen werden jetzt zumindest teilweise widerlegt.

Einheit 19

Was ist Mediation?

Einführung, Grundlagen

Ziel der Einheit 19 ist es, die Voraussetzungen für das Mediationstraining zu klären und einen Überblick über das Verfahren und die einzelnen Phasen der Mediation zu geben. In der Übung 19.1 geht es darum, die Grundhaltung und Grundprinzipien von Mediation deutlich zu machen. In Übung 19.3 geht es um die Entscheidung, welcher Konflikt überhaupt vermittelt werden kann und für welche Konflikte andere Formen der Konfliktlösung gefunden werden müssen. 19.4 vermittelt eine Übersicht über das Konzept und die Phasen der Mediation.

Eine Übung, um Grundgedanken konstruktiver Konfliktlösung zu thematisieren.

19.1 Das Orangen-Beispiel

Zeitbedarf 45

„Zwei Schwestern streiten sich über eine Orange, die sie beide haben wollen. Schließlich kommen sie überein, die Frucht zu halbieren. Die eine nimmt nun ihre Hälfte, isst das Fruchtfleisch und wirft die Schale weg. Die andere wirft statt dessen das Innere weg und benutzt die Schale, weil sie damit einen Kuchen backen will."

1. Erzählen Sie das Orangen-Beispiel:

Erarbeiten Sie im Gespräch über das Beispiel das Grundschema:

Destruktive Konfliktbearbeitung:

Konstruktive Konfliktbearbeitung:

Hängen Sie beide Zeichnungen auf. 10

2. Die TeilnehmerInnen erhalten das Arbeitsblatt „8 Prinzipien für die Konfliktlösung". Die einzelnen Punkte werden zusammen durchgesprochen und Verständnisfragen geklärt. 10

3. Die Gesamtgruppe wird in Kleingruppen aufgeteilt. Die TeilnehmerInnen in den Kleingruppen haben die Aufgabe, über die 8 Punkte zu diskutieren und sich ein konkretes Beispiel für einen der 8 Punkte zu überlegen. 15

4. Im Plenum berichtet jede Gruppe über ihre Diskussion und die ge-
10 fundenen Beispiele.

Fragen zur Auswertung:
War es bei den Beispielen immer eindeutig, ob ein Konflikt destruktiv oder konstruktiv angegangen wurde? Welche Prinzipien sind leichter einzuhalten, welche schwieriger?

ARBEITSBLATT

•8 Prinzipien für die Konfliktlösung•

1. Bedürfnisse
Regel: Beziehe dich auf die Bedürfnisse und nicht auf die Positionen!

2. Menschen
Regel: Unterscheide zwischen den Menschen und dem Problem!

3. Optionen
Regel: Überlege dir viele Handlungsmöglichkeiten, bevor du dich entscheidest, was zu tun ist. Durchdenke nicht nur deinen eigenen Schritt, sondern eine Reihe von möglichen Schritten und Gegenbewegungen!

4. Kriterien
Regel: Achte darauf, dass das Ergebnis allgemein verbindlichen Kriterien genügen soll!

5. Wahrheit
Regel: Es gibt mehrere Wahrheiten: deine, ihre und vielleicht eine weitergehende!

6. Mittel
Regel: Beachte die Einheit von Mittel und Ziel!

7. Prämissen
Regel: Halte dich an Prinzipien und baue darauf deine eigene Strategie auf. Verfolge nur solche Ziele, die sowohl für dich wie für die andere Seite gut sind, auch wenn die andere Seite sich nicht entsprechend verhält!

8. Macht
Regel: Macht ist die Fähigkeit, die eigenen Ziele zu erreichen, nicht, andere zu bestrafen!

aus: AGDF (Hg.), Handreichung für Kirchengemeinde zur Friedensdekade 1992, Bonn

zitiert nach: Christoph Besemer: Mediation, S. 33, Königsfeld 1993.

Eine Vorübung zum Mediationsrollenspiel, um den Unterschied zu anderen Konfliktlösungsstrategien deutlich zu machen.

19.2 Einstiegsrollenspiel

Zeitbedarf **60**

1. Erläutern Sie der gesamten Gruppe den Fall 1 oder 2. **5**

Fall 1: „Tischtennisplatte"

Die Tischtennisplatte im Schulhof der Goethe-Schule ist eigentlich in jeder Pause umkämpft. Doch in letzter Zeit gibt es echte Probleme, teilweise sogar richtige Schlägereien. Die Hauptkontrahenten sind Jan und Erik. Jan ist in der 7a, Erik in der 7b. Beide haben eine Gruppe um sich. In jeder Pause versucht eine Gruppe, zuerst an die Tischtennisplatte zu kommen und verhindert mit allen Mitteln, dass einer aus der anderen Gruppe mitspielen kann.

Variante 1:
Jan und Erik müssen zum Direktor, damit der Streit endlich aufhört.

Variante 2:
Die MitschülerInnen aus der Streit-Schlichter-Gruppe laden Jan und Erik ein, um gemeinsam nach einer Lösung zu suchen.

Fall 2: „Kaugummikauen"

Kaugummikauen ist immer ein Thema an der Schule. In der Anne-Frank-Schule gibt es deshalb einen richtigen Konflikt zwischen zwei LehrerInnen. Herr Streng ist gegen Kaugummikauen und verbietet es grundsätzlich in seinem Unterricht. Frau Locker sieht darin kein Problem und erlaubt Kaugummikauen in ihrem Unterricht. Da die beiden in den gleichen Klassen unterrichten, führt dies zu ständigen Problemen.

Variante 1:
Die beiden LehrerInnen werden zum Direktor bestellt, der diesen Streit endlich beenden will.

Variante 2:
Eine Kollegin, die beide schätzen, bittet sie zu einem Gespräch, um gemeinsam eine Lösung zu finden.

2. Teilen Sie die Gruppe in Vierer-Gruppen auf. Zuerst soll die Variante 1 gespielt werden. In den Gruppen werden die Rollen eingeteilt: Jan, Erik (oder Herr Streng, Frau Locker), der Direktor und eine BeobachterIn. Allerdings nicht länger als 10 Minuten. **15**

3. In der Gesamtgruppe wird das Rollenspiel kurz ausgewertet. Fragen Sie zuerst diejenigen, die den Direktor gespielt haben, wie sie sich in der Rolle gefühlt haben, dann die anderen. **10**

4. Die gleichen Gruppen erhalten nun die Aufgabe, die Variante 2 zu spielen. **15**

5. In der Gesamtgruppe wird die Variante 2 ausgewertet. **10**

Auswertung:
Wie habt ihr euch in den beiden Situationen gefühlt? Worin seht ihr die Unterschiede? **5**

19.3 Kleine Mengenlehre der Konfliktlösung

Zeitbedarf
35

Eine Übung, um die Entscheidung zu erleichtern, wann und in welchen Konflikten Mediation sinnvoll ist und in welchen nicht.

1. Zeichnen Sie das Dreieck der Konfliktlösung auf und erläutern Sie es:

Konflikte kann man auf verschiedene Weise lösen. Über die Macht, die Regeln oder über Vermittlung.

Welche dieser Konfliktlösungsstrategien bei einem Konflikt die richtige ist, muss in jedem einzelnen Fall entschieden werden. Dabei hängt es immer von der jeweiligen Situation, der Vorgeschichte und dem Eskalationsgrund des Konfliktes ab, wie man sich entscheidet. Vermittlung ist sicher günstiger für die Betroffenen als eine Entscheidung von oben. Aber nicht jeder Konflikt kann vermittelt werden. Deshalb muss man zuerst prüfen, ob eine Mediation sinnvoll ist. Das Dreieck der Konfliktlösung enthält daher keine Wertigkeit zwischen den 3 Strategien, sondern besagt nur, dass es am günstigsten für eine Institution, also eine Schule, ist, wenn

- für den größten Teil der Konflikte der Weg der Vermittlung gegangen wird,
- für einen kleineren Teil der Hinweis auf Regeln erfolgt,
- und nur ein geringer Teil durch Anweisung von oben erledigt wird.

10

2. Die Gesamtgruppe soll sich in Kleingruppen aufteilen. Die Aufgabe besteht darin, Fälle aus der Problemlandkarte oder andere Konflikte zu untersuchen. In jedem einzelnen Fall soll diskutiert werden, ob eine Vermittlung möglich ist oder nicht. Jede Gruppe soll drei Fälle aufschreiben, die vermittelt werden können.

15

3. Die Ergebnisse werden in der Gesamtgruppe vorgestellt und besprochen. Erläutern Sie im Gruppengespräch an den vorgetragenen Fällen die Kriterien. Wann ist eine Mediation sinnvoll; wann eine Vermeidung; wann Verhandlung? Wann ist ein Gerichtsprozess unumgänglich?

10

In jeder Gruppe existieren grundsätzlich drei verschiedene Wege, Konflikte auszuräumen.

1. Über die Macht:
„Ich bin hier der Boss, und was ich sage, wird gemacht!"

2. Über Regeln bzw. Rechts-Setzungen:
„Das können wir doch in der Hausordnung nachschauen!" oder: „Hatten wir nicht verabredet, dass...?"

3. Über die Möglichkeit, im Einzelfall zwischen den unterschiedlichen Bedürfnissen der Konfliktparteien zu vermitteln.

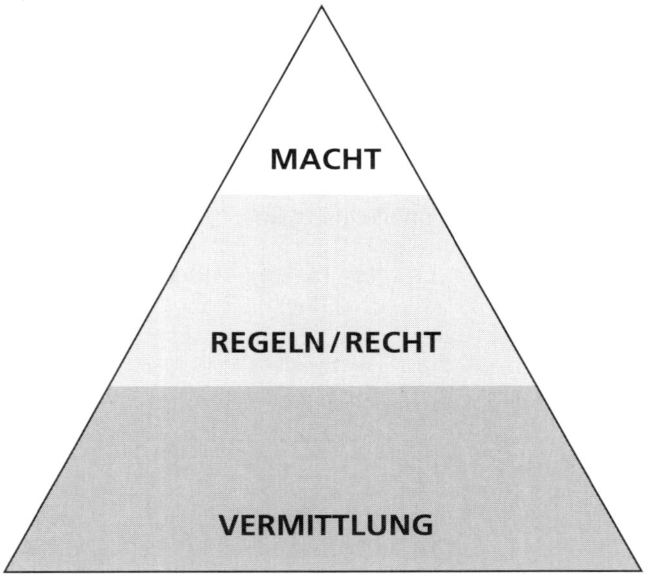

Kriterien: Wann ist eine Mediation sinnvoll?

Eine Mediation ist sinnvoll, wenn folgende Voraussetzungen gegeben sind:

- Der Konflikt kann nicht oder nur schlecht in direkten Gesprächen bzw. Verhandlungen gelöst werden.
- Die Konfliktaustragung befindet sich in einer Sackgasse.
- Die Streitenden haben ein grundsätzliches Interesse an zukünftigen Beziehungen zueinander.
- Die Streitenden sind grundsätzlich bereit, an der Konfliktlösung mitzuarbeiten.
- Die wichtigsten Konfliktparteien sind vertreten.
- Es bleibt genügend Zeit, um eine einvernehmliche Konfliktlösung zu erarbeiten.

19.4 Das Konzept der Mediation

Input um die Grundannahmen und Phasen der Mediation zu vermitteln.

Zeitbedarf **25**

1. Besprechen Sie mit der Gesamtgruppe die Grundannahmen des Mediationskonzepts. **10**

Diese Grundannahmen sind :

A. Konflikte sind normal, aber ein ungelöster Konflikt ist gefährlich.

B. Häufig resultiert ein Konflikt eher daraus, dass die Parteien nicht wissen, wie sie ein Problem lösen können, als dass sie es nicht lösen wollten.

C. Die an einem Streit Beteiligten können grundsätzlich bessere Entscheidungen über ihr Leben treffen als eine Autorität von außerhalb.

D. Die Beteiligten einer Übereinkunft halten sich eher an die Bestimmungen, wenn sie selbst für das Ergebnis verantwortlich sind und den Prozess, der zur Übereinkunft geführt hat, akzeptieren.

E. Die in der Mediation erlernten Verhandlungsfähigkeiten sind nützlich, um zukünftig Konflikte zu lösen.

Quelle:
zitiert nach: Christoph Besemer, Mediation, S. 37, Königsfeld 1993.

2. Erläutern Sie danach anhand des Arbeitsblattes „Was ist Mediation?" den Ablauf des Mediationsprozesses. **15**

ARBEITSBLATT

• Was ist Mediation? •

Mediation ist ein Verfahren zur Konfliktlösung, das in den 60-er und 70-er Jahren in den USA entwickelt wurde und in vielen Bereichen angewandt wird.
Wörtlich übersetzt bedeutet „mediation" Vermittlung. Gemeint ist die Vermittlung in Konfliktfällen durch unparteiische Dritte, die von beiden Seiten akzeptiert werden. Die MediatorInnen helfen den Streitenden, eine einvernehmliche Lösung ihrer Probleme zu finden. Sie hören sich die Anliegen aller Beteiligten an, lassen sie ihre Gefühle ausdrücken und helfen bei der Klärung der Interessen der Konfliktparteien. Das Ziel ist eine Einigung, die die Konfliktparteien unterzeichnen und umsetzen.

Entscheidende Merkmale des Mediationsverfahrens sind:

- Vermittlung durch unparteiische Dritte
- Einbeziehung aller Konfliktparteien
- die informelle/außergerichtliche Ebene
- freiwillige Teilnahme/selbstbestimmt/konsensorientiert

Die wichtigsten Schritte im Mediationsverfahren sind:

Vorphase
Die Konfliktparteien an einen Tisch bekommen

Das Mediationsgespräch
1. Phase: Einleitung
2. Phase: Sichtweise der Konfliktparteien
3. Phase: Konflikterhellung: Gefühle, Interessen, Hintergründe
4. Phase: Problemlösung: Sammeln von Lösungsmöglichkeiten
5. Phase: Übereinkunft

Umsetzungsphase
Überprüfung der Einigung

Einheit 20

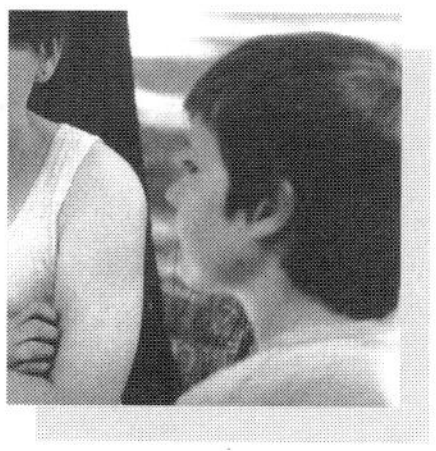

Täter, Opfer, Helfer

Hinweis:
20.1 ist eine notwendige Vorübung zu 20.2. Der Gesamtkomplex ist gedanklich anspruchsvoll und setzt bei den TeilnehmerInnen eine gewisse Lebenserfahrung voraus. Wir empfehlen diese Einheit ab 14 Jahren.

	Einführung, Grundlagen	
	Warm-up	10 Minuten
20.1	***Das Konflikt-Dreieck***	25 Minuten
20.2	***Das Power-Spiel***	65 Minuten
	Reflexion	5 Minuten

Einführung, Grundlagen

Wo Gewalt auftaucht, gibt es Täter und Opfer. Wir möchten keines von beiden sein - lieber HelferInnen, die den Opfern zur Seite stehen.

Bei der Vorbereitung zur Streitschlichtung stellen wir fest, dass wir unsere Vorstellungen noch einmal überdenken müssen. Immerhin sprechen wir im Zusammenhang der Mediation in der Regel von Streitenden, von Konfliktparteien. Was sind die Charakteristiken und die Beziehungen von Tätern, Opfern, Helfern?

Einheit 20 stellt die Beziehungen von Tätern, Opfern, Helfern als ein enges Gefängnis vor und gibt den TeilnehmerInnen gleichzeitig Hinweise, wie sie sich daraus befreien können.

20.1 Das Konflikt-Dreieck

Diese Übung zeigt die Rollenstereotypen von Tätern, Opfern und Helfern.

Zeitbedarf
25

1. Erklären Sie in eigenen Worten die Rollenstereotypen - am wirkungsvollsten gleich durch kurzes Vorspielen von Beispielen:

Der Täter
Er spricht vorwiegend in Form von Befehlen, Verboten oder lauten Vorwürfen: „Lass das endlich!" Seine Stimme ist laut, fest, im Ton schneidend; sie versucht, Widerspruch von vornherein auszuschalten. Zu diesem Auftreten gehört auch eine bestimmte, eine bestimmende Gestik.

Der Täter gewinnt durch sein Auftreten, dass er seine nächstliegenden Ziele erreicht, vor allem eine höhere Stellung in der Hierarchie - allerdings um den Preis, dass er sich häufig unbeliebt macht.

Das Opfer

Es kennt vorwiegend Entschuldigungen, Ausflüchte, Versprechen zur Besserung: „Ich hab's doch nur gut gemeint." Seine Stimme und seine Gestik sind dem angepasst.

Das Opfer erkauft sich durch sein Verhalten Zuwendung und „Straffreiheit" - mit dem Preis von geringem Respekt und noch geringeren Aufstiegsmöglichkeiten in der Hierarchie.

Der Helfer

Er redet dem Opfer gut zu: „Das wird schon wieder." Er versucht, den Täter zu beschwichtigen. Im Ton meidet er Heftigkeit, sondern versucht, das auszustrahlen, was er herstellen möchte: Frieden. Seine Gestik ist die von Zuwendung und Tröstung.

Der Helfer spielt um ein hohes Ansehen auf beiden Seiten - mit dem
6 Risiko, zwischen allen Stühlen zu landen.

2. Drei Kleingruppen versuchen jetzt, jeweils eines der Rollenstereotypen darzustellen. Dafür einigen sich die Angehörigen der jeweiligen Kleingruppe zunächst auf einen möglichst prägnanten Satz, eine Phrase, die sie als typisch ansehen. Zu diesem Satz gehört ein entsprechender Tonfall, eine passende Geste - all dies üben die Kleingruppen jetzt als gemeinsame Aktion ein, wie ein Sprechchor von Schauspie-
6 lern.

3. Die drei Gruppen - jede verkörpert ein Stereotyp - gehen jetzt jeweils geschlossen durch den Raum. Jedesmal, wenn sie auf eine der beiden anderen Gruppen treffen, sprechen sie ihre Phrase, im treffenden Ton und mit der passenden Geste.

Nach kurzer Zeit werden die Gruppen zerfallen; die einzelnen Menschen behalten jedoch die Regel bei. Auf diese Art vervielfältigt sich
4 die Zahl der Begegnungen.

Feed-back

Wie waren die Zusammentreffen mit den beiden jeweils anderen Gruppen oder einzelnen Mitgliedern der anderen Gruppen? Wie unterschieden sich die Begegnungen, welche Begegnungen waren für
9 das eigene Verhalten bestätigend, welche verunsichernd?

Eine komplexe Simulation mit hohem Erkenntnis- und einigem Unterhaltungswert; möglichst in Dreiergruppen zu spielen.

Hilfsmittel:

Sets mit je einem Blatt mit der Aufschrift „Täter", „Opfer" und „Helfer" – so viele Sets wie Kleingruppen.

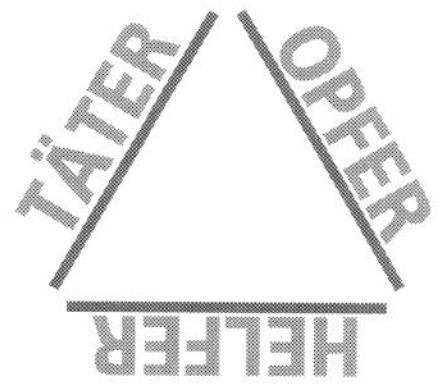

20.2 Das Power-Spiel

Zeitbedarf **65**

1. Bei dieser Übung geht es darum, die Verklammerung und wechselseitige Abhängigkeit von Tätern, Opfern und Helfern deutlich zu machen und gleichzeitig neue Optionen für das eigene Verhalten zu finden.

Dafür brauchen wir Dreiergruppen. In diesen Kleingruppen tauschen die TeilnehmerInnen zunächst Folgendes aus: An welche prägnante Konfliktsituation kann ich mich erinnern, wo ich mich deutlich als Täter, Opfer oder Helfer gefühlt habe?
Eine dieser Situationen wählt das Dreierteam jetzt für die folgende Simulation aus. Wir raten den TeilnehmerInnen davon ab, einen Konflikt vorzuschlagen, der für sie existentielle Bedeutung oder Bedrohung ausmacht. **10**

2. Legen Sie die Blätter mit den Aufschriften „Täter", „Opfer", „Helfer" auf dem Boden aus - sie bilden ein Dreieck von etwa 1 m Seitenlänge.

Jede Gruppe spielt ihre ausgewählte Konfliktsituation in einem solchen Dreieck, und zwar in mehreren kurzen Durchgängen. Dabei wird die Rolle im Konflikt überlagert von einer der Stereotypen, die wir in 20.1 eingeübt haben. Stellen Sie sich vor, dass das Dreieck mit den Stereotypen wie eine Folie über den Konflikt gelegt ist, und diese Folie kann bewegt werden, während die eigentlichen Rollen des Konflikts weiterhin von denselben TeilnehmerInnen gespielt werden.

Das sollten Sie kurz demonstrieren:
„Ein Frau fährt in der Straßenbahn. Ihr gegenüber sitzt ein leicht angetrunkener Mann und versucht, mit ihr Kontakt aufzunehmen. Ein anderer Mann will der Frau helfen und weist den Betrunkenen zurecht. Dieses äußere Erscheinungsbild des Konflikts bleibt in allen drei Varianten gleich, nur das innere Gefüge ändert sich.

Variante 1:
Der Betrunkene steht auf dem „Täter"-Platz, die Frau bei „Opfer" und der Mann bei „Helfer".

Variante 2:
Alle gehen einen Platz nach rechts. Nun ist der Betrunkene bei „Opfer", die Frau bei „Helfer" und der Mann bei „Täter". Das innere Gefüge hat sich verändert: Der Mann ist unheimlich schlecht drauf und sucht nur eine Gelegenheit sich abzureagieren. Da kommt ihm dieser Betrunkene, der die Frau anmacht, gerade recht. Die Frau versucht zu vermitteln, da sie das Verhalten des Betrunkenen nicht so schlimm findet.

Variante 3:
Alle gehen wieder einen Platz nach rechts. Nun ist die Frau bei „Täter", der Mann bei „Opfer" und der Betrunkene bei „Helfer". Das innere Gefüge der Situation hat sich wieder verändert: Die Frau findet den Betrunkenen eigentlich ganz gut und möchte mit ihm in Kontakt kommen. Dabei ärgert sie sich über den Mann, der sich ungefragt einmischt. Der Betrunkene versucht zu vermitteln.

Stellen Sie sicher, dass alle diesen Teil der Anleitung genau verstanden
5 haben.

3. Jede Kleingruppe stellt sich jetzt auf ihr Dreieck. Jede sucht sich eine Stereotyp-Position aus. Nun wird die jeweilige Konfliktsituation von allen Gruppen simultan ein erstes Mal kurz durchgespielt, den Stereotypen folgend - 3 bis höchstens 5 Minuten, lange genug, dass alle ein Gespür dafür bekommen, wie sie ihre Konfliktrolle unter Beachtung des Stereotyps ausfüllen. Dann wird abgebrochen und alle notieren sich kurz, was ihnen in diesem ersten Durchgang aufgefallen ist.

Dann gehen in den Teams alle in ihrem Dreieck um jeweils einen Platz nach rechts und es wird ein zweiter Durchgang gespielt, nun mit der jeweils veränderten Konstellation Stereotyp/Konfliktrolle. Kurze Notizen,
3 x 6 dann erfolgt wieder ein Wechsel und der dritte Durchgang beginnt.

Feed-back und Auswertung:
Sie werden durch vier Leitfragen strukturiert:

• Auf welches Stereotyp habt ihr beim ersten Durchgang den Jugendlichen bzw. das Kind gestellt? Und warum?

• Wie habt ihr euch bei der Übung gefühlt, wie seid ihr insbesondere mit den Übergängen von einem Stereotyp ins nächste zurechtgekommen? Welche Übergänge waren schwierig, welche einfach und weshalb?

• Wie habt ihr innerhalb der Simulations-Phasen die Beziehungen unter den drei Beteiligten wahrgenommen? Wie haben sie sich verändert?

32 • Wie stark habt ihr wechselseitig euer Verhalten bedingt?

Erste Begegnung mit dieser Übung:
Bei Nic Fine und Fiona Macbeth, Playing with Fire, London 1992.

Einheit 21

Was muss eine MediatorIn können?

Einführung, Grundlagen

	Warm-up	10 Minuten
21.1	**Die Blau-Weiß-Übung**	45 Minuten
21.2	**Die REIS-Übung**	50 Minuten
21.3	**Die Ausbildungskarte**	40 Minuten

Einführung, Grundlagen

In Konfliktfällen zu vermitteln, ist nicht so einfach. Schnell kann eine VermittlerIn zwischen allen Stühlen landen und selbst das Ziel von Aggressionen sein. Deshalb ist eine gute Ausbildung und die Beherrschung der Mediationstechniken, eine Absicherung des Mediationsrahmens an der Schule oder der Kinder- und Jugendeinrichtung und vor allem eine realistische Selbsteinschätzung der MediatorInnen wichtig. Jede reagiert in schwierigen Situationen anders. Es ist daher auch Teil dieses Trainings für MediatorInnen und auch Teil der weiteren begleitenden Ausbildung das eigene Verhalten zu reflektieren.

21.1 Die Blau-Weiß-Übung

Eine Übung, um die eigenen Strategien in unklaren oder konkurrenten Situationen einschätzen zu lernen.

Hilfsmittel
Kopien der Vorlage „Verhandlungs-Blatt".

Zeitbedarf 45

1. Bilden Sie Paare. Am einfachsten ist es durchzählen zu lassen: 1, 2 - 1, 2 - ..., wobei 1 für blau steht und 2 für weiß. Jedes Paar erhält ein Verhandlungs-Notizblatt. Darauf werden die Namen eingetragen. Jedes Paar erhält zudem 8 kleine Zettel. Diese kleinen Zettel werden am Rande von 1 bis 8 durchnummeriert und in die Mitte zwischen die beiden TeilnehmerInnen gelegt.

Erläutern Sie, dass das Ziel dieser Übung darin besteht, möglichst viele Punkte zu bekommen. Dazu muss jede TeilnehmerIn eine Entscheidung treffen. Während der Übung darf nicht gesprochen werden. 5

2. Erläutern Sie nun den Ablauf der Übung. Zeichnen Sie den Spielplan „Blau-Weiß" auf ein großes Blatt oder eine Folie. Blau beginnt in Runde 1 und dann in den Runden 3, 5 und 7, Weiß in den Runden 2, 4, 6 und 8. Blau beginnt und entscheidet sich für den Bereich, also A oder B; Weiß entscheidet sich für das Feld, also x oder y. Je nach Entscheidung werden die entsprechenden Werte in das Verhandlungs-Blatt eingetragen. Ein Beispiel: Wählt Blau in Runde 1 den Bereich „A" und Weiß das Feld „y", dann werden die Werte aus dem Feld „A • y" genommen. Blau bekommt also 5 Punkte und Weiß ebenfalls 5 Punkte.

Um sicherzugehen, dass alle diese Regel verstanden haben, sollten Sie vorher eine Proberunde durchführen lassen.

3. Sagen Sie nun jede Runde an. Warten Sie anschließend, bis alle Paare ihr Ergebnis in das Verhandlungs-Blatt eingetragen haben. Erst dann beginnt die nächste Runde.

4. Wenn die achte Runde vorbei ist, zählen die TeilnehmerInnen ihre erreichten Punkte zusammen. Dabei tauschen sie sich darüber aus, welche Strategie sie während des Spiels verfolgt haben, wo sie unsicher waren, wie sie die Strategie der PartnerIn eingeschätzt haben und wie sie sich davon haben beeinflussen lassen. Haben sie sogar
30 daraufhin ihre Strategie geändert?

5. Notieren Sie nun die Punktzahlen der MitspielerInnen. Die wichtigsten Fragen zur Auswertung sind: Was war bei diesem Spiel spielerisch? Was bedeutet das für die Realität? Welche Paare haben die höchsten Punktzahlen erreicht? Welche Strategie war erfolgreicher: zusammenzuarbeiten oder sich gegenseitig auszutricksen? Hat sich die Strategie während des Spiels verändert oder nicht? Welche Haltung hat sich im Verlauf des Spiels durchgesetzt: zu kooperieren oder
10 auf jeden Fall auf Kosten der anderen zu gewinnen?

Quelle:
nach Tom Fiutak, Universität Minnesota, USA, 1994

SPIELPLAN

• Blau: Runde 1,3,5,7 •

A

x	
Blau	Weiß
0	15

y	
Blau	Weiß
5	5

B

x	
Blau	Weiß
-10	10

y	
Blau	Weiß
20	0

• Weiß: Runde 2,4,6,8 •

A

x	
Blau	Weiß
15	0

y	
Blau	Weiß
5	5

B

x	
Blau	Weiß
10	-10

y	
Blau	Weiß
0	20

• Verhandlungs-Blatt •

	BLAU	WEISS
Name		
Runde 1	....	....
Runde 2	....	....
Runde 3	....	....
Runde 4	....	....
Runde 5	....	....
Runde 6	....	....
Runde 7	....	....
Runde 8	....	....
zusammen	....	....

21.2 Die REIS-Übung

Eine Gesprächsübung zur Selbsteinschätzung der eigenen Fähigkeiten bei der Vermittlung in Konflikten.

Zeitbedarf
50

1. Fordern Sie die Gruppe auf, sich in einen engen Stuhlkreis zu setzen. Erläutern Sie zuerst das Ziel der folgenden Übung. Es soll darum gehen, über das eigene Verhalten bei der Beobachtung oder Vermittlung von Konflikten zu sprechen. Wiederholen Sie an dieser Stelle den Hinweis auf die bekannten Gesprächsregeln (siehe Baustein 1 und
5 Übung 3.3).

2. In der ersten Runde soll sich jede TeilnehmerIn dazu äußern, wie sie sich gefühlt hat
a) als sie andere beim Streiten beobachtet hat,
b) als sie versucht hat zu vermitteln.

Erklären Sie daran die verschiedenen Grundmuster von Reaktionen:

a. Rational
Ich reagiere in erster Linie über den Kopf; ich versuche, die Dinge erstmal rational einzuordnen; ich höre vor allem auf das, was gesagt wird.

b. Emotional
Ich reagiere eher gefühlsmäßig; ich achte auf Gefühlssignale und reagiere direkt darauf.

c. Intuitiv
Ich reagiere spontan aus der Situation heraus, ohne lange nachzudenken oder zu planen.

d. Sensitiv
Ich reagiere einfühlsam, versuche, mich in die anderen hineinzuversetzen, ihre Haltungen und Reaktionen zu verstehen.

Die TeilnehmerInnen sollen überlegen, welche der Verhaltensweisen ihnen mehr liegt oder in welcher Kombination sie ihre eigenen Reak-
10 tionsmuster einschätzen.

3. Anschließend sollen sie auf eine Karte drei Dinge schreiben, von denen sie glauben, dass sie damit anderen in Konflikten helfen könnten. Es kann sich dabei auch um Situationen handeln, die zu bewältigen sie sich zutrauen. Auf die Rückseite schreiben sie drei Dinge oder Situationen, mit denen sie lieber nichts zu tun haben oder in denen sie sich eine Ver-
5 mittlung nicht zutrauen.

4. In der ersten Runde trägt nun jede ihre positiven Nennungen vor und erläutert sie kurz. Die Aussagen werden nicht diskutiert. Die anderen
10 TeilnehmerInnen sollen nur aufmerksam zuhören.

5. In der nächsten Runde trägt jede TeilnehmerIn ihre negativen Nen-
10 nungen vor. Auch hier erfolgt keine Wertung durch das Plenum.

6. In der letzten Runde gibt jede TeilnehmerIn einer anderen Feedback. Dazu spricht sie mit ihrer rechts sitzenden NachbarIn, äußert sich zu deren Aussagen in den ersten zwei Runden und gibt (positive) Hinweise, wo sie ihrer Meinung nach Fähigkeiten besitzt, um anderen in Konflikten zu helfen. Weisen Sie explizit darauf hin, dass es in dieser Runde darum geht, den anderen zu helfen, ihre Fähigkeiten besser zu sehen. Die Urteile sollten daher positiv formuliert sein. 10

Fragen zur Auswertung:
War es überraschend, wie andere die eigenen Fähigkeiten in der Vermittlung von Konflikten beurteilen? Habe ich mir das selbst zugetraut?

Eine Übung um die weiteren Schwerpunkte des Trainings besser planen zu können.

21.3 Die Ausbildungskarte

Zeitbedarf **40**

1. Verteilen Sie das Arbeitsblatt „Rolle der MediatorInnen". Besprechen Sie es mit den TeilnehmerInnen. 10

2. In kleinen Gruppen sprechen die TeilnehmerInnen über die Kriterien und darüber, was sie sich zutrauen und was nicht. In der Gruppe sollten für jede TeilnehmerIn zwei Dinge gefunden werden, an denen sie im Training gerne intensiver arbeiten würde. Diese beiden Punkte werden für jede TeilnehmerIn auf Karten geschrieben. 15

3. In der Gesamtgruppe trägt jede Gruppe ihre Ergebnisse vor. Jede TeilnehmerIn legt ihre Karten auf ein großes Blatt Papier. Ähnlich lautende Karten werden zusammengelegt und wie bei der Problemlandkarte (Einheit 5.3) werden nun die Schwerpunkte übersichtlich dargestellt, die in den folgenden Übungen und dem weiteren begleitenden Training besonders beachtet werden sollten. Die Ausbildungskarte sollte im Trainingsraum aufgehängt werden. 15

ARBEITSBLATT

• Rolle der MediatorInnen •

1. Die Person der MediatorIn muss von allen Konfliktbeteiligten akzeptiert und respektiert werden. Es muss sich um eine Person handeln, die das Vertrauen der Streitparteien genießt oder sich erwirbt und deren Kompetenz nicht bestritten wird.

2. Die MediatorInnen sollen kein eigenes Interesse an einem bestimmten Konfliktausgang haben. Sie sollen in diesem Sinne neutral und unparteilich sein. Sie setzen sich aber für die Interessen und Belange aller Konfliktparteien ein. In diesem Sinne sind sie „allparteilich".

3. Die MediatorInnen bewerten und urteilen nicht. Sie nehmen alle Standpunkte, Interessen und Gefühle ernst.

4. Die MediatorInnen sind für den Ablauf und den Rahmen des Mediationsgesprächs verantwortlich, die KontrahentInnen für den Inhalt. Die Lösungen werden nicht von den MediatorInnen, sondern von den Betroffenen erarbeitet. Eigene Ideen können von den MediatorInnen als eine unter mehreren Möglichkeiten ins Spiel gebracht werden.

5. Die MediatorInnen helfen den Beteiligten, sich über ihre Gefühle und Interessen klar zu werden und sie verständlich zum Ausdruck zu bringen. Dazu können sie auch die Mediation unterbrechen und Einzelgespräche führen.

6. Die MediatorInnen gehen mit dem Gehörten vertraulich um.

7. Die MediatorInnen können das Gespräch von sich aus abbrechen, wenn keine vernünftige und/oder ethisch verantwortbare Lösung gefunden wird.

Quelle:
zitiert nach: Christoph Besemer, Mediation, S. 18 ff, Königsfeld 1993.

Einheit 22

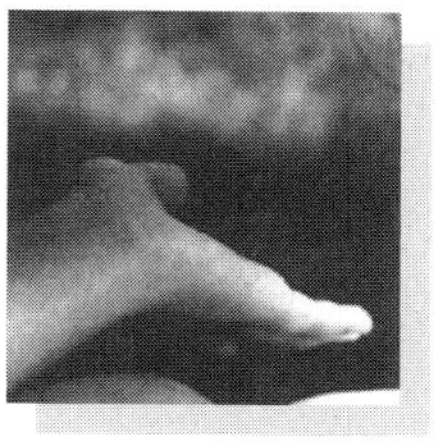

Phasen der Mediation

Ziel der Einheit 22 ist es, die einzelnen Phasen der Mediation nacheinander einzuüben.

Einführung, Grundlagen

Konstruktive Konfliktlösung durch Mediation hängt nicht in erster Linie vom guten Willen der MediatorInnen ab, sondern von ihrer Fähigkeit, das Verfahren der Mediation richtig anzuwenden. „Comfort, Communication and Control" lautet die Formel in amerikanischen Mediationstrainings. Die Aufgabe der MediatorInnen ist es also eine angenehme Atmosphäre zu schaffen, die Kommunikation aufrechtzuerhalten und zu verbessern und die Kontrolle über den Ablauf des Gesprächs zu behalten.

In Einheit 22 trainieren wir daher die verschiedenen Aufgaben und Anforderungen an die MediatorIn in jeder einzelnen Phase des Mediationsverfahrens.

Das bedeutet nicht, dass all diese Aspekte in jeder Mediation berücksichtigt werden müssen. Aber das ausführliche und systematische Training der einzelnen Phasen erhöht die Fähigkeit der MediatorInnen, in unterschiedlichen Situationen jeweils andere Instrumente in der Arbeit einzusetzen.

In dieser Einheit ist es sinnvoll, in den jeweiligen Phasen auch noch einmal bestimmte Übungen aus den vorangegangenen Bausteinen zu wiederholen.

22.1 VORPHASE

22.1.1 Allgemeines

Die Aufgaben der MediatorIn in der Vorphase sind:

1. Bei den Konfliktparteien Vertrauen aufbauen zur Person der MediatorIn, zur Ernsthaftigkeit der Arbeit der Streit-Schlichter-AG oder der jeweiligen Institution, die die Mediation anbietet und zum Verfahren der Mediation.

2. Ein möglichst positives Verhältnis zu allen Konfliktparteien entwickeln. Wichtig ist, dass die Streitenden die MediatorIn zwar als neutral in Bezug auf den zu behandelnden Streitpunkt, aber freundlich und mitfühlend in Bezug auf die Personen erleben.

3. Eine möglichst weitgehende Information über die Funktion der Mediation, die Rolle der MediatorIn und die verschiedenen Phasen des Mediationsverfahrens. Besonders wichtige Fragen sind:
- die neutrale Rolle der MediatorIn;
- die einzelnen Phasen;
- die Möglichkeit, die Sitzung zu unterbrechen oder Einzelgespräche zu führen;
- die Form der Übereinkunft bei einem erfolgreichen Verlauf der Mediation.

4. Eine Vereinbarung über den Beginn der Mediation mit allen Beteiligten erreichen.

Die Vorphase dient zwar in erster Linie der Vorbereitung des eigentlichen Mediationsgesprächs. Die Praxis zeigt aber, dass viele kleinere Streitfälle schon in dieser Phase beigelegt werden können.

Die Vorphase der Mediation umfasst alle Aktivitäten und Überlegungen im Vorfeld der eigentlichen Mediation. Dazu gehören die Kontaktaufnahme, die Motivierung der Konfliktparteien für die Mediation, die Konfliktberatung und die Planung und praktische Vorbereitung des Mediationsgesprächs. In erster Linie muss in der Vorphase die Frage geklärt werden, ob eine Mediation in dem vorliegenden Fall überhaupt sinnvoll ist oder ob andere Formen der Konfliktlösung vorgeschlagen werden.

22.1.2 Die Kontaktaufnahme

Eine Übung, um Formen und Regeln für die Kontaktaufnahme mit den Konfliktparteien zu entwickeln.

Zeitbedarf
45

10

1. Erläutern Sie die Bedeutung der Vorphase für das Mediationsgespräch, speziell die Bedeutung der Kontaktaufnahme und die Aufgaben der MediatorIn in dieser Phase.

2. Hängen Sie die Punkte-Liste (Einheit 8.3), die Eskalationsskala (Einheit 9.3) und den Konflikt-Atlas (Einheit 10.3) aus dem Fall „Keiner will helfen" (S. 55) auf und sprechen Sie die wichtigsten Punkte noch einmal mit der Gruppe durch. Die Gesamtgruppe wird wieder in drei Gruppen aufgeteilt.

Erläutern Sie die Ausgangssituation: Die Lehrerkonferenz und verschiedene SchülerInnen haben die Streit-Schlichter-AG gebeten, in einer Mediation den Streit in der Klasse zu bearbeiten und nach Möglichkeit zu lösen.

Hinweis:
Die günstigste Ausgangssituation für eine Mediation ist es, wenn sich die Konfliktparteien gemeinsam mit der Bitte um Vermittlung an die MediatorIn wenden. Dies ist aber erfahrungsgemäß selten der Fall. Sehr viel häufiger geht der Wunsch nach einer Mediation von einer der betroffenen Konfliktparteien aus. In diesem Fall muss die andere Partei davon überzeugt werden, an der Mediation eben-

falls teilzunehmen. Oft geht der Hinweis auch von Dritten aus, die einen Streit beobachten oder am Rande mitbetroffen sind. In Schulen und Kinder- und Jugendeinrichtungen wird der Anstoß oft von den PädagogInnen ausgehen. Auch die MediatorInnen können initiativ werden. In all diesen Fällen müssen beide betroffenen Parteien überzeugt werden, dass eine Mediation für sie sinnvoll ist.

Die Aufgabe ist nun, in den drei Gruppen (1: Eike - Winfried/Volker, 2: Sahand - Anna, 3: Schweigende Mehrheit - Lehrerin) herauszuarbeiten, was in den jeweiligen Fällen bei der Kontaktaufnahme beachtet werden muss. Unter anderem muss berücksichtigt werden, wie die einzelnen Personen wohl reagieren werden, wenn sie auf den Konflikt angesprochen werden. Wo sind besondere Schwierigkeiten zu erwarten und welche Informationen benötigen die Beteiligten auf jeden Fall? Die Ergebnisse sollen auf ein großes Blatt Papier geschrieben werden. 20

3. In der Gesamtgruppe werden die Ergebnisse der einzelnen Gruppen vorgestellt. Diskutieren Sie darüber, was bei der Kontaktaufnahme zu beachten ist. 15

Eine Übung, um in der Vorphase die Wünsche und Vorstellungen der Konfliktparteien in Einzelgesprächen abzuklären.

Hinweis:
Die „Shuttle"-Übung kann man auch in späteren Phasen der Mediation einsetzen, wenn es im direkten Gespräch nicht mehr weiter geht.

22.1.3 Die „Shuttle"-Übung

Zeitbedarf
45

1. Teilen Sie die Gruppe wieder in die drei bekannten Gruppen aus dem Fall „Keiner will helfen" (S. 55). Stellen Sie die Aufgabe, in den Gruppen die Einzelgespräche mit den Konfliktparteien durchzuspielen. Das Ziel besteht darin, die Konfliktparteien zu überzeugen, sich an der Mediation zu beteiligen und einen gemeinsamen Termin zu vereinbaren. 5

2. In den Gruppen werden jeweils die SpielerInnen für Partei A und Partei B benannt. Eine Person wird als MediatorIn benannt. Der Rest der Gruppe sind die BeobachterInnen. A und B setzen sich jeweils in eine entgegengesetzte Ecke des Raumes.

Die MediatorIn spricht nun allein mit der Partei A und danach mit der Partei B. Dabei spricht sie offen darüber, dass sie auch mit der anderen Person spricht. Über den Inhalt gibt sie aber nur das wieder, was mit der jeweiligen Person vereinbart wurde. Sie sagt also z.B: „Ich spreche mit dir und auch mit B. Dabei möchte ich mit euch beiden über folgende Punkte sprechen ... Ich werde über unser Gespräch nur das an die andere Person weitergeben, was du ausdrücklich erlaubst. Darüber werden wir uns aber am Ende des Gesprächs verständigen."

Nach jedem Durchgang sagen die BeobachterInnen ihre Meinung. Anschließend werden die Personen gewechselt, sodass möglichst jede Person einmal die MediatorIn spielt. 30

3. In der Gesamtgruppe werden die Erfahrungen ausgewertet. Fragen zur Auswertung sind: Ist es leicht oder schwierig, neutral in der Sache und verständnisvoll gegenüber den Personen zu sein? Worauf muss man bei der ersten Begegnung achten? Welche Dinge sollte man zu Beginn ansprechen, welche nicht? Welche Informationen muss man den Konfliktparteien vermitteln? 10

22.1.4 Der Mediationsplan

Eine Übung, um das Mediationsgespräch vorzubereiten.

Zeitbedarf
45

1. Erläutern Sie das Ziel der Übung: für die drei geplanten Mediationen jeweils einen Mediationsplan zu erarbeiten. Der Mediationsplan dient dazu, die bisher zugänglichen Informationen über den Konflikt zu ordnen und das Mediationsgespräch optimal vorzubereiten. Er dient nicht dazu, ein bestimmtes Ergebnis vorzubereiten. Denn eine wirklich haltbare Lösung können nur die Beteiligten finden. Die MediatorIn ist für den Rahmen und den Verlauf des Gesprächs verantwortlich und darauf bezieht sich auch ihre Vorbereitung.

Fragen zum Mediationsplan sind:

• Was wissen wir über den Streit?

• Sind die Konfliktparteien bereit, an einem Mediationsgespräch teilzunehmen?

• Ist der Konflikt mit Mediation zu bearbeiten oder sollte nach anderen Möglichkeiten gesucht werden?

• Welche Punkte müssten auf jeden Fall bearbeitet werden?

• Welche besonderen Umstände sind zu beachten? (z.B. mangelnde Sprachkenntnisse, Statusunterschiede usw.)

• Termin/Ort der Mediation?

• Wie kann der Raum angenehm gestaltet werden?

• Welche Sitzordnung erscheint sinnvoll?

• Ist es besser, das Gespräch mit zwei MediatorInnen zu führen oder eine Erwachsene als Co-MediatorIn dazuzunehmen? (z.B. bei Schüler-
10 Lehrer-Konflikten.)

2. In den drei Gruppen wird nun ein Mediationsplan erarbeitet, in dem auch die jeweils besonderen Bedingungen berücksichtigt werden. (Bei 1: A ist eine Person, B zwei; bei 2: der besondere interkulturelle
25 Hintergrund; bei 3: das ungleiche Verhältnis SchülerIn-LehrerIn.)

3. In der Gesamtgruppe werden die Ergebnisse vorgestellt. Es wird noch einmal ausführlich darüber diskutiert, welche Punkte in der Vor-
10 phase beachtet werden müssen.

22.2 Erste Phase: Einleitung

22.2.1 Allgemeines

In der Einleitungsphase wird das Fundament für die Mediation gelegt. Fehler in der ersten Phase können den gesamten Verlauf negativ beeinflussen. Daher sollte die MediatorIn einige Dinge beachten:

• ***Gute Atmosphäre schaffen.***
Das bezieht sich auf den Raum, die Sitzordnung und das Verhalten der MediatorIn. So sollte die Mediation an einem Ort stattfinden, der nicht unmittelbar mit dem Konflikt verbunden ist. Auf die Sitzordnung sollte geachtet werden. Durch einige freundliche Worte sollte die MediatorIn von vornherein versuchen, eine angstfreie und kooperative Atmosphäre zu schaffen.

• ***Grundregeln.***
Die MediatorIn weist auf die bekannten Grundregeln hin: aktiv zuhören, nicht unterbrechen, keine Beleidigungen äußern (siehe dazu auch Baustein 1). Wichtig ist, dass die Beteiligten ausdrücklich gefragt werden, ob sie die Grundregeln akzeptieren. In groben Zügen wird noch einmal der Ablauf der Mediation erklärt.

• ***Rolle der MediatorIn.***
Zur Rolle der MediatorIn sollte auf jeden Fall noch einmal betont werden:
1. dass nicht die MediatorIn den Fall lösen wird, sondern dass dies die Aufgabe der Beteiligten ist.
2. dass die MediatorIn für das Verfahren verantwortlich ist, nicht für den Inhalt.
3. dass die Mediatorin vertraulich mit den Äußerungen der Beteiligten umgehen wird.
4. dass sie neutral ist und nicht werten oder urteilen wird.

• ***Bisheriger Stand der Dinge.***
Die MediatorIn berichtet, was sie bisher über den Streit weiß und wie der bisherige Kontakt mit den Beteiligten war. Wichtig ist, dass beide Parteien die gleichen Ausgangsvoraussetzungen haben.

• ***Offene Fragen.***
Die Beteiligten sollten ihre Erwartungen, Befürchtungen oder sonstige Nachfragen zum Verfahren oder der Person der MediatorIn stellen können.

• ***„Womit beginnen wir?" markiert den Übergang zur zweiten Phase der Mediation.***
Die MediatorIn übernimmt schon mit dem Eingangs-Statement die Führung des Gesprächs. Die Beteiligten haben die Möglichkeit, sich in der ungewohnten Situation zurechtzufinden. Auch wenn die MediatorIn zu Beginn viel spricht, sollte sie genau darauf achten, ob die Beteiligten bereit sind, sich auf das Gespräch einzulassen.

22.2.2 Das Eingangs-Statement

Eine Übung, um die wichtigsten Punkte des Eingangs-Statements zu begreifen.

Zeitbedarf
45

1. Erläutern Sie die 1. Phase der Mediation und die Bedeutung und
10 einzelnen Punkte des Eingangs-Statements.

2. Die Gesamtgruppe wird in Vierergruppen aufgeteilt und erhält die Aufgabe, gemeinsam ein Eingangs-Statement zu erarbeiten. Dies soll
20 auf ein großes Blatt Papier geschrieben werden.

3. Die Ergebnisse werden in der Gesamtgruppe vorgestellt und be-
15 sprochen.

Auswertung:
Sind alle wichtigen Punkte berücksichtigt? Sind die gefundenen Worte geeignet, eine kooperative Atmosphäre zu schaffen?

22.2.3 Eingangs-Statement auf Video

Das Eingangs-Statement einüben.

Zeitbedarf
60

1. Die Gesamtgruppe wird in Vierergruppen aufgeteilt. In den Kleingruppen werden die Rollen für A, B, die MediatorIn und die BeobachterIn bestimmt. Die MediatorIn spricht jeweils das Eingangs-Statement. Danach werden die Rollen gewechselt, sodass jede in der Gruppe
30 einmal als MediatorIn drankommt.

Während dieser Zeit geht die TrainerIn mit der Videokamera durch die Gruppen und nimmt etwa 4 bis 5 der Szenen auf.

2. Diese Szenen werden dann in der Gesamtgruppe gemeinsam be-
30 trachtet und besprochen.

Arbeitsmittel:
Videokamera und Abspielgerät.

22.3 Zweite Phase: Sichtweise der einzelnen Konfliktparteien

22.3.1 Allgemeines

In der zweiten Phase des Mediationsgesprächs haben die beiden Konfliktparteien nun die Gelegenheit, ihre Sichtweise des Konflikts ausführlich darzulegen.

Die MediatorIn erteilt einer Person das Wort und bittet die andere Person zuzuhören und sich, wenn nötig, Notizen zu machen. Sie hat dann ausführlich Gelegenheit, ihre Sichtweise darzulegen, ohne unterbrochen zu werden.

In der Regel wird die MediatorIn zunächst derjenigen Person das Wort geben, die um das Mediationsgespräch gebeten hatte.

Die MediatorIn wendet sich derjenigen Person zu, die dabei ist, den Konflikt aus ihrer Sicht darzustellen. Sie versucht, die Sichtweise der erzählenden Person vollständig zu erfassen und korrekt wiederzugeben. Dabei verwendet sie folgende Techniken:

- ***Offene Fragen.***
Das sind Fragen, die nicht mit ja oder nein beantwortet werden müssen und die die Erzählende dazu anregen, ihre Position deutlicher darzustellen.

- ***Spiegeln.***
Mit eigenen Worten kurz wiedergeben, was die andere gesagt hat. Die Emotionen, die bei der anderen auftreten, benennen.

- ***Zusammenfassen.***
Die MediatorIn sollte immer wieder das Gesagte ordnend und strukturierend zusammenfassen. So kann sie das Gesagte ordnen, einzelne Gesprächsphasen abschließen und den Blick auf ein neues Thema lenken.

- ***Umformulieren.***
Beim Spiegeln und Zusammenfassen kann die MediatorIn auch wertende Aussagen und Schuldzuweisungen an die andere Person in neutrale, auf das Problem bezogene Wertungen umformulieren.

- ***Klären.***
Durch Nachfragen und Spiegeln versucht die MediatorIn mit der erzählenden Person herauszufinden, worum es ihr geht.

Wenn beide Parteien ihre Sichtweise dargestellt haben, erarbeitet die MediatorIn mit den Beteiligten eine Liste der Punkte, für die eine Lösung gefunden werden soll. Dabei stellt sie die Gemeinsamkeiten und die Differenzen fest.

Hat die MediatorIn bislang die Kommunikation sehr stark auf sich gezogen, so versucht sie jetzt, eine direkte Kommunikation der KontrahentInnen herbeizuführen.

Wenn beide Parteien ausführlich ihre Sichtweise dargelegt und eine Verständigung über die Reihenfolge der zu behandelnden Punkte erreicht haben, ist der Übergang zur nächsten Phase möglich.

22.3.2 Über die Mitte

Eine Übung zur Anwendung der Gesprächstechniken in der Mediation.

Zeitbedarf
45

10 1. Erläutern Sie ausführlich die Zielvorstellung: den Verlauf der 2. Phase und die Aufgaben der MediatorIn zu erarbeiten. Dabei sollten Sie dies möglichst mit Beispielen aus der Problemlandkarte (Einheit 5.3) verdeutlichen.

2. Die Gesamtgruppe wird in Fünfergruppen aufgeteilt. Zwei Personen übernehmen die Rollen der KontrahentInnen, zwei die der HelferInnen. Eine Person beobachtet.
Die beiden KontrahentInnen sitzen weit auseinander. Sie können nicht direkt, sondern nur über ihre HelferInnen miteinander kommunizieren. Die beiden HelferInnen verhandeln miteinander und sprechen sich zwischendurch immer wieder mit den eigentlichen KontrahentInnen ab. Dabei sollen die Techniken Offene Fragen, Spiegeln, Zusammenfassen, Umformulieren und Klären eingesetzt werden.

Beispiel: Fall „Kaugummikauen", siehe 19.2.

30 Die BeobachterIn notiert, ob und wie die Techniken eingesetzt werden. Nach jedem Durchgang wertet die Gruppe dies aus. Danach werden die Rollen getauscht.

Auswertung in der Gesamtgruppe:
5 Wie gut haben die HelferInnen als Team gearbeitet? Haben sie die KontrahentInnen zu einer Lösung bewegen können? Haben sie alle Techniken angewandt? Was ging gut? Was nicht?

22.3.3 ABC-Rollenspiel

Zur Einübung der Rolle der MediatorIn in der zweiten Phase.

Zeitbedarf
45

1. Die Gesamtgruppe wird in Vierergruppen eingeteilt. Jede Gruppe nimmt einen Fall aus der Problemlandkarte (Einheit 5.3). Zwei Personen spielen die Parteien A und B, eine die MediatorIn und eine die BeobachterIn.

Erläutern Sie das Ablaufschema für das Rollenspiel:
1. Runde: A legt ihre Sichtweise dar, die MediatorIn fragt nach, spiegelt, fasst zusammen.
2. Runde: B legt ihre Sichtweise dar, die MediatorIn fragt nach, spiegelt, fasst zusammen.
3. Runde: Die MediatorIn führt eine Einigung über die Reihenfolge der zu behandelnden Punkte herbei.
35 Die BeobachterIn notiert die Aktivitäten der MediatorIn. Nach den drei Runden wertet die Gruppe aus. Danach werden die Rollen gewechselt.

10 In der Gesamtgruppe werden die Erfahrungen ausgewertet. Fragen zur Auswertung: Wie hat eine bestimmte Intervention auf euch gewirkt? Was hättet ihr euch gewünscht?

22.4 Dritte Phase: Konflikterhellung

22.4.1 Allgemeines

Nachdem in der zweiten Phase die beiden Konfliktparteien ihre Sichtweise erläutert haben und eine erste Verständigung über die Issues - also „worum es eigentlich geht" - stattgefunden hat, geht es in der dritten Phase um eine Vertiefung - also „warum" es zum Konflikt über diese Punkte kam.

Es geht darum, die Gefühle, die Interessen und alle anderen wichtigen Hintergründe des Problems deutlich zu machen. Dieses Erhellen des Konflikts dient der Selbstklärung der Betroffenen und dem tieferen Verständnis des Konflikts.

Die Aufgabe der MediatorIn in der 3. Phase besteht darin, durch gezielte Fragen nach der Ebene des Konflikts den Hintergund zu erhellen oder durch Übungen - auch nonverbaler Art - den Beteiligten zu helfen, ihr eigenes Konfliktverhalten besser zu verstehen und die Vorstellungen ihres Gegenübers zu sehen.

Wenn die Mediation an einen toten Punkt zu kommen droht, weil zum Beispiel die Konfliktbeteiligten dieselben Argumente wiederholen, sollte die MediatorIn andere Formen der Bearbeitung vorschlagen. Wenn der Streit zum Beispiel um einen Gegenstand geht oder um einen bestimmten Vorfall, dann könnte die MediatorIn vorschlagen, dass alle Beteiligten eine Zeichnung von dem Gegenstand oder der Szene machen. Gerade nonverbale Übungen sind oft besser geeignet, ein Verständnis für die andere Seite zu entwickeln.

In dieser Phase ist es auch wichtig, schrittweise die direkte Kommunikation zwischen den KontrahentInnen wiederherzustellen. Wenn ein gewisses Verständnis für die Motive und Bedürfnisse der Gegenseite erreicht ist, ist eine Grundlage entstanden, um die Diskussion auf die Problemlösung zu lenken. Das ist die Voraussetzung für den Übergang zur 4. Phase.

22.4.2 Circle-Training: Interventionen

Die verschiedenen Ebenen eines Konflikts und entsprechende Interventionen kennenlernen.

Hilfsmittel:
5 große Blätter, Karten, Stifte, Klebstoff.

Zeitbedarf **90**

1. Schreiben Sie die fünf verschiedenen Ebenen von Konflikten und die möglichen Interventionen auf jeweils ein großes Blatt. Diese Blätter werden an verschiedenen Orten im Raum aufgehängt. Dazu werden jeweils einige Stühle im Halbkreis hingestellt. An alle fünf Orte werden Karten, Stifte und Klebstoff gelegt.

2. Die Gesamtgruppe wird in 5 Gruppen aufgeteilt. Jede Gruppe begibt sich zu einem Blatt. **5**

3. Jede Gruppe hat nun 10 Minuten, um sich im Gespräch mit der jeweiligen Ebene des Konflikts und mit den Interventionen zu beschäftigen und Beispiele für die verschiedenen Möglichkeiten der Intervention zu finden. Diese Beispiele werden auf Karten geschrieben und

auf das große Blatt Papier geklebt. Achten Sie auf die Zeit und fordern
Sie die Gruppen auf, nach jeweils 10 Minuten zum nächsten Platz zu
60 wechseln.

4. Nach dem Rundgang findet eine kurze „Murmel-Runde" statt, in
der die TeilnehmerInnen einzeln oder in kleinen Gruppen noch einmal
die 5 Plätze abgehen um nachzuschauen, welche Beispiele die anderen
15 Gruppen gefunden haben.

Auswertung:
Ist es überraschend, wie unterschiedlich diese Ebenen des Konflikts
sind? Wie kann man das erkennen? Waren die Interventionen sinnvoll
in den Beispielen, die ihr aufgeschrieben habt? Gibt es weitere Ideen
10 für Interventionen?

Hinweis:
Wenn diese Übung mit jüngeren SchülerInnen durchgeführt wird, sollten die Listen kürzer gehalten und einfacher formuliert werden.

Konfliktursachen und mögliche Interventionen:

Sachverhalts-Konflikte

sind verursacht durch:
- ***Mangel an Information,***
- ***Fehlinformation,***
- ***unterschiedliche Einschätzung darüber, was wichtig ist,***
- ***unterschiedliche Interpretation von Daten,***
- ***unterschiedliche Vorgehensweise zur Bewertung.***

Mögliche Interventionen bezüglich Sachverhalts-Konflikten:
Erreiche Übereinstimmung darüber, welche Daten wichtig sind!
Führe eine Einigung herbei für ein weiteres Vorgehen zur Informations-Gewinnung!
Führe die Entwicklung gemeinsamer Kriterien zur Informations-Gewinnung herbei!
Führe die Entwicklung gemeinsamer Kriterien zur Bewertung der Daten herbei!
Ziehe unabhängige Experten hinzu, um eine Meinung von außerhalb zu hören oder einen toten Punkt zu überwinden!

Interessen-Konflikte

sind verursacht durch:
angenommene oder tatsächliche Konkurrenz:
- ***von realen (inhaltlichen) Interessen,***
- ***von Verfahrensinteressen,***
- ***von psychologischen Interessen.***

Mögliche Interventionen bezüglich Interessen-Konflikten:
Richte den Brennpunkt auf Interessen oder Bedürfnisse, nicht auf Positionen!
Suche nach objektiven Kriterien!
Rege die Entwicklung umfassender Lösungen an, die den Bedürfnissen aller Parteien entgegenkommen!
Suche nach Wegen, die Optionen und Ressourcen zu erweitern!
Rege das Aushandeln von Tauschgeschäften an, um Interessen oder Bedürfnisse unterschiedlicher Stärke zu befriedigen!

Beziehungs-Konflikte

sind verursacht durch:

- ***starke Gefühle,***
- ***Fehlwahrnehmungen oder Stereotypen,***
- ***mangelnde Kommunikation oder Fehlkommunikation,***
- ***wiederholtes negatives Verhalten.***

Mögliche Interventionen bezüglich Beziehungs-Konflikten:

Halte das Ausdrücken von Gefühlen durch die Vorgehensweise, Grundregeln, Einzelgespräche usw. unter Kontrolle!
Fördere das Ausdrücken von Gefühlen, indem du sie anerkennst und ein Verfahren dafür vorsiehst!
Kläre die Wahrnehmungen und baue positive Wahrnehmungen auf!
Verbessere die Qualität und Quantität der Kommunikation!
Blocke negatives, sich wiederholendes Verhalten ab, indem du die Struktur veränderst!
Ermutige positive Einstellungen zur Problemlösung!

Werte-Konflikte

sind verursacht durch:

- ***verschiedene Kriterien zur Bewertung von Ideen oder Verhalten,***
- ***ausschließende Ziele von innerem Wert,***
- ***unterschiedliche Lebensformen, Ideologien und Religionen.***

Mögliche Interventionen bezüglich Werte-Konflikten:

Vermeide eine Bestimmung des Problems in wertenden Begriffen!
Ermögliche es den Parteien zuzustimmen oder abzulehnen!
Schaffe Einfluss-Sphären, in denen **ein** Wertebündel vorherrscht!
Suche nach übergeordneten Zielen, die alle teilen!

Struktur-Konflikte

sind verursacht durch:

- ***destruktive Verhaltens- und Interaktionsmuster,***
- ***ungleiche Kontrolle, Eigentumsverhältnisse oder Verteilung von Ressourcen,***
- ***ungleiche Macht und Autorität,***
- ***geographische, physische oder umfeldbezogene Faktoren, welche Zusammenarbeit behindern,***
- ***Zeitzwänge.***

Mögliche Interventionen bezüglich Struktur-Konflikten:

Bestimme Rollen klar und verändere sie!
Ersetze destruktive Verhaltenmuster!
Rege an, Besitz oder Kontrolle von Ressourcen neu zu verteilen!
Führe ein faires, beidseitig akzeptables Verfahren der Entscheidungsfindung ein!
Verändere den Verhandlungsstil von Positionen - zum bedürfnisorientierten Verhandeln!
Verändere die Art der Einflussnahme der Parteien (weniger Zwang, mehr Überzeugung)!
Verändere den physischen Bereich und das Umfeld der Parteien (Nähe und Distanz)!
Schwäche den Druck von außen auf die Parteien ab!
Verändere die Zeitzwänge (mehr oder weniger Zeit)!

Quelle:
nach Moore, The Mediation Process, S. 27, San Francisco 1986.

22.4.3 Farben-Schach

Eine Übung, um auf nonverbale Art Hintergründe eines Konflikts deutlich zu machen.

Zeitbedarf
60

1. Erläutern Sie das Prinzip des Farben-Schach. Es ist eine Übung, die in der Mediation eingesetzt werden kann, wenn sich die Argumente wiederholen oder wenn deutlich wird, dass eine KonfliktpartnerIn der anderen sprachlich überlegen ist. Dazu wird ein großes Blatt Papier auf den Tisch gelegt. Jede Beteiligte wählt eine Farbe. Die MediatorIn fordert die Beteiligten auf zu zeichnen, wie sie sich in diesem Konflikt fühlen.

A beginnt etwas zu zeichnen, danach zeichnet B etwas, dann wieder A usw. Dabei bleibt es den Beteiligten überlassen, ob sie mit ihrer Zeichnung auf die Zeichnung des anderen antworten oder etwas Eigenes danebenzeichnen. C beobachtet den Vorgang und macht sich Notizen über die Art und Weise, wie gezeichnet wird, die Körperhal-
5 tung und andere nonverbale Signale.

2. Teilen Sie die Gesamtgruppe in Dreiergruppen ein und stellen Sie die Aufgabe, den LehrerInnen-Konflikt „Kaugummikauen" (Einheit 19.2) im Farben-Schach nonverbal auszutragen. Weisen Sie auf weitere Überlegungen hin: Was steckt an Wertvorstellungen, Vorstellungen über Ordnung usw. hinter dem Verhalten der beiden LehrerInnen? Wie rechtfertigen sie ihr jeweiliges Verhalten? Welche Haltung haben
5 sie gegenüber den SchülerInnen?

3. In jeder Gruppe werden nun A, B und die BeobachterIn bestimmt. Die Gruppe reflektiert noch einmal zusammen den Fall und die Positionen
10 der Konfliktparteien.

4. Auf ein Zeichen der BeobachterIn beginnt das Farben-Schach. Zuerst A, dann B usw. Dabei darf kein Wort gesprochen werden. Nach 5 Minuten wird die Übung beendet und die BeobachterIn sagt, was ihr aufgefallen ist. Die Gruppe bespricht das entstandene Bild und erörtert,
30 wie sich die Beteiligten dabei gefühlt haben.

5. In der Gesamtgruppe werden die Bilder gezeigt und erklärt.

Fragen zur Auswertung:
Sind durch das Malen neue Aspekte deutlich geworden? War es schwer, Gefühle zeichnerisch darzustellen? Wo liegen die Vorteile und
10 die Nachteile bei der nonverbalen Darstellung?

22.5 Vierte Phase: Problemlösung

22.5.1 Allgemeines

Wenn in den Phasen 2 und 3 erreicht wurde, dass die Streitenden eine Verständigung über das gemeinsame Problem erzielt und ein gewisses Verständnis für die Haltung der anderen Seite entwickelt haben, können die MediatorInnen nun zur 4. Phase - der Suche nach Lösungen - übergehen. Die Überwindung des Streits kann nur in einer gemeinsamen Anstrengung gelingen, viel eher als im Gegeneinander. Je mehr man sich bemüht, das Anliegen der Gegenseite zu berücksichtigen, desto eher kann man auch seine Anliegen voll zur Geltung bringen und Entgegenkommen erwarten.

Die MediatorInnen verständigen sich noch einmal mit den Beteiligten über die Reihenfolge der zu bearbeitenden Probleme.

Nach dieser Einigung verläuft die Arbeit in der 4. Phase in zwei Abschnitten:

1. einer möglichst kreativen Suche nach Lösungsmöglichkeiten. Dazu sollten verschiedene Methoden, auch nonverbale, eingesetzt werden.

2. einer Bewertung und Auswahl der gefundenen Lösungsmöglichkeiten und Ideen.

Wenn verschiedene Lösungsmöglichkeiten für den Konflikt aufgeschrieben sind, ist die Voraussetzung für den Übergang zur 5. Phase der Mediation - die Formulierung der Vereinbarung - geschaffen.

22.5.2 Circle-Training: Lösungen finden

Eine Übung, um verschiedene Methoden zur Lösungsfindung kennenzulernen.

Zeitbedarf **90**

1. Erläutern Sie die wesentlichen Punkte der 4. Phase und betonen Sie vor allem den ersten Abschnitt: die Suche nach Lösungen. Besprechen Sie dabei mit den TeilnehmerInnen einen Fall, der Grundlage für die verschiedenen Übungen sein soll. Nehmen Sie dazu zweckmäßigerweise den Fall „Kaugummikauen" (Einheit 19.2) oder einen Fall aus der Problemlandkarte (Einheit 5.3).

Anschließend erklären Sie kurz die drei Übungen, die gleichzeitig ablaufen. Das gemeinsame Ziel ist, möglichst viele Lösungsvorschläge für den besprochenen Fall zu finden. Und zwar jedes Mal auf eine völlig andere Weise. Diese Methoden sind:

1. Brainstorming
Genau übersetzt heißt das Gedankensturm. Zu dem angesprochenen Fall schreibt jede TeilnehmerIn jeden Vorschlag, der ihr spontan in den Sinn kommt, auf eine Karte. Dabei ist es völlig gleichgültig, ob der Vorschlag realistisch scheint oder nicht. Jede sollte mindestens 3 Vorschläge auf verschiedene Karten schreiben. Diese Karten werden auf ein großes Blatt Papier mit der Überschrift „Brainstorming" geklebt.

2. Rollenverhandeln
Ein großes Blatt Papier ist unter der Überschrift „Rollenverhandeln" von oben nach unten in drei Felder eingeteilt.

1. Dinge, die du mehr tun solltest!
2. Dinge, die du weniger tun solltest!
3. Dinge, die du so weiter tun solltest!

Bei jedem Feld liegen verschiedenfarbige Kärtchen, z.B. rot für die Partei A und blau für die Partei B. Die Gruppe überlegt nun zuerst, wie die beste Lösung für die Partei A aussehen würde. Die TeilnehmerInnen schreiben nun auf die roten Karten, was A gerne von B hätte. Danach tun sie dasselbe aus Sicht der Partei B mit den blauen Karten.

3. Vergangenheits-Zukunfts-Statue

Die Gruppe überlegt sich, wie A die Partei B in der Vergangenheit gesehen hat und wie sie sie in Zukunft gerne sehen möchte. Ein Mitglied ist das Modell für B. Sie wird nun - ohne dass gesprochen wird - von den BildhauerInnen als Vergangenheits-Statue geformt. Wenn die BildhauerInnen zufrieden sind, formen sie die Vergangenheits-Statue Schritt für Schritt zur Zukunfts-Statue um. Auf einen Wink hin nimmt Modell B wieder die Vergangenheitsform an und wandelt sich langsam
10 zur Zukunftsform. Dasselbe geschieht nun mit Modell A.

2. Teilen Sie die Gesamtgruppe nun in drei Gruppen ein. Gruppe 1 geht zu „Brainstorming", Gruppe 2 zu „Rollenverhandeln" und Gruppe 3 zu „Statue". Die Gruppen machen nun jeweils 20 Minuten die jeweilige Übung, danach wechseln sie. Gehen Sie von Gruppe zu Gruppe und leisten Sie ggf. Hilfestellung. Nehmen Sie die Statuen eventuell mit
60 Video oder einer Sofortbildkamera auf.

3. In der Gesamtgruppe werden die Ergebnisse vorgestellt. Es wird
15 darüber diskutiert, wie die einzelnen Vorschläge zu bewerten sind.

Fragen zur Auswertung:

Welche unterschiedlichen Aspekte der Problemlösung werden durch die verschiedenen Übungen betont? Was wurde bei der nonverbalen
5 Übung deutlich?

Hinweis:

Diese Übungen, die hier im Trainingszusammenhang geübt werden, gewinnen natürlich viel mehr Dynamik, wenn sie in einer Mediation eingesetzt werden. Wenn z.B. eine Konfliktpartei die andere als Statue formt.

22.5.3 Die ENI-Karte

Eine Übung, um die verschiedenen Lösungsmöglichkeiten für einen Konflikt zu prüfen und einzuordnen.

Zeitbedarf
45

1. Teilen Sie die Gesamtgruppe in Dreiergruppen ein. Jede Gruppe erhält ein großes Blatt Papier und drei verschiedene Farbstifte. Erklären Sie die Aufgabe:

ENI steht für **E**inig, **N**ichteinig und **I**rrelevant. Die Gruppen sollen nun die Lösungsmöglichkeiten, die in der Übung vorher erarbeitet wurden, diskutieren und mit verschiedenen Farben (z.B. rot für Einig, blau für Nichteinig und grün für Irrelevant) auf das große Blatt Papier schreiben. Also: Rot werden die Lösungsvorschläge geschrieben, die für beide Seiten akzeptabel sind; blau die Lösungen, die nur für eine Seite gut sind (man kann noch A oder B dazuschreiben) und grün
5 steht für Lösungen, die für nicht so wichtig gehalten werden.

Hilfsmittel:

Große Blätter und Farbstifte, so viele wie Dreiergruppen.

2. Die Gruppen arbeiten nun an der Erstellung der ENI-Karte. 20

3. In der Gesamtgruppe werden anschließend die Ergebnisse vorgestellt und verglichen. 10

Quelle:
nach: de Bono, Konflikte, Düsseldorf 1989.

Fragen zur Auswertung:
Was ist anders, wenn man, statt weiter zu diskutieren, eine solche Karte zeichnet? War es überraschend, wie unterschiedlich viele Vorschläge beurteilt wurden? 10

22.6 Fünfte Phase: Vereinbarung

22.6.1 Allgemeines

Nachdem nun die Lösungsvorschläge für den Streit erarbeitet wurden, geht es in der 5. Phase der Mediation nun darum, die Vereinbarung zu formulieren und damit den Streit zu beenden.

Die Vereinbarung sollte nicht allgemeine Absichtsbekundungen der Beteiligten, sondern konkrete Festlegungen enthalten. Es sollte genau formuliert sein, was jede Partei im Einzelnen tun wird, in welcher Form, bis wann usw.

Es ist Aufgabe der MediatorInnen, die Streitparteien noch einmal darauf hinzuweisen, dass das Ziel der Mediation nicht nur eine Kompromiss- sondern eine Konsenslösung ist. Die Lösung soll nicht gleiche Nachteile für alle Seiten, sondern möglichst viele Vorteile für alle bringen. Die MediatorInnen sollten in der 5. Phase auch nicht auf einen schnellen Abschluss dringen, sondern eher ein wenig bremsen und noch einmal zum Nachdenken anregen:

- Haben wir alle anderen Möglichkeiten ausreichend geprüft?

- Werden dadurch die Probleme wirklich gelöst?

- Haben wir die Konsequenzen dieses Vorschlags ausreichend bedacht?

- Wird die Lösung in der Realität funktionieren?

- Werden sich auch alle an die Verabredungen halten?

Wenn eine Einigung über das Lösungspaket erzielt wurde, schreibt die MediatorIn die Vereinbarung in das Einigungsformular. Nachdem die Vereinbarung aufgeschrieben wurde, wird sie den Beteiligten noch einmal vorgelesen und dann von allen unterschrieben. Jede Partei erhält ein Exemplar der Vereinbarung.

Nachdem die Arbeit nun beendet ist, können sich die KontrahentInnen die Hand geben und die MediatorInnen gratulieren ihnen.

• Einigungsformular •

Konfliktpartei A	. . . .	*Klasse*	. . . .
Konfliktpartei B	. . . .	*Klasse*	. . . .
Termin der Mediation	. . . .	*Raum*	. . . .
MediatorInnen	. . . .	*Klasse*	. . . .
	. . . .		. . . .

Worum ging es? . . . .

. . . .

. . . .

. . . .

. . . .

. . . .

Vereinbarung . . . .

. . . .

. . . .

. . . .

. . . .

. . . .

Wir nehmen die Vereinbarung an:

. . . .	. . . .	. . . .
(Konfliktpartei A)	(Konfliktpartei B)	(MediatorIn)

Eine Übung, um das Erstellen einer Vereinbarung zu trainieren.

22.6.2 Eine Vereinbarung schreiben

Zeitbedarf **45**

1. Erläutern Sie die wesentlichen Punkte der 5. Phase der Mediation und die Aufgaben der MediatorInnen. Verteilen Sie das Einigungsformular und besprechen Sie es mit der Gruppe. **10**

2. Teilen Sie die Gesamtgruppe in Dreiergruppen auf. Die Gruppen haben die Aufgabe aus den in 22.5 gefundenen Lösungsmöglichkeiten eine Vereinbarung zu schreiben. Dabei sollten sie folgende Regeln beachten:

1. Benütze eine klare, einfache Sprache!

2. Triff klare Festlegungen (wo? wie viel? usw.)!

3. Mache genaue Zeitangaben!

4. Sei ausgewogen! Alle sollten in etwa gleich viele Verpflichtungen übernehmen.

5. Benütze eine positive Sprache! Nicht „A hört auf mit ...", sondern „A wird ... tun; nicht „B muss ...", sondern „B ist bereit, ... zu tun".

Schreiben Sie diese Regeln auf ein großes Blatt Papier. **5**

3. Die Gruppen arbeiten nun eine Vereinbarung aus. **15**

4. In der Gesamtgruppe werden die Ergebnisse vorgestellt und verglichen. **15**

Quelle:
zitiert nach: Christoph Besemer, Mediation, S. 82

22.7 Die Umsetzungsphase

Mit der Unterzeichnung einer Vereinbarung ist die Mediation noch nicht abgeschlossen. Denn die Vereinbarung muss sich auch in der Praxis bewähren, damit der Konflikt wirklich in einer konstruktiven Art und Weise gelöst wird.

Die MediatorInnen sollten zum Schluss anbieten, dass sich die Konfliktparteien wieder bei ihnen melden können, wenn die Vereinbarungen nicht eingehalten werden. Eine weitere Möglichkeit ist es, von vornherein einen Termin zu vereinbaren, wo darüber gesprochen wird, wie es mit der Umsetzung geklappt hat.

Falls nötig und gewünscht wird ein neuer Mediationstermin anberaumt, um neu aufgetretene Probleme zu bearbeiten oder eine Vereinbarung neu zu formulieren.

Rollenspiel Mediation

Einheit 23

Einführung, Grundlagen

Nach den vielen Vorübungen, die den Mediationsprozess in kleine und gut überschaubare Arbeitsschritte gegliedert haben, werden jetzt die TeilnehmerInnen das Bedürfnis haben, einmal eine Mediation von Anfang bis Ende zu erproben. Die Rollenspiele in dieser Einheit geben dafür Gelegenheit.

23.1 Mediations-Rollenspiele

Zeitbedarf
55

Hilfsmittel:
Kopien der Rollenbeschreibung (für je 4 TeilnehmerInnen 1 Exemplar); Kopien der Checkliste für MediatorInnen.

Einführung

Zu den Voraussetzungen dieses Rollenspiels gehört für Sie als TrainerIn eine gründliche Reflexion der Anmerkungen zu diesem Thema. Darüber hinaus sollte Ihnen beim Mediatons-Rollenspiel klar sein: Das Rollenspiel ist keine Prüfungssituation, sondern eine Möglichkeit zu intensivem Üben. Mit einiger Wahrscheinlichkeit wird die Gruppe zu diesem Üben selbst fähig sein und im Rollenspiel und seiner Auswertung lernen, ohne dass Sie „Fehler korrigieren" müssen. Kein Vorspiel vor der Gesamtgruppe, sondern simultanes Spiel mehrerer, weitgehend eigenständiger Kleingruppen. Das bedeutet für Sie, dass Sie sich darauf beschränken können, den Prozess zu organisieren sowie auf Einhaltung der Zeiten und korrekten Ablauf zu achten. Wo Sie ausdrücklich um Rat gefragt werden, sollten Sie sich klar und sparsam äußern. Das Mediationsrollenspiel muss Selbstvertrauen und Kritikfähigkeit der TeilnehmerInnen in einem stärken. Keinesfalls dürfen sie jetzt entmutigt werden. Bei einem gewissen Vertrauen und entsprechender Vorübung kann es aber auch sinnvoll sein, ein Spiel vor der ganzen Gruppe aufzuführen.

5

1. Erklären Sie der gesamten Gruppe den ersten Fall, ähnlich wie er aus den „Allgemeinen Informationen" in der Arbeitshilfe „Mediationsrollenspiel" hervorgeht.

2. Jetzt werden in der Gruppe nach eigener Neigung der TeilnehmerInnen die Rollen verteilt. Es sollen Fünfer-Teams gebildet werden aus jeweils den beiden Streitenden, zwei MediatorInnen und einer BeobachterIn. Auch die Raumzuweisung (in welchem Zimmer spielt welches Team?) sollte in diesem Moment erfolgen.
Dann erhalten alle, die die Rolle einer Streitenden spielen werden, eine Kopie der entsprechenden Rollenbeschreibung, aber wirklich nur ihrer eigenen. Sie sollen sich einige Minuten Zeit nehmen, sich konzentriert und ohne Ablenkungen in ihre Rolle hineinzudenken und einzelne

Züge der Persönlichkeit und ihrer Lebensumstände hinzuzufantasieren. Kurz, sie sollen sich die Person plastisch ausmalen.

Die MediatorInnen haben keine eigene Rollenbeschreibung, sie kennen nur die „Allgemeinen Informationen". Sie nutzen die Zeit, um sich ihr Zimmer für die Mediation nach eigenen Vorstellungen einzurichten, also vor allem die Ordnung von Tisch und Sitzplätzen sowie die Beleuchtung zu bestimmen. Während der Mediation werden sie zur Erleichterung ihrer Arbeit ein Exemplar der Checkliste vor sich auf dem Tisch haben. 10

3. Jetzt gehen auch Streitende und BeobachterIn in das Zimmer zu „ihren" MediatorInnen. Das Rollenspiel beginnt mit dem Augenblick ihres Erscheinens an der Tür, mit der Begrüßung durch die MediatorInnen.

Die BeobachterIn sollte sich möglichst weit entfernt von den Spielenden setzen, damit ihre Gegenwart keine zusätzliche Befangenheit weckt. Die BeobachterIn macht sich Notizen zum Prozess und achtet auf Einhaltung der Zeit. 15

Feed-back und Auswertung

finden zunächst in der Kleingruppe statt. Die BeobachterIn leitet dies an, sofern Sie nicht gerade im Raum sind. Sie achtet genau darauf, dass bei allen Aussagen ersichtlich wird, ob jemand über sich in ihrer Rolle oder über sich selbst spricht. Diese zunächst vielleicht etwas mühsame Trennung ist unerlässlich, damit die TeilnehmerInnen den notwendigen Spielraum für ihre Entfaltung in den nächsten Rollenspielen gewinnen können. Dieser Spielraum entsteht durch ein sich festigendes Bewusstsein: „Ich handele im Rollenspiel nicht richtig oder falsch. Ich muss mich nicht um Bestätigung bemühen oder Strafe fürchten, sondern ich spiele die Rolle von jemandem, der in dieser und jener Weise, auch unter meiner Regie, handelt. Es wird interessant sein, das hinterher gemeinsam zu betrachten und zu analysieren."

Als erste spricht diejenige TeilnehmerIn, deren Rolle als Streitende am weitesten von ihrem eigenen Verhaltenskodex entfernt war. Danach die zweite Streitende, dann die MediatorInnen, dann die BeobachterIn. Wie ist es mir in meiner Rolle ergangen? Wie sehe ich selbst meine Rolle?

Wenn sich die allgemeine Unruhe und Aufregung etwas gelegt hat, folgt als weitere Auswertungsfrage an die Streitenden: Welche Verhaltensweisen der MediatorInnen habt ihr als hilfreich empfunden, welche nicht? Und schließlich: Welche neuen Erkenntnisse hat das Rollenspiel euch über den von euch gespielten Menschen und seine Reaktionsmöglichkeiten vermittelt? 15

Eine zweite Auswertungsphase schließt sich im Plenum an. Hier wird noch einmal zusammengetragen: Welche Verhaltensweisen der MediatorInnen haben die Streitenden als hilfreich empfunden? 10

Hinweis:

Beim ersten Mediationsrollenspiel sollten die beiden Spielphasen nach Ihrer Einschätzung bis auf 5 Minuten verkürzt werden. Die Struktur wird dadurch aber nicht berührt.

Die als Arbeitshilfe beigegebenen Rollenbeschreibungen sind als Starthilfe gedacht. Nach ihrer Struktur, die aus den Marginalien leicht abgelesen werden kann, lassen sich ohne allzu großen Aufwand andere Rollenbeschreibungen z.B. aus dem „Konfliktfundus" der Gruppe erstellen.

• Der Fall „Anna und Sahand" •

Allgemeine Information:

In der 11. Klasse eines Wirtschaftsgymnasiums gibt es einen heftigen Konflikt. Zwei der SchülerInnen, Anna und Sahand, sind seit langem zerstritten. Ihr Streit ist ein Hinweis auf das allmähliche Auseinanderfallen der Klassengemeinschaft, vielleicht sogar eine seiner Ursachen. Aber auch für die beiden ist der Leidensdruck mittlerweile recht hoch.

Nachdem Anna sich ausführlich mit einer Freundin besprochen hat, wendet sie sich an ein Mitglied der Streitschlichter-AG, die es an ihrer Schule gibt. Sie bittet darum, dass die StreitschlichterInnen ihr und Sahand behilflich sind, den Konflikt zu lösen.

Rollenkarte Anna:

Anna kommt aus einer spanischen Familie, die noch nicht lange in Deutschland lebt. Anna, die in Madrid eine gute Schülerin war und sich auf das Leben in Deutschland gefreut hatte, spricht noch nicht besonders gut Deutsch - ihre Stärke sind eher die mathematisch-naturwissenschaftlichen Fächer. Die Sprache ist ein größeres Hindernis, als sie dachte. Anna fühlt sich von ihren MitschülerInnen nicht ernst genommen - die haben noch nicht kapiert, dass sie aus einem modernen, westlichen Land kommt. Es verletzt Anna, wenn sie mit Mädchen in einen Topf geworfen wird, denen sie sich überlegen fühlt, zum Beispiel Mitschülerinnen aus Dörfern in Anatolien oder in Marokko. Besonders unangenehm benimmt sich Sahand, der keine Gelegenheit auslässt, Anna herabzusetzen. Bei dem gut aussehenden Sahand, der selbst aus einer ausländischen Familie kommt, kränkt sie das besonders.

Trotzdem lässt Anna nicht locker mit Versuchen in der Klasse die richtige Position zu erlangen. So meldet sie sich zum Beispiel, um beim Schulfest ein anspruchsvolles Gedicht vorzutragen. Anschließend muss sie erleben, wie Sahand vor der gesamten Klasse ihren Akzent und die wenigen Aussprachefehler nachäfft. Das ist für Anna zu viel. Sie bricht in Tränen aus und läuft aus dem Klassenraum.

Es gibt ein paar Mädchen in der Klasse, mit denen Anna sich gut verständigen kann. Ihnen hat sie in letzter Zeit auch davon erzählt, wie sehr sie sich gekränkt fühlt, vor allem von Sahand. Sie hat ihren Freundinnen (eigentlich sind es nur Bekannte) das Versprechen abgenommen, dass sie Sahand links liegen lassen.

Bei einem dieser Gespräche tauchte dann auch der Vorschlag mit der Mediation auf. Anna will es versuchen. Aber es ist ihr wichtig, dass sie dabei nicht als das arme ausländische Opfer dasteht - das wäre eine weitere Demütigung. Sie ist sich nicht sicher, ob es ihr gelingen wird, cool zu bleiben, denn eigentlich ist sie mit den Nerven völlig fertig.

Rollenkarte Sahand:

Sahand kommt aus einer iranischen Familie. Er ist in Deutschland geboren und spricht Hochdeutsch und außerdem den örtlichen Dialekt fast wie zwei Muttersprachen. Sahand ist ein pfiffiger Bursche, er kommt im Unterricht gut klar. Er und Eike sind die Klassenbesten. Da muss man schon aufpassen, dass man nicht als Streber gilt. Deshalb - und weil es ihm überhaupt liegt - riskiert Sahand ganz gerne oft eine große Klappe und macht viel Witze. Weil er gut aussieht und auch wirklich charmant ist, kommt das oft gut an.

Eigentlich fühlt sich Sahand in dieser Klasse wie ein Fisch im Wasser. Aber in letzter Zeit gab es Trübungen. Viele MitschülerInnen lachen nicht mehr so mit ihm wie früher und ein paar von den Mädchen scheinen ihn richtig zu schneiden. Nach der Sache beim Schulfest, wo Anna sich so aufgeregt hatte, hat Eike ihm dann zugeflüstert, er habe gehört, die Anna habe schon die halbe Klasse gegen ihn, Sahand, mobilisiert, vor allem die Mädchen. Plötzlich ist Sahand klar, was da läuft und dass er in Gefahr ist, das Opfer einer Intrige zu werden.

Auf das Mediationsverfahren will er sich einlassen, weil das vielleicht eine gute Gelegenheit ist, diesen ganzen Mist aufzudecken.

• Der Fall „Fußball" •

Allgemeine Information:

In einer vierten Grundschulklasse hat es eine größere Störung gegeben: Kazim, ein großer, kräftiger Junge, hat wiederholt den kleineren Manuel verprügelt. Die Ermahnungen der Klassenlehrerin haben nichts gefruchtet, sie erfuhr zunächst nicht einmal den Anlass der Auseinandersetzung: Erst nach der letzten Gelegenheit wurde klar, dass die Sache einen massiven Hintergrund hat, der einer Bearbeitung bedarf. Die Lehrerin bittet beide Schüler zu einem Mediationsgespräch.

Rollenkarte Kazim:

Kazim ist mit 10 Jahren einer der größten Schüler der Klasse. Seine schulischen Leistungen sind bescheiden, außer in Sport, wo er mit Einsatzfreude und Kompetenz glänzt.

Kazim ist sehr stolz, dass er seit kurzem einen echten Lederfußball hat. Den bringt er auch einige Male in die Schule mit; er freut sich über das Ansehen, das er durch den Ball gewinnt. Seit einer Woche aber ist es damit nichts mehr: Der Ball ist verschwunden. Ein Mitschüler, Manuel, hat ihn in einer Freistunde von Kazims Platz geholt, ohne um Erlaubnis zu fragen; das erfuhr Kazim von einem anderen Schüler. Seither wurde der Ball nicht mehr gesehen.

Kazim ist sich sicher, dass es wirklich Manuel ist, der den Ball weggenommen hat. Aber so sehr er ihn auch bedrängt, er bekommt nichts aus ihm heraus. Kazim schlägt kräftig zu, aber Manuel sagt kaum irgend etwas Brauchbares. Nur irgendwelches krauses Zeug, dass der Ball von jemand anderem gestohlen wurde. Das glaubt Kazim nicht, weil Manuel sich dabei so komisch benimmt.

Kazim soll von der Lehrerin zunächst einen Verweis bekommen. Da wird er aber richtig zornig, fühlt sich ganz falsch behandelt. Als sie merkt, dass die Sache komplizierter liegt, schlägt sie die Mediation vor.

Rollenkarte Manuel:

Manuel, 9 Jahre, ist zierlicher als Kazim, aber dafür wendig und schnell. Schlägereien geht er normalerweise aus dem Weg.

Manuel ist mindestens so fußballbegeistert wie Kazim, aber er hat keinen richtigen Ball. Als Kazims Ball einmal unbeaufsichtigt liegt, kann er der Versuchung nicht widerstehen und er nimmt ihn weg, um nur ein paar Minuten lang auf dem Hof damit zu kicken. Aber kaum ist er im Schulhof, da kommen drei fremde Jungs, nehmen ihm den Ball weg und verschwinden auf Nimmerwiedersehen. Manuel ist zerknirscht, versucht aber, die Sache zu vertuschen. Kazim soll nicht wissen, wer den Ball weggenommen hat.

Einer der Mitschüler aber muss den Hergang beobachtet haben; von ihm wurde Manuel etwas zugeflüstert.

Als Manuel Kazim sagte, dass er den Ball nicht mehr hat, hat der Schadenersatz von ihm verlangt – 80 Mark, so viel koste der gute Ball. Manuel weiß nicht, wie er das Geld beibringen soll – er selbst hat nur wenig Taschengeld und seine Eltern möchte er keineswegs einweihen, die würden ihn gleich verprügeln. Also hofft Manuel, dass sich die Sache irgendwie anders wieder beruhigt – um den Preis, dass er jetzt immer wieder von Kazim bedroht und geschlagen wird.

Im Grunde ist Manuel halb erleichtert, dass jetzt die Lehrerin ins Spiel kommt. Er muss nur erreichen, dass sie auf keinen Fall seinen Eltern etwas sagt.

•Der Fall „Schwierige Elternarbeit"•

Allgemeine Information:

In der Kita 0, einem Kindergarten, gibt es einen wunden Punkt: Die Elternarbeit gilt unter den ErzieherInnen als schwierig und unbefriedigend. „Elternarbeit ist nun mal die Schattenseite unserer Arbeit" ist unter den ErzieherInnen der 0 schon fast eine stehende Redewendung.

Umgekehrt gibt es auch bei einigen der Eltern Unzufriedenheit: „Eltern sind hier doch gar nicht willkommen" sagen manche und „eigentlich müsste der Kindergarten doch für uns da sein und nicht etwa umgekehrt!".

Vorgestern ereignete sich ein kleiner Eklat, als beim Abholen der Kinder am Mittag ein lautstarker Streit zwischen Frau Müller (der Mutter der kleinen Sandra in der Kuscheltier-Gruppe) und Silke Meier (Erzieherin in der Kuscheltier-Gruppe) entflammte. Die Leiterin wurde Zeugin des Wortwechsels und schlug sofort vor, für den nächsten Mittag eine Kollegin mit Mediationsausbildung aus einer benachbarten Einrichtung für ein Gespräch mit Frau Meier und Frau Müller herzubitten.

Rollenkarte Edith Müller:

Edith Müller (die Mutter der kleinen Sandra) ist 27 Jahre alt und von Beruf Sozialarbeiterin, derzeit mit einer halben Stelle. Sie ist verheiratet und hat noch ein Kind, das bereits die Schule besucht. Die Müllers sind erst vor kurzem zugezogen; das ältere Kind hat am früheren Wohnort den Kindergarten besucht.

Frau Müller interessiert sich lebhaft für die Belange ihres Kindergartenkindes und sie ist ja in dieser Beziehung bereits recht erfahren. Eigentlich würde sie sich ja in der Kita ganz gerne stärker engagieren, vielleicht im Elternbeirat, aber seit sie wieder mit einer halben Stelle arbeitet, hat sie nur noch wenig Zeit und ist froh, wenn sie Haushalt und Kinder halbwegs auf die Reihe bringt. Aber auch, wenn sie immer nur kurz zum Bringen oder Holen von Sandra in die Kita kommt, kriegt sie doch mit, dass da etwas ganz falsch läuft: Der Betrieb kapselt sich richtig nach außen ab, Eltern sind eigentlich ganz unwillkommen und werden nur im Vorbeigehen abgefertigt. Im Kindergarten ihres älteren Kindes hatte Frau Müller immer mal mit den ErzieherInnen beim Abholen noch einen Kaffee getrunken – jedenfalls war der Kontakt viel besser.

Dass die Eltern nicht gerne gesehen werden, liegt vielleicht auch daran, dass auch die Kinder dort nicht richtig geliebt werden: Die Erzieherinnen versteigen sich dazu, die Kinder richtiggehend zu bestrafen, wenn die Eltern mal einen kleinen Fehler machen. Es ist schon genug, dass Frau Müller selbst sich immer anmuffeln lassen muss, wenn sie mal ein bisschen später von der Arbeit loskommt und dann die Sandra erst um 10 nach 12 abholen kann. Die Kita wirkt auf Edith Müller wie eine Art Kinderaufbewahrung, so unpersönlich.

Vorgestern war's genug: Als Edith Müller am Mittag ein bisschen zu spät kommt, findet sie die Sandra mit Mantel und Mütze im Flur wartend vor, ausgesperrt von der Gruppe und ganz unglücklich. Frau Müller stellt die Erzieherin zur Rede – wie sie dazu kommt, das Kind zu bestrafen für etwas, wofür es gar nichts kann – da wird die Frau Meier gleich laut und behauptet, Leute wie Frau Müller würden nur den Betrieb erschweren.

Den Vorschlag der Leiterin zu einem Mediationsgespräch nimmt Frau Müller gerne an. Sie hat früher schon mal vage etwas von dieser Form der Konfliktlösung gehört und erhofft sich jetzt davon, dass sie bei diesem Gespräch ihre Beschwerden über den falschen Umgang mit den Kindern und Eltern deutlich machen kann.

• Der Fall „Schwierige Elternarbeit" •

Rollenkarte Silke Meier:

Silke Meier, die Erzieherin in der Kuscheltier Gruppe, ist 23 Jahre alt und stolz darauf, dass sie jetzt schon eine Gruppe leiten kann. Sie hat eine gründliche Ausbildung, auf die sie in Gedanken bei der Reflexion über ihren Arbeitsalltag immer wieder zurückkommt. Ihr ist klar, dass Kinder einen festen Rahmen brauchen, einen verbindlichen Zusammenhalt in der Gruppe. Wenn in der Gruppe ein ständiges Kommen und Gehen herrscht, gehen die Konzentration und der emotionale Bezug kaputt. Schade, dass viele Eltern zu egoistisch sind, um einen solchen festen Rahmen für ihr Kind zu respektieren. Da werden die Kinder einfach nach dem Stundenplan der Eltern herumgeschubst, so als sei die Kita nur eine Kinderaufbewahrung.

Besonders weit treibt's die Mutter der kleinen Sandra, die Frau Müller. Sie verhält sich, als hätte sie keine Uhr. Die ganze Kindergruppe, und vor allem natürlich Sandra, müssten sehr darunter leiden, wenn Silke Meier nicht bereit wäre, sich einen besonderen Aufwand zu machen: Damit Sandra, wenn sie morgens verspätet gebracht wird, nicht so zusammenhanglos in das Spiel der anderen hineingestoßen wird, setzt Silke sie dann erst mal mit einem Einzelspiel an einen gesonderten Tisch, bis die nächste gemeinsame Aktivität der Gruppe anfängt. Und wenn ihre Mutter das arme Kind mal wieder nicht pünktlich abholen kommt, dann macht Silke sich die Extraarbeit und zieht Sandra auch schon vollständig an – so findet sie im richtigen Moment aus der Gruppe der Ganztagskinder heraus und wird nicht durch die verspätete Abholung aus deren nächstem Spiel herausgerissen.

Als vorgestern Sandras Mutter ihr mit Vorwürfen kam, platzte Silke der Kragen und sie sagte Frau Müller mal ganz klar, was sie von ihrer ständigen Unpünktlichkeit hielt. Als ihre Vorgesetzte eingriff und eine Mediation vorschlug, fühlte sich Silke M. nicht besonders wohl, denn eigentlich stellt sie sich Elternarbeit anders vor. Aber sie kann jetzt wohl kaum nein sagen.

•Der Fall „Das Anliegen des Vaters"•

Allgemeine Information:

Annemarie Harung, 47 Jahre, ist Klassenlehrerin in einer Eingangsklasse der Danilo Dolci Schule, einer integrierten Gesamtschule. Frieder Ernst ist der Vater ihres Schülers Benjamin. Benjamin ist von seinen MitschülerInnen zum Klassensprecher gewählt.

Benjamin hat in den ersten Wochen des Schuljahres seinem Vater davon erzählt, dass Frau Harung ihm immer wieder Ordnungsaufgaben übertrage, wenn sie die Klasse während des Unterrichts verlassen muss. Herr Ernst hat daraufhin ein Telefongespräch mit Frau Harung geführt, bei dem er sich von ihr versichern ließ, dass sie durchaus die Schüler nicht zu unsolidarischem Verhalten anhalte.

Wenige Wochen später erklärt Benjamin zu Hause, Frau Harung habe ihn aufgefordert, bei ihrer Abwesenheit in der Klasse alle Störer an die Tafel zu schreiben. Herr Ernst schreibt einen Brief an die Lehrerin und bittet sie um ein Gespräch - mit einem dritten Erwachsenen gemeinsam, da offenbar bei seinem letzten (telefonischen) Gespräch ihre Verständigung unzureichend gewesen sei. Frau Harung schlägt ein gemeinsames Gespräch mit der Schulsozialarbeiterin vor, die eine Ausbildung als Mediatorin hat.

Rollenkarte Frieder Ernst:

Frieder Ernst, 42 Jahre, Buchhändler, ist verheiratet und hat vier Kinder. Er ist sozial engagiert in einer Elterninitiative zur Verkehrsberuhigung seines Wohnviertels. Herr Ernst fühlt sich in Absprache mit seiner Frau zuständig für die schulischen Angelegenheiten seiner zwei bereits schulpflichtigen Kinder. Benjamin, mit 10 Jahren der Älteste, macht ihm gelegentlich Sorgen mit seiner Neigung, andere Kinder herumzukommandieren, an die Einhaltung von Regeln zu erinnern, kurz, „den Polizisten zu spielen".

Die Danilo Dolci Schule hat Herr Ernst für seinen Sohn ausgesucht, weil er weiß, dass dort besondere Sorgfalt auf das soziale Lernen der SchülerInnen verwendet wird.

Herr Ernst ist sich nicht hundertprozentig sicher, dass sein Sohn die Vorkommnisse in der Klasse unverzerrt wiedergibt. Aber er ist kampfbereit, wenn es darum geht, dass seine Kinder pädagogisch korrekt behandelt werden sollen.

Herr Ernst nimmt sich vor, sich bei dem Gespräch mit Frau Harung so zu verhalten, dass trotz seines starken inneren Engagements seinem Sohn kein Schaden (etwa durch eine massive Feindschaft mit der Lehrerin) erwachsen kann.

Rollenkarte Annemarie Harung:

Annemarie Harung, 47 Jahre, ist mit Leib und Seele Lehrerin, und das seit langem und routiniert. Sie hat in 22 Berufsjahren manche pädagogische Neuerung kennen gelernt und ist sich sicher, dass sie sich bereits die besten der praktisch durchführbaren Konzepte angeeignet hat. Sie ist stolz darauf, dass sie ihre Klasse ohne allzu großen Aufwand im Griff hat, von den SchülerInnen respektiert wird und mit ihrer Klasse gute Leistungen erzielt.

Benjamin ist Frau Harung als ein wacher Schüler aufgefallen, eine der Stützen des Unterrichts. Zum „Petzen" würde sie ihn nicht auffordern.

Den Vater von Benjamin hat Frau Harung bereits beim ersten Elternabend erlebt als jemanden, der sich gerne profilieren möchte durch besondere Kompetenz in Sachen Fortschritt und Soziales. Solche Eltern hat sie seit einigen Jahren in jeder neuen Klasse, das kann sie nicht mehr aus der Fassung bringen.

Frau Harung nimmt sich für das Gespräch vor, dass sie sich nicht als die rückschrittliche Pädagogin vorführen lassen will, dass sie sich aber auch nicht die eingespielte Ordnung in ihrer Klasse stören lässt.

•Checkliste für MediatorInnen•

Kommunikationsrichtungen

1. Phase: Einleitung

- Vertraulichkeit zusichern
- Regeln erklären
- Ziel der Mediation verdeutlichen
- Verfahren erläutern, Rolle der MediatorInnen erklären
- nachfragen, ob alle damit einverstanden sind

Ausgangssituation

2. Phase: Sichtweise der einzelnen Konfliktparteien

- Konfliktparteien tragen Standpunkte vor
- spiegeln, zusammenfassen, wenn nötig umformulieren
- Punkte aufschreiben, Reihenfolge besprechen
- abschließend: Zusammenfassung

Kommunikation über die MediatorIn sichern

3. Phase: Konflikterhellung

- nachfragen, klären
- Motive und Gefühle herausfinden
- abschließend: Wie geht es euch jetzt? Welche Wünsche habt ihr?

Schrittweise direkte Kommunikation herstellen

4. Phase: Problemlösung

- Brainstorming
- Lösungen diskutieren und bewerten
- nach Konsens suchen

Seite an Seite nach Lösungen suchen

5. Phase: Vereinbarung

- genau formulieren
- Vereinbarung vorlesen
- alle unterschreiben

Ohne fremde Hilfe wieder miteinander auskommen

23.2 Die Interventionen

Eine Simulationsübung, die festigt, was in den Auswertungen der Rollenspiele gelernt wurde.

Zeitbedarf
ca. 45

1. Die Gruppe wird aufgeteilt in Kleingruppen à 3 TeilnehmerInnen. Die Dreiergruppen sitzen alle im selben Raum. In den Kleingruppen wird verfahren werden wie im ABC-Rollenspiel: Es gibt je eine Streitende der beiden Parteien sowie eine MediatorIn. Nach jeder Runde wechseln die Rollen.

2. Die Übung wird sich auf das zuletzt gespielte Rollenspiel beziehen. In jeder Gruppe wird eine MediatorIn bestimmt, die beiden anderen denken wir uns als die Streitenden.

Nennen Sie nun für alle Gruppen gleichzeitig eine Vorgabe. Falls zum Beispiel zuletzt die Mediation zwischen Sahand und Anna gespielt wurde, könnten Sie sagen: „Sahand sagt wütend: ‚Ich lass mich doch hier nicht vorführen!' und steht auf um zu gehen."

Der Sahand-Spieler führt das aus und nun soll die MediatorIn darauf reagieren. Sie spielt ihre Reaktion. Falls Sahand gerne möchte, geht er kurz spontan darauf ein, aber wirklich nur kurz.

Erfragen Sie anschließend von allen Gruppen reihum die Intervention der MediatorIn, also: „Was hat die MediatorIn da gemacht oder gesagt?"
10 und notieren Sie die Antworten auf einer Wandzeitung.

Nun erst geben Sie die nächste Vorgabe.

Hier ist eine kleine Ideenliste für Vorgaben an die Streitenden:
- A dreht sich zum Fenster und sagt gar nichts mehr.
- B steckt sich eine Zigarette an.
- B schlägt auf den Tisch und ruft: „Wollt ihr mich hier fertig machen, oder was?"
- A fängt an, B zu beschimpfen: „Du Schwein, genau so machst du das immer!"
- A beschuldigt die MediatorIn: „Du bist doch total voreingenommen!"
- B legt den Kopf zwischen die Arme auf den Tisch und fängt an zu schluchzen.
- A sagt: „Ich sag jetzt besser gar nichts mehr."

n x 3
- B steht auf und fängt an, im Zimmer auf und ab zu gehen.

3. Auf der Wandzeitung steht jetzt mittlerweile eine ganze Liste mit den Interventionen, die die TeilnehmerInnen in der Simulation angebracht haben. Gehen Sie diese Liste mit den TeilnehmerInnen durch, besprechen Sie Ähnlichkeiten und Unterschiede zwischen den einzelnen Formen und fragen Sie nach Alternativen. Versuchen Sie auch, wenn möglich, einen Bezug herzustellen zu den Interventionsformen,
10 die beim „Circle-Training Interventionen" (22.4.2) genannt wurden.

Auswertung:
Hattet ihr euch das vorher gedacht, dass ihr eine solche Vielfalt von Interventionen beherrscht? War euch klar, dass ihr jetzt schon so viel
5 könnt?

BAUSTEIN 7

PEER-GROUP-EDUCATION

Ziele:

- *Klären, warum Jugendliche in ihrem Konfliktverhalten von anderen Jugendlichen lernen.*
- *Erfahren, wie der Prozess der Weitergabe an andere Jugendliche aussehen kann.*
- *Überblick bekommen, wie der Aufbau eines Projektes der Peer-Group-Education geplant werden kann.*

Einheit 24: Was ist Peer-Group-Education?

Hier wird ein Begriff von PGE durch die TeilnehmerInnen selbst erarbeitet, auf ihren eigenen Erfahrungen basierend.

Einheit 25: Problemlöser

Es gibt Probleme bei Jugendlichen, auf die Erwachsene praktisch keinen Zugriff haben. Dies sollten Jugendliche sich klarmachen, um das notwendige Selbstbewusstsein entwickeln zu können, dass sie selbst in der Lage sind, ihre Probleme zu lösen.

Einheit 26: Schritt für Schritt

Die TeilnehmerInnen entwickeln, auf ihre eigenen Bedürfnisse zugeschnitten, PGE-Projekte - und Sie unterstützen sie dabei.

? *Fragen*

- ***Was haben Sie als Jugendlicher von Erwachsenen gelernt? (10 Nennungen)***
- ***Was haben Sie als Jugendlicher von anderen Jugendlichen gelernt? (10 Nennungen)***
- ***Glauben Sie an Erziehung?***

Einleitung

Einen Streit schlichten zu können ist eine Sache - die Streitschlichtung zu einer Leistung von SchülerInnen für andere SchülerInnen zu machen ist eine andere.

Zu unserem Anspruch „Konflikte selber lösen" gehört auch, dass wir lernen, konstruktive Konfliktlösung zu einem Besitz der SchülerInnen zu machen, den sie handhaben können, ohne auf Erwachsene angewiesen zu sein. Die Unterstützung durch Erwachsene ist sicher nicht zu verachten - aber wie stellen Jugendliche es an, dass sie die Sache selbst im Griff haben? Dabei sind nicht alleine organisatorische Schwierigkeiten zu überwinden, sondern es geht auch um Fragen der Glaubwürdigkeit und des Durchsetzungsvermögens. Es ist vielleicht beruhigend, dass all dies von den TeilnehmerInnen nicht „irgendwie" selbst gebastelt werden muss, sondern dass es bereits erprobte Methoden und Techniken für diese Formen der selbstbestimmten Jugendarbeit gibt. Einiges davon vermitteln wir hier.

Einheit 24

Was ist Peer-Group-Education?

Einführung, Grundlagen

Erziehung wird zumeist nur unter dem Gesichtspunkt betrachtet, wie Erwachsene auf Kinder und Jugendliche pädagogisch einwirken. Der Gesichtspunkt, dass Kinder und Jugendliche voneinander lernen, findet sich nur in wenigen pädagogischen Konzeptionen und noch seltener im Alltag der Schulen, Kinder- und Jugendeinrichtungen. Dabei zeigen die Ergebnisse der Jugendforschung seit langem, dass Kinder und Jugendliche - gerade wenn es um Grundeinstellungen und Verhalten geht - sehr viel mehr von ihrer „Peer-Group", also von Gleichaltrigen, lernen als von Erwachsenen.

Ziel der Einheit 24 ist es, die Frage zu thematisieren, was Jugendliche von Erwachsenen und von Gleichaltrigen lernen, und damit eine Grundlage für die Diskussion zu schaffen, wo der Einsatz von Peer-Group-Education sinnvoll ist und wo nicht.

Ein Opener zur Eröffnung der Diskussion um Peer-Group-Education.

24.1 Meinungsbarometer: Von wem lernen wir was?

Zeitbedarf 30

1. Der Raum wird durch eine vereinbarte Markierung in zwei Hälften unterteilt. Die Frage lautet: Von wem lernen wir was? Die Position auf der einen Seite bedeutet: „von Gleichaltrigen", die Position auf der anderen Seite: „von Erwachsenen". In der Mitte: „unentschieden" oder: „teils-teils".

2. Erläuterung für die TeilnehmerInnen:

„Ich werde euch nacheinander kurze Statements vorlesen. Überlegt bitte bei jeder Aussage, ob Kinder und Jugendliche dies eher von Gleichaltrigen oder von Erwachsenen lernen. Wenn ihr der Meinung

seid, sie lernen das eher von Gleichaltrigen, dann stellt euch auf diese Seite des Raumes. Wenn ihr der Meinung seid, sie lernen dies eher von Erwachsenen, dann stellt euch auf die andere Seite des Raumes. Wenn ihr euch nicht entscheiden könnt, stellt euch in die Mitte. Ihr könnt auch jede andere Position dazwischen wählen, wenn ihr mehr zur einen oder anderen Position neigt. Wenn ihr euch nach jedem Statement aufgestellt habt, frage ich einige, warum sie diese oder jene Position
5 gewählt haben."

3. Lesen Sie nacheinander die 10 Statements vor und fordern Sie die TeilnehmerInnen auf, den ihrer Meinung entsprechenden Platz einzunehmen. Fragen Sie dann einige der TeilnehmerInnen, warum sie die
20 jeweilige Position gewählt haben.

Feed-back und Auswertung:
War es leicht oder schwierig, eine Position zu finden? Bei welchen
5 Statements konntet ihr euch schnell entscheiden, bei welchen nicht?

Statement-Katalog zum Meinungsbarometer:

•Von wem lernen wir was?•

Lernen wir mehr von Erwachsenen oder von Gleichaltrigen ...

- wie wir eine schwierige Aufgabe in Mathematik lösen?
- in welcher Disco es die beste Musik gibt?
- welche Kleidung angesagt ist?
- wie man sich in einem guten Restaurant benimmt?
- wie man sich am besten auf eine schwierige Arbeit in der Schule vorbereitet?
- wie man sich in einer fremden Stadt zurechtfindet?
- wie man einen Jungen/ein Mädchen, der/die einem gefällt, am geschicktesten kennen lernt?
- wie man mit Alkohol umgeht?
- worauf es in einer Beziehung ankommt?
- wie man einen Nebenjob zur Aufbesserung des Taschengeldes findet?

Diese Übung bietet einleuchtend und einprägsam die Begründung für die Notwendigkeit von Peer-Group-Education.

24.2 Was habe ich von wem gelernt?

Zeitbedarf
60

1. Erfragen Sie im Rahmen eines einführenden kurzen Gesprächs von den TeilnehmerInnen, von welchen Erwachsenen und von welchen Gleichaltrigen sie als Kinder und Jugendliche bislang gelernt haben. Durch diese Einführung wird der Rahmen für die Antworten in den darauf folgenden Teilen der Übung breiter. **5**

2. Verteilen Sie nun an jede TeilnehmerIn ein Blatt Papier. Es wird durch eine senkrechte Linie in zwei lange Spalten eingeteilt. In die erste Spalte schreiben sie 10 Dinge, die sie als Kinder oder Jugendliche von Erwachsenen gelernt haben. Anschließend schreiben sie in die zweite Spalte 10 Dinge, die sie als Kinder oder Jugendliche von etwa Gleichaltrigen gelernt haben. **15**

3. Lassen Sie sich durch Zuruf Beispiele aus der ersten Spalte nennen. Schreiben Sie sie auf eine Wandzeitung. Etwa 30 Nennungen werden genügen. **5**

Beim gemeinsamen Gespräch über den Inhalt dieser Wandzeitung stellt sich heraus: Es handelt sich bis auf wenige Ausnahmen um Dinge aus den drei Kategorien: „Regeln", „Grundwerte" und „Wissen/erste Fertigkeiten". Dass sich eine solche Einteilung ergibt, lässt sich durch verschiedenfarbige Unterstreichung der Nennungen verdeutlichen. Danach sollten diese drei Kategorien auch namentlich groß auf die Wandzeitung geschrieben werden, jeweils in der Farbe der zugehörigen Unterstreichungen. Den „Regeln" und „Grundwerten" gilt unser Hauptaugenmerk, sie werden anhand des Materials, das von den TeilnehmerInnen selbst kam, so lange besprochen, bis wirklich allen TeilnehmerInnen klar ist, wie diese Kategorien aufgebaut sind.

10

4. Nach demselben Muster wird eine zweite Wandzeitung über Dinge erstellt, welche die TeilnehmerInnen von Gleichaltrigen gelernt hatten. Dabei ergeben sich die Kategorien: „Regeln brechen", „konkrete Ausgestaltung von Beziehungen" und „Freizeitgestaltung". Auch hier sollten die beiden ersten Kategorien eingehend besprochen werden.

5. Im nächsten Gesprächsteil werden die Konsequenzen überlegt: Wie ist es zum Beispiel mit Drogen-Missbrauch? Er gehört in die Kategorie „Regeln brechen". Was bedeutet das für die Drogen-Prävention? Welche Chancen der Einwirkung haben hier Erwachsene und welche Chancen haben andere Jugendliche? **15**

Wie steht es mit konstruktiver Konfliktlösung? Gewalttätige Konflikte sind sicher meist ein Regelbruch. Und die konstruktive Lösung gehört zur konkreten Ausgestaltung von Beziehungen ... Oder das Thema „AIDS". Es gibt die von Erwachsenen aufgestellte Regel, Kondome zu verwenden - aber diese Regel greift in die konkrete Ausgestaltung von Beziehungen ein. Wer hat hier die besten Chancen, Verhaltensänderungen bei Jugendlichen zu erreichen? **10**

Hinweis:
Bei Gruppen mit 10 oder weniger TeilnehmerInnen bietet es sich an, statt der Listen einzelne Kärtchen schreiben zu lassen, farblich unterschiedlich für die beiden Wandzeitungen, die dann durch gemeinsames Ordnen und Clustern der Kärtchen entstehen. Allerdings sind dann bei der kleinen Gruppe auch nur 5 Nennungen pro Person für jeden der beiden Teile handhabbar.

24.3 Wie die Medien über Kinder und Jugendliche berichten

Eine Übung, um die gängigen Vorurteile und Meinungen über „die Jugend" deutlich zu machen.

Zeitbedarf
45

1. Teilen Sie die Gesamtgruppe in Kleingruppen auf und erläutern Sie die Aufgabe: Jede Gruppe erhält mehrere Zeitungen und Zeitschriften. Die Gruppe hat die Aufgabe, diese Zeitungen durchzusehen und Artikel auszuschneiden, in denen über Kinder und Jugendliche geschrieben wird. Die gefundenen Artikel sollen gemeinsam besprochen werden.

Fragen dazu sind:

- Über welche Dinge wird vorwiegend berichtet?
- Welche Haltung haben die Journalisten, die diese Artikel geschrieben haben, gegenüber Kindern und Jugendlichen?
- Unterscheiden sich die Artikel oder sind alle gleich?
- Wird über verschiedene Gruppen von Jugendlichen unterschiedlich berichtet?

Anschließend soll jede Gruppe eine Collage mit den Artikeln und eigenen Meinungsäußerungen zum Thema „Wie Kinder und Jugendliche
5 che in den Medien dargestellt werden" erstellen.

30 2. Die Gruppen beschäftigen sich mit den Aufgaben.

3. In der Gesamtgruppe werden die Ergebnisse besprochen. Fragen zur Auswertung sind: Was fällt euch besonders an den Artikeln auf? Haben alle Erwachsenen derartige Positionen? Warum verbreiten Zei-
10 tungen oft solche einseitigen Meldungen?

Eine Diskussionsübung, um sich mit einseitigen Meinungen besser auseinander setzen zu können.

24.4 Meinungskarten: Wie Erwachsene Kinder und Jugendliche sehen

Zeitbedarf **60**

1. Teilen Sie die Gesamtgruppe in Kleingruppen auf und erläutern Sie die Aufgabe:

a. Gemeinsam die Meinungskarten nach „richtig" oder „falsch" sortieren. Dabei sollte so lange diskutiert werden, bis 2/3 der Gruppe der Zuordnung zustimmen.

b. Für die als „falsch" bezeichneten Meinungen Gegenargumente finden. **5**

2. Jede Gruppe erhält 10 Meinungskarten. In der Gruppe nimmt eine TeilnehmerIn nach der anderen eine Meinungskarte auf und liest sie laut vor. Sie macht einen Vorschlag, ob sie auf den Stapel „richtig" oder „falsch" gelegt wird. Darüber diskutiert die Gruppe, bis mindestens 2/3 der TeilnehmerInnen einer Meinung zustimmen. **20**

3. Der Stapel „richtig" wird weggelegt und die Gruppe beschäftigt sich mit den Meinungskarten, die auf dem Stapel „falsch" liegen. Diese Karten werden in einem gewissen Abstand auf ein großes Blatt Papier geklebt. Die Gruppe diskutiert nun der Reihe nach über die „falschen" Meinungen und sammelt Gegenargumente. Für jede „falsche" Meinung sollen mindestens zwei Gegenargumente gefunden werden. Diese Gegenargumente werden nun neben die aufgeklebte Meinungskarte geschrieben. **20**

4. In der Gesamtgruppe werden die Ergebnisse vorgestellt und besprochen. **10**

Feed-back und Auswertung:
Warum war es so schwer, manche Meinung als richtig oder falsch einzuordnen? Ist es euch leicht gefallen, Gegenargumente zu finden? **5**

• Meinungskarten •

Jugendliche nehmen nur von der Gesellschaft, aber sie sind nicht bereit, etwas für die Gemeinschaft zu tun.	Es ist für Kinder und Jugendliche wichtig zu erkennen, dass es im Leben immer Probleme gibt und dass auch sie eine Verantwortung haben, etwas zur Lösung dieser Probleme beizutragen.	Jugendliche haben sowieso die Meinung, es sei verlorene Zeit, mit Erwachsenen zu reden.	Du musst erst lernen, dich selber zu lieben, bevor du andere lieben kannst.

• Meinungskarten •

Du kannst nicht erwarten, dass sich alle nach dir richten.	Es ist das Beste so zu leben, wie die Freunde/Freundinnen das tun.	Irgend jemand wird dir immer helfen, wenn du in Schwierigkeiten bist.	Wenn Jugendliche zusammen sind, machen sie nur Unsinn.

•Meinungskarten•

Jugendliche sollten so leben, wie es ihrer individuellen Persönlichkeit entspricht, und sich nicht ständig nach andern richten.	Jugendliche sollten sich um Schule und Ausbildung kümmern und nicht um Politik. Das ist Sache der Erwachsenen.

Einheit 25

Problemlöser

	Einführung, Grundlagen	
	Warm-up	10 Minuten
25.1	Im Alltag	60 Minuten
25.2	Die Angebot-Nachfrage-Liste	45 Minuten
25.3	Zukunftswerkstatt	3-6 Stunden

Einführung, Grundlagen

Peer-Group-Education als pädagogische Konzeption setzt ganz bewusst auf die Fähigkeiten von Kindern und Jugendlichen, voneinander zu lernen. Kinder und Jugendliche werden nicht als Problemverursacher, sondern als Problemlöser angesprochen.

Ziel der Einheit 25 ist es, diese Problemlösungskompetenz von Kindern und Jugendlichen gezielt anzusprechen und zu fördern.

25.1 Im Alltag

Eine Übung, um bewusst zu machen, dass Kinder und Jugendliche im Umgang miteinander - quasi informell - ständig Formen von Peer-Group-Education anwenden.

Zeitbedarf 60

1. Sprechen Sie mit den TeilnehmerInnen darüber, bei welchen Gelegenheiten sie sich gegenseitig helfen oder Rat geben, ohne dass dies in irgendeiner Weise geplant ist. Erläutern Sie den Begriff „informelle Peer-Group-Education". 5

2. Teilen Sie die Gesamtgruppe in Dreiergruppen auf. Jede Gruppe erhält 3 Situationskarten und den Reaktions-Katalog. 5

3. Die Gruppe diskutiert nun die auf den Karten beschriebenen Situationen nacheinander und prüft, welche Reaktion angemessen wäre. Wenn keine der beschriebenen Reaktionen sinnvoll erscheint, sollte die Gruppe den Reaktions-Katalog einfach erweitern.

Die Gruppe spielt nun die erste Situation. Dabei spielt eine TeilnehmerIn die Person A, die andere die Person B. Die dritte übernimmt die Rolle der BeobachterIn.

Nachdem die Szene gespielt ist, fragt die BeobachterIn die beiden, wie sie sich bei dem Spiel gefühlt haben und sagt ihre Meinung dazu,

- ob die Reaktion angemessen und sinnvoll war und
- welche anderen Möglichkeiten es vielleicht gegeben hätte. 20

4. Mit veränderten Rollen werden die anderen beiden Situationen durchgespielt und besprochen. 30

Feed-back und Auswertung:
Wie habt ihr euch in den Spielsituationen gefühlt? Fallen euch weitere Situationen ein, wo ihr spontan versucht habt, anderen zu helfen oder ihnen einen Rat zu geben? Welche Personen waren das? Bei welchen Gelegenheiten habt ihr entschieden, nichts zu tun?

• Situationskarten •

1. Du hörst, wie ein guter Freund in einer anderen Gruppe einen üblen ausländerfeindlichen Witz erzählt.

2. Ein Junge, den du nur flüchtig kennst, ist auf derselben Party wie du. Du siehst ihn später auf einer Treppe sitzen. Es sieht so aus, als ob er weint.

3. Eine Freundin hat gerade ihren Führerschein gemacht und sich von ihren Eltern das Auto geliehen. Auf einer Party hat sie ziemlich viel Alkohol getrunken und will nun noch in eine Disco fahren.

• Situationskarten •

4. Bei einer Diskussion im Freundeskreis über AIDS erzählt jemand, wie man AIDS bekommen kann. Du weißt, dass diese Information faktisch völlig falsch ist.

5. Dein Freund gibt ziemlich an, weil er für eine gute Mathematikarbeit von der Lehrerin sehr gelobt wurde. Du weißt, dass er diese Arbeit bei einem anderen abgeschrieben hat.

6. Eine Freundin fehlt sehr häufig in der Schule. Sie bringt aber immer Entschuldigungen. Du weißt, dass sie die Unterschrift ihrer Mutter fälscht.

• Reaktionskatalog •

- Sage nur etwas, wenn du direkt gefragt wirst.
- Frage, ob du helfen kannst.
- Nimm die Person in den Arm.
- Widersprich und sage warum.
- Frage, wie es ihm/ihr geht und höre zu.
- Mach mit, um Schlimmeres zu verhindern.
- Geh' lieber weg, damit du nichts damit zu tun hast.
- Sage deine Meinung, auch wenn der-/diejenige sie nicht hören will.

Eine Übung, um die individuellen Fähigkeiten und Unterstützungswünsche in einer Gruppe deutlich zu machen.

25.2 Die Angebot-Nachfrage-Liste

Zeitbedarf **45**

1. Teilen Sie die Gesamtgruppe in Dreiergruppen auf und erläutern Sie die Aufgabe:

Jede TeilnehmerIn soll sich überlegen,

a) welche Fähigkeiten, Kenntnisse, Interessen, Erfahrungen usw. sie hat, mit denen sie anderen helfen könnte.

b) welche Wünsche, Interessen, Probleme usw. sie hat, bei denen sie gerne Hilfe und Unterstützung von anderen hätte. **5**

2. In der Gruppe spricht nun jede darüber, was sie kann, also anzubieten hat, und wo sie gerne Unterstützung hätte. Jede Gruppe erhält blaue Karten für die „Angebote" und rote Karten für die „Nachfrage". Jede TeilnehmerIn sollte am Ende der Diskussion in der Gruppe für jede Kategorie mindestens zwei Karten ausfüllen. **10**

3. In der Gesamtgruppe werden die Ergebnisse besprochen. Hängen Sie dazu ein großes Blatt Papier auf, das durch einen Strich in zwei Hälften geteilt ist. In der einen Spalte steht „Angebot", in der anderen „Nachfrage". Die TeilnehmerInnen nennen nun zuerst die Angebote und kleben die blauen Karten untereinander in die Angebote-Spalte. Die roten Karten werden in die Nachfrage-Spalte geklebt.

Gemeinsam wird jetzt über das Gesamtbild diskutiert. Wo „Angebote" einer „Nachfrage" entsprechen, werden sie mit Strichen verbunden. **15**

4. Die TeilnehmerInnen, die zueinander passende Angebote und Nachfragen angegeben haben, finden sich in Kleingruppen zusammen. In diesen Gruppen werden die jeweiligen Interessen und Wünsche, evtl. auch eine mögliche weitere Zusammenarbeit besprochen. **10**

Feed-back und Auswertung:
Habt Ihr gewusst, wie vielfältig die Angebote und Wünsche in eurer Gruppe sind? Habt ihr ein Interesse daran, anderen zu helfen oder euch helfen zu lassen? **5**

25.3 Zukunftswerkstatt

Zeitbedarf
3-6 Stunden

Eine Übung, um die Felder und Aufgabengebiete für Peer-Group-Education-Projekte zu bestimmen.

25.3.1 Allgemeines

Zukunftswerkstätten sind eine Veranstaltungsform, die von dem Zukunftsforscher Robert Jungk entwickelt wurde. Sie wird seit mehr als 20 Jahren in den verschiedensten Bereichen angewandt, um neue Ideen und Arbeitsansätze zu entwickeln. (siehe Robert Jungk/Norbert Müllert: Zukunftswerkstätten, München 1989)

Das Grundmodell der Zukunftswerkstatt ist folgendermaßen aufgebaut:

Vorbereitungsphase

Kritikphase

Fantasiephase

Verwirklichungsphase

Projektentwicklungsphase

Diese Arbeitsschritte bilden das Grundmuster für Veranstaltungen und Seminare in Schulen und Jugendeinrichtungen, die das Ziel haben, Lösungen für bestimmte Probleme und Ansatzpunkte für neue Projekte zu finden.

25.3.2 Planung einer Zukunftswerkstatt

Bei der Planung einer Zukunftswerkstatt sollten Sie Folgendes beachten:

1. In der Vorbereitungsphase muss eine sorgfältige Klärung erfolgen, welche Themen bei der Zukunftswerkstatt im Mittelpunkt stehen und für welche Bereiche Projekte entwickelt werden sollten.

2. In den drei Hauptphasen kann sehr gut mit den Methoden gearbeitet werden, die in diesem Trainingsprogramm schon an anderer Stelle beschrieben sind.

So kann in der Kritikphase z.B. eine Problemlandkarte erstellt oder ein Konflikt-Atlas gezeichnet werden. Wichtig ist dabei, dass am Ende der Kritikphase eine möglichst klare und eingegrenzte Bestimmung der zu behandelnden Probleme erarbeitet wird.

3. In der Fantasiephase können folgende Methoden eingesetzt werden:

a) Umformulieren der Problembestimmung in ein positives Ziel. Diese Übung ist nicht ganz einfach. Sie sollte an einem Beispiel erläutert und in Kleingruppenarbeit umgesetzt werden.

b) Brainstorming (siehe 22.5.2)

c) Sinnvoll sind auch nonverbale Übungsformen wie „Statuen modellieren" (siehe 22.5.2) oder Zeichnungen/Collagen herstellen.

d) In dieser Phase ist es auch hilfreich mit Spielen, Fantasiereisen oder Erzählungen eine veränderte Atmosphäre zu schaffen.

Entscheidend ist, dass am Ende der Fantasiephase die Träume und Wünsche der TeilnehmerInnen - bezogen auf die angesprochenen Probleme - deutlich zum Ausdruck kommen.

4. In der Verwirklichungsphase geht es darum, ausgehend von der Problembestimmung und den Fantasievorstellungen eine konkrete Projektplanung zu entwickeln. Dazu sind folgende Schritte sinnvoll:

a) Entwickeln von Projektideen – am besten in Kleingruppenarbeit.

b) Realitätsprüfung der entwickelten Projektideen:

- ***Was bedeuten die Vorschläge für die Gruppe?***
- ***Wer muss angesprochen werden?***
- ***Welche Hindernisse gibt es?***
- ***Wie viel Arbeit kommt auf uns zu?***

5. Wenn so durch die Zukunftswerkstatt die Themen erarbeitet und die Projekte gefunden wurden, kann man in die „Schritt für Schritt"-Planung eines Peer-Group-Education-Projektes einsteigen.

Schritt für Schritt – Das Streit-Schlichter-Programm

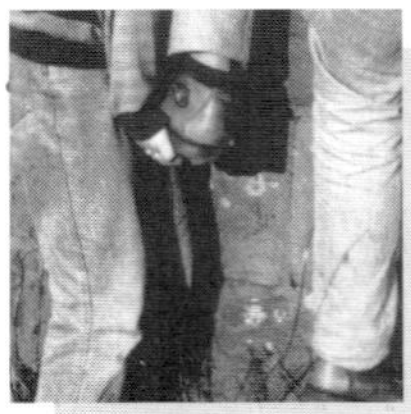

Einführung

Ziel der Einheit 26 ist es, die wichtigsten Schritte für die Entwicklung eines Peer-Group-Education-Projektes übersichtlich darzustellen. Dies wird am Beispiel der Einführung des Streit-Schlichter-Programms an einer Schule dargestellt. Die inhaltliche Basis dafür ist Peer-Mediation, also das in den bisherigen Bausteinen entwickelte Programm, um Schülerinnen und Schüler zu befähigen, in Konflikten von Gleichaltrigen zu vermitteln.

26.1 Vorbereitung und Programmdesign

Bei der Vorbereitung eines PGE-Projekts sollten folgende Punkte beachtet werden:

1. Mit welchen Problemlagen wollen wir uns auseinander setzen?

2. Welche Zielvorstellungen haben wir?

Die Beschreibung der Problemlagen und der Ziele sollte möglichst konkret und klar sein. Um dies deutlich zu machen, wird ein „Szenario" formuliert. Als Szenario bezeichnen wir eine möglichst genaue Beschreibung des durch das Projekt zu erreichenden Zustandes. Die Formulierung des Szenarios ist eine Methode aus dem Projektmanagement. Sie ist ein Hilfsmittel, um die Projektziele möglichst eindeutig und überprüfbar zu formulieren.

Das Szenario für die Einführung des Streit-Schlichter-Programms an einer Schule könnte lauten:

„Im Rahmen der weiteren Entwicklung einer Sozialkultur an der .....-Schule wird eine Streit-Schlichter-AG eingerichtet. Diese AG besteht aus Schülerinnen und Schülern, die in der Lage sind, Konflikte an der

Schule unter Anwendung der Mediation zu vermitteln. Sie sind auch in der Lage, in Gruppen und Klassen Formen konstruktiver Konfliktbearbeitung zu vermitteln. Die AG wird von einer Lehrkraft als ‚Coach' ständig betreut."

3. Was ist die inhaltliche Grundlage des Programms und welche Methoden werden zur Erreichung der Ziele eingesetzt?

4. Welche Voraussetzungen sind vorhanden?

In unserem Fall geht es darum, einzuschätzen, wie bisher an der Schule mit Konflikten umgegangen und in welcher Weise die Selbsttätigkeit der Schülerinnen und Schüler gefördert wurde. Und natürlich, inwiefern die Lehrerinnen und Lehrer bereit sind, Konflikte konstruktiv zu lösen, Störungen zu beachten und vorrangig zu behandeln, die Selbstachtung der Schülerinnen und Schüler zu fördern und sie in Entscheidungsprozesse einzubeziehen. Von der Beantwortung dieser Fragen hängt auch ab, wie viel Zeit für die Information und Motivation an der Schule eingeplant werden muss.

5. Wo ist der Platz einer Streit-Schlichter-AG im Schulleben?

Dazu ist eine genaue Klärung der Aufgaben und Einsatzmöglichkeiten der Gruppe im Schulalltag notwendig. Dabei muss auch geklärt werden, welche anderen Konfliktlösungsmechanismen an der Schule eingesetzt werden, und in welcher Beziehung zueinander diese Möglichkeiten stehen.

6. In welcher Form und wann werden LehrerInnen, Eltern und SchülerInnen informiert?

Dazu sollte ein Zeitplan mit den entsprechenden Gesprächen, Veranstaltungen, Informationsschreiben usw. erstellt werden.

26.2 Zusammensetzung der Gruppe

Es ist eine allgemeine Erfahrung, dass Menschen schneller eine Beziehung zu Personen entwickeln, die ihnen ähnlich sind, die „ihre Sprache" sprechen. Dies gilt besonders für Kinder und Jugendliche. Deshalb sollte bei der Zusammensetzung der Gruppe für PGE-Projekte nicht nur das Alter der TeilnehmerInnen berücksichtigt werden. Wenn z.B. in einer Klasse oder Gruppe überwiegend ausländische Jugendliche sind, dann sollte die „Peer-Educator"-Gruppe ebenfalls aus ausländischen Jugendlichen zusammengesetzt sein.

Vor allem dürfen die Kriterien für die Mitarbeit in der Gruppe nicht ausschließlich „erwachsenendefiniert" sein. Nicht formale Qualifikationen oder Wohlverhalten sind die entscheidenden Punkte. Wesentlich ist, welche Kinder und Jugendliche in der Gruppe anerkannt sind und entsprechend auch Einfluss nehmen können. Und das sind manchmal gerade diejenigen, die als „schwierig" gelten. Kriterien sind also neben der Fähigkeit zur Vermittlung auch die Nähe der Mitglieder der PGE-Gruppe in Alter, Geschlecht, ethnischer Zugehörigkeit usw. zu der anzusprechenden Zielgruppe.

Bei der Zusammensetzung der Streit-Schlichter-Gruppe sollte daher gründlich überlegt werden, welche Schülerinnen und Schüler sowohl Fähigkeiten zur Vermittlung in Konflikten als auch eine Akzeptanz in der SchülerInnengruppe besitzen.

Daher sollten Sie die Teilnahme nicht einfach nur ausschreiben und auf die Meldungen warten, sondern auch gezielt auf Kinder und Jugendliche zugehen, die in den Problemgruppen eine hohe Akzeptanz haben. Damit vermeiden Sie die Gefahr, dass die Mitglieder der Gruppe nur wenig Bezug zu den Schülerinnen und Schülern haben, mit denen sie dann arbeiten sollen.

In der Regel sollte die Streit-Schlichter-AG altersgemischt, sozialgemischt, geschlechtsgemischt und ethnisch gemischt sein. Eine günstige Gruppengröße ist 8 bis12 Personen.

26.3. Training

Je nach der Zusammensetzung der Gruppe und der Zeit, die zur Verfügung steht, sollte ein Trainingsprogramm aus den Bausteinen dieses Programms zusammengestellt werden.

Am sinnvollsten ist es, eine Woche durchgehend mit der Gruppe in einer Bildungsstätte zu arbeiten.

Auf jeden Fall sollten Sie darauf achten, dass für das Training des Mediationsgesprächs mindestens zwei zusammenhängende Tage zur Verfügung stehen.

Es ist für Schulen auf jeden Fall sinnvoll, eine außerschulische Bildungseinrichtung zu gewinnen.

26.4 Unterstützung

In PGE-Projekten übernehmen Kinder und Jugendliche oft verantwortungsvolle Aufgaben und können - gerade beim Umgang mit Konflikten - schnell in schwierige Situationen kommen. Deshalb müssen von vornherein die „support-systems", also die verschiedenen Ebenen der Unterstützung festgelegt werden.

Für die Streit-Schlichter-AG ist es entscheidend, dass sie in folgenden Bereichen unterstützt wird:

1. Akzeptanz in der Schulöffentlichkeit:

Es muss gesichert sein, dass Schulleitung, Lehrerkollegium, Elternbeirat und SchülerInnenvertretung über die Tätigkeit der Streit-Schlichter-AG informiert sind und ihrer Arbeit positiv gegenüberstehen. Das Gefühl, eine an der Schule wichtige und akzeptierte Aufgabe zu erfüllen, ist eine gute Voraussetzung für die MediatorInnen.

2. Gesicherter Platz im Schulleben:

Es muss geklärt sein, wann die Streit-Schlichter-AG sich treffen kann und welcher Raum für Gespräche zur Verfügung steht. Wichtig ist auch, innerhalb des Kollegiums zu klären, wie bei aktuellen Anlässen Absprachen mit den jeweiligen Fach- und KlassenlehrerInnen erfolgen.

3. Die Rolle des „Coach":

Die Streit-Schlichter-AG muss ständig durch eine Lehrkraft betreut werden, die ihre Arbeit als Coach begleitet. Dazu sollte die entsprechende Lehrkraft eine Deputatszuweisung von 2 bis 3 Stunden bekommen. Zur Rolle des Coach siehe Einheit 27.

4. Begleitendes Training durch eine außerschulische Institution.

26.5 Durchführung und Mangement

Für eine erfolgreiche Arbeit in einem PGE-Projekt ist es auch wichtig, die einzelnen Elemente in der Arbeit klar zu strukturieren.

Für die Streit-Schlichter-AG sind das folgende Fragen:

1. Wer kann sich an die Streit-Schlichter-AG wenden?

Natürlich in erster Linie die Schülerinnen und Schüler, die einen Konflikt haben und Hilfe zur Klärung suchen. Darüber hinaus aber auch andere SchülerInnen oder LehrerInnen, die einen Konflikt miterleben oder in ihrer Klasse feststellen.

2. Wer führt die Mediation durch?

Innerhalb der Gruppe werden die Fälle besprochen. Es wird jeweils festgelegt, wer die Mediation durchführt. Ein wichtiger Gesichtspunkt ist dabei die oben besprochene „Nähe" zu den Konfliktparteien.

Wichtig ist auch, dass der Coach bei den Vor- und Nachgesprächen dabei ist, aber nicht bei der Mediation. Diese führen die Schülerinnen und Schüler alleine durch.

3. Wie wird mit den Ergebnissen umgegangen?

Bei den Mediationen werden Einigungsformulare mit den Ergebnissen ausgefüllt und unterschrieben. Diese Formulare werden in einem Ordner aufbewahrt und weggeschlossen, damit die Vertraulichkeit gewahrt wird.

26.6 Auswertung

Die Auswertung sollte ständig in den Sitzungen der Streit-Schlichter-AG nach Mediationen stattfinden. Wenn die Streit-Schlichtung fest an der Schule installiert ist, sollte zu Ende jedes Schuljahres, wenn einige der Mitglieder aus der Gruppe ausscheiden und neue hinzukommen, eine ausführliche Auswertungssitzung durchgeführt werden.

BAUSTEIN 8

SCHULPROGRAMM

Ziele:

- *Lernen, als Coach zu arbeiten.*
- *Klären, wie und in welchen Bereichen konstruktive Konfliktbearbeitung und Peer-Group-Education in den pädagogischen Alltag von Schulen und Kinder- und Jugendeinrichtungen integriert werden kann.*
- *Überlegen, wie durch Zusammenarbeit verschiedener Institutionen der Kinder- und Jugendarbeit Synergieeffekte erreicht werden können.*
- *Erfahren, wie Projektmanagement auch in pädagogischen Prozessen eingesetzt werden kann.*

Einheit 27: Arbeiten als Coach

In der PGE verändert sich auch die Rolle der PädagogIn. Über die Reflexion des „Adultismus" sollen die Fähigkeiten gefördert werden, als Coach zu arbeiten.

Einheit 28: Implementierung

Schule zu verändern ist ein großes Unterfangen. Wer dabei nicht frühzeitig scheitern will, sollte bei den vorhandenen Strukturen ansetzen und sie im richtigen Sinne verändern. An welchen Orten und zu welchen Fragen ist es sinnvoll, Formen konstruktiver Konfliktlösung und PGE-Projekte an der Schule zu entwickeln und sie in den Schulalltag zu implementieren?

?

Fragen

- ***Überzeugt Sie Ihre Selbstkritik?***

(Max Frisch)

Einleitung

Mediation ist eine Konfliktlösungs-Technik, mit der wir den Streitenden die Herrschaft über ihren Konflikt zurückgeben. Damit das keine Eintagsfliege bleibt (nach rund 100 Stunden Training!), ist es notwendig, dass wir die SchülerInnen bei der Implementierung ihres Streit-Schlichter-Programmes in ihrer eigenen Umgebung, in Schule und Jugendeinrichtungen unterstützen. Die Möglichkeiten hierfür sind so vielfältig wie die planerische Fantasie der TeilnehmerInnen. Darin liegt eine Potenz für die Verbesserung unserer konkreten Lebenswelt; es wäre ein Jammer, sie zu bremsen.

In diesem Stadium sind jetzt von Ihnen als TrainerIn Vertrauen und Loslassen-Können gefordert. Die nächsten Schritte der TeilnehmerInnen sind Schritte aus Ihrer Obhut heraus. Jetzt braucht die Gruppe einen Coach, der ihre Arbeit anerkennt und fördert - und dabei außerhalb des Geschehens steht, sich nicht aktiv einmischt.

Für LehrerInnen-Kollegien und Teams von Kinder- und Jugendeinrichtungen stellt sich die Frage, wie man aus all den verschiedenen Einzelaktivitäten ein System konstruktiver Konfliktbearbeitung und systematischer Förderung der Eigenaktivität von Kindern und Jugendlichen entwickeln kann. Dazu wollen wir im Baustein 8 Hinweise und Ideen darlegen und Angebote machen.

Einheit 27

Arbeiten als Coach

Einführung, Grundlagen

„The coach plays besides the line" ist die klassische Formel zur Bezeichnung der Rolle des Coachs in der amerikanischen Diskussion zu PGE. „Neben der Linie", also außerhalb des eigentlichen Geschehens zu agieren ist gerade für deutsche PädagogInnen und SozialarbeiterInnen nicht selbstverständlich. Bei uns wird die pädagogische Diskussion nach wie vor eher dadurch bestimmt, dass LehrerInnen für alles und jedes verantwortlich und haftbar gemacht werden, was im schulischen Raum geschieht. Zu jeder Zeit alles unter Kontrolle zu haben gilt eher als seriöse pädagogische Arbeit, denn Freiräume zuzulassen und Eigenaktivitäten der Kinder und Jugendlichen zu fördern.

„Adultismus" heißt dazu das Stichwort aus der anglo-amerikanischen Debatte. Damit ist die alleinige Beurteilung von Kindern und Jugendlichen aus der Erwachsenenperspektive gemeint.

Als Coach zu arbeiten heißt aber keineswegs, weniger verantwortlich pädagogisch tätig zu sein. Im Gegenteil. Als Coach zu arbeiten heißt, in einer veränderten Weise zu arbeiten, den Rahmen für die Arbeit der „Peer-Group-Educators" zu schaffen und sie beständig zu unterstützen.

27.1 Dilemma-Spiel: Die Adultismus-Frage

Eine Übung zum Einstieg in die Diskussion um die veränderte Rolle der LehrerIn bei der Arbeit als Coach.

Adultismus kommt von dem englischen Wort „adult", Erwachsener. In der anglo-amerikanischen Diskussion wird damit die Haltung von PädagogInnen bezeichnet, die zu sehr mit dem Erwachsenenblick an die pädagogische Arbeit herangehen und zu wenig die Eigenaktivität der Kinder und Jugendlichen fördern.

Zeitbedarf 45

1. Erläutern Sie den Begriff „Adultismus" und diskutieren Sie ihn kurz mit den TeilnehmerInnen. 5

2. Erläutern Sie den Ablauf des Dilemma-Spiels:
„Für dieses Spiel benutzen wir die vier Ecken dieses Raumes. Dies ist die Ecke 1, dies sind die Ecken 2, 3 und 4. Ich trage euch jetzt eine Situationsbeschreibung und vier mögliche Reaktionsformen vor. Wer die Reaktion 1 für richtig hält, stellt sich in die Ecke 1. Wer die Reaktion 2 befürwortet, stellt sich in die Ecke 2 usw. Wer keine der vorgeschlagenen Reaktionen für richtig hält, stellt sich in die Mitte. Es kann auch jede andere Position im Raum eingenommen werden. Ich werde dann einige von euch fragen, warum sie diese oder jene Position eingenommen haben." 5

3. Lesen Sie verschiedene Situationen vor. Befragen Sie jeweils einige TeilnehmerInnen, warum sie die jeweilige Position eingenommen haben. 25

Fragen zur Auswertung: War es schwer oder leicht, in jedem Fall eine Position einzunehmen? Wie habt ihr euch dabei gefühlt, eine Ecke wählen zu müssen? Welche Reaktionen waren mehr adultistisch, welche weniger? Wie kann man Adultismus überhaupt erkennen? 10

1.

Zwei Schüler geraten mitten im Unterricht in eine hitzige und todernste Auseinandersetzung, in der es offenbar um persönliche Dinge geht. Die ganze Klasse erschrickt über die Lautstärke des Streits und die Verbitterung ihrer beiden Mitschüler.

a) Ich trenne die beiden und setze sie so weit wie möglich auseinander.

b) Ich frage nach, worum es denn eigentlich geht, und versuche, beiden gut zuzureden mit dem Ziel, dass sie mir versprechen, jetzt vernünftig miteinander zu reden.

c) Ich schicke die beiden aus dem Unterrichtsraum und sage ihnen, dass sie die Zeit im Korridor nutzen sollen, um sich zu einigen.

d) Ich trenne die beiden und verabrede für den nächsten Tag ein gemeinsames Gespräch, bei dem sie in Ruhe ihre Standpunkte klären können.

2.

Der Arbeitsgemeinschaft fehlen noch 100 Mark für den Druck eines wichtigen Infoblattes.

a) Daran soll es nicht scheitern. Die Schülerinnen und Schüler machen eine gute Arbeit und investieren selber viel - ich drücke ihnen die 100 Mark aus meinem eigenen Portmonee in die Hand.

b) Gut, dass ich weiß, wie man so was macht. Ich gebe den Schülerinnen und Schülern den entscheidenden Tipp, wo sie das Geld herkriegen.

c) Es ist wichtig, dass die Schülerinnen und Schüler solche Dinge selber in den Griff kriegen. Ich warte mal ab, was ihnen einfällt - notfalls gibt es eben kein Infoblatt.

d) Das ist eine gute Gelegenheit für die Arbeitsgemeinschaft, sich Know-how anzueignen. Ich rege ein gemeinsames Brainstorming zum Thema „Mittelbeschaffung" an und verteile meine Broschüren-Sammlung über Fördermöglichkeiten, damit wir eine Art Infobörse über Geldquellen aufbauen können. Das Infoblatt wartet noch zwei Wochen.

3.

Im Gruppenraum ist eingebrochen worden; die Kasse und der PC fehlen.

a) Da der Raum in der Schule ist, handelt es sich um eine schulische Angelegenheit. Ich als Lehrer rufe die Polizei und bespreche alles Weitere mit ihr.

b) Ich gehe mit zweien aus der Gruppe zur Polizei.

c) Es ist der Gruppenraum. Ich sage einer der Schülerinnen Bescheid und schlage vor, dass sie überlegen, ob sie die Polizei informieren wollen und, falls ja, wer von ihnen hingeht.

d) Ich informiere die Schülerinnen und Schüler über die Rechts- und Eigentums-Lage und verabrede, dass zwei von ihnen zur Polizei gehen. Anschließend möchte ich mit ihnen besprechen, was weiter zu tun ist.

4.

In der Arbeitsgemeinschaft hat sich eine Fraktion gebildet, die ein ganz anderes Thema bearbeiten möchte.

a) Das wäre das Ende dieser AG. Ich weise die Schülerinnen und Schüler freundlich, aber bestimmt darauf hin, mit welchem Ziel wir uns hier zusammengetan haben.

b) Darüber müssen wir wohl reden. Ich beginne ein Gespräch mit dem Ziel, dass mit den „Abweichlern" eine Verabredung getroffen wird. Es soll im nächsten Schuljahr eine AG zu ihrem Thema geben - aber ganz bestimmt keine Umfunktionierung der bestehenden AG.

c) Des Menschen Wille ist sein Himmelreich. Sollen sie abstimmen, dann wissen wir, wie es weitergeht.

d) Wie interessant! Ich versuche, nächste Woche einen ausführlichen Entscheidungsfindungs-Prozess für die gesamte AG zu moderieren, damit das Ergebnis wirklich gut fundiert sein wird.

5.

Wir planen ein großes Essen mit den Eltern beim Klassenfest.

a) Wenn das schief geht, wird's peinlich. Auf Grund meiner Erfahrung als Gruppenkoch schreibe ich die Liste der Zutaten und Mengen, damit die Schülerinnen und Schüler sinnvoll einkaufen.

b) Da müssen wir durch. Ich hole die Schülerinnen und Schüler zusammen, um mit ihnen zu verabreden, dass sie keine absonderlichen Gerichte oder Fastfood kochen.

c) Endlich mal etwas, das die Schülerinnen und Schüler von A bis Z selbst machen können. Wie schön. Ich komme dann zum Essen.

d) Ich gebe den Kids mein Kochbuch mit einfachen Rezepten für große Gruppen und lege ihnen den Einkaufs-Ausweis für den Discount-Markt dazu. Und wenn sie nicht klarkommen, sollen sie mich holen.

27.2 Textübung: Arbeiten als Coach

Eine Übung, um die Diskussion über Adultismus und die Rolle des Coachs zu vertiefen.

Zeitbedarf
60

1. Teilen Sie die Gesamtgruppe in Kleingruppen auf und verteilen Sie das Arbeitsblatt „Die Arbeit als Coach". Die einzelnen TeilnehmerInnen
10 sollen das Arbeitsblatt lesen und sich Notizen machen.

2. Die TeilnehmerInnen besprechen in ihren Gruppen die „10 Punkte für die Arbeit als Coach". Sie haben die Aufgabe, aus ihren Erfahrungen Beispiele zu finden, die diesen oder jenen Aspekt, der dort angesprochen wird, verdeutlichen. Insbesondere sollen sie diskutieren, welche dieser Punkte sie schon jetzt, in ihrer alltäglichen Arbeit oder in ihren Kontakten zu ihrer Peer-Group, berücksichtigen. Welche Punkte sind – in ihrer Arbeit als Coach oder in dem Bild, das sie von sich als Coach haben – neu für sie. Wie stehen sie zu diesen neuen Aufgaben? Würden sie sich gegebenenfalls aufgrund der neuen Einsichten und Erkenntnisse in ihrer Arbeit/ihren Kontakten neu orientieren oder umstellen? Wie stehen sie überhaupt zu diesen „10 Geboten"? Finden sie alle dort aufgeführten Punkte gleich wichtig? Gibt es Punkte darunter, auf die sie verzichten würden? Können sie eine inhaltliche Rangfolge der Punkte nach ihrer Wichtigkeit erstellen? Welche Punkte fehlen in der Liste und sollten unbedingt noch mit dazugehören?

30 Die Ergebnisse werden auf ein großes Blatt Papier geschrieben.

3. Die Ergebnisse der Kleingruppen werden in der Gesamtgruppe vorge-
20 stellt und diskutiert.

ARBEITSBLATT

• Die Arbeit als Coach •

10 Punkte für die Arbeit als Coach

1. Den Zusammenhalt der Gruppe und die Kooperation fördern.
2. Die verschiedenen Fähigkeiten der beteiligten PartnerInnen erkennen und sie richtig einsetzen.
3. Den Kindern und Jugendlichen helfen, ihre Erfahrungen zu reflektieren und sie bestärken, weitere Erfahrungen zu sammeln.
4. Den Kindern und Jugendlichen zunehmend verantwortungsvollere Aufgaben übertragen, sie aber nicht zu überfordern.
5. Die Mitglieder der Gruppe gegen Druck von außen schützen, selbst wenn sie Fehler gemacht haben.
6. Die Gruppe auf Probleme und Hindernisse hinweisen, ohne den Idealismus der Kinder und Jugendlichen zu brechen.
7. Darauf achten, dass die Arbeit an dem Projekt auch Spaß macht und mit interessanten und angenehmen Unternehmungen verbunden wird.
8. Konflikte in der Gruppe möglichst früh erkennen und versuchen, sie konstruktiv zu lösen.
9. Bei Meinungsverschiedenheiten mit der Gruppe klar Position beziehen, aber nicht „adultistisch" reagieren.
10. Ständig die eigene Rolle „on the sideline" beachten, den Rahmen für die Arbeit der Gruppe absichern, aber möglichst wenig direkt eingreifen.

27.3 Das emotionale Bankkonto

Gesprächsübung zur Beleuchtung der Arbeitsgrundlage zwischen Coach und PGE-Gruppe.

Führen Sie folgenden Gedanken ein: Jeder Mensch hat für jeden anderen Menschen, mit dem er häufiger zu tun hat, ein emotionales Bankkonto. Die Währung, in der das Guthaben notiert wird, heißt „Vertrauen".

Solange dieses Konto deutlich im Haben steht, laufen die meisten Geschäfte zwischen den PartnerInnen glatt; gibt es eine gute Verständigung über Sachfragen, fällt die Kooperation leicht. Wenn aber das Konto keine Deckung hat oder gar im Soll steht, dann fallen der anderen PartnerIn die Risiken der Zusammenarbeit stärker auf, als die Chancen und Erfolge werden nicht mehr als gemeinsame Erfolge gesehen.

Zeitbedarf 30

1. Viele Interaktionen der PartnerInnen gehen mit einer Bewegung auf diesem emotionalen Bankkonto einher: Entweder wird das Vertrauens-Guthaben vermehrt oder es wird abgebaut. Verspreche ich den SchülerInnen meiner Klasse eine gemeinsame Reise und sage dann den verabredeten Termin dreimal hintereinander wieder ab, dann bedeutet das jedes Mal eine kräftige Abbuchung vom Bestand. Und wenn der zu Beginn eh schon gering war, dann komme ich in den roten Bereich – von da an wird jede Transaktion zwischen mir und der Klasse schwierig und ungemütlich – es fehlt die Basis, die Deckung. Falls ich aber zum Beispiel einen groben Fehler, den die Klasse gemacht hat, nicht nach außen oder zur Schulleitung trage, sondern direkt mit der Klasse bereinige, kann das u.U. eine ganz substantielle Einlage in das emotionale Konto bedeuten.

Die Kontenbewegungen werden nicht durch das hervorgerufen, was ich denke, sondern durch Handeln und Sprechen. Und sie haben stets deutliche Auswirkungen und einen hohen Erklärungswert für die weitere Entwicklung. Ein Geschäftsmann zum Beispiel, dessen Konto keine Deckung mehr aufweist, hat wahrscheinlich große Schwierigkeiten, eine tolle Gelegenheit für sein Geschäft zu nutzen, es sei denn, es gibt ihm jemand Kredit. Wer bereits vom Kredit lebt und dabei irrig annimmt, er zehre noch von seinem Guthaben, gerät in eine dramatische Situation in dem Moment, wo sein Partner sich gewahr wird, dass der Kredit „krankt" und nun versucht, sich zu retten. Mit diesem Augen-
10 blick ist fast alles in der Beziehung zu Ende ...

2. Die TeilnehmerInnen sitzen sich in zwei konzentrischen Kreisen paarweise gegenüber - Innenkreis und Außenkreis haben die gleiche Anzahl Stühle. Die TeilnehmerInnen im Außenkreis berichten ihrer PartnerIn von einem Anlass, bei dem nach ihrer eigenen Wahrnehmung eine deutliche Bewegung auf ihrem emotionalen Konto mit SchülerInnen stattgefunden hat. Die TeilnehmerInnen im Innenkreis versuchen, empathisch zuzuhören und durch Rückfragen den Vorgang so weit für sich zu klären, dass sie die Sichtweise ihrer GesprächspartnerIn voll und
5 ganz verstehen.

3. Die Menschen im Innenkreis rücken jeweils einen Platz weiter nach rechts und erzählen nun ihrerseits ihrer neuen PartnerIn im Außen-
5 kreis, die empathisch zuzuhören sucht.

Feed-back und Auswertung:
Ist es den TeilnehmerInnen leicht gefallen, Beispiele für solche „Kontenbewegungen" bei sich zu finden? Erweist sich das Bild vom emotionalen Bankkonto für die TeilnehmerInnen als tragfähig? Hat es Erklärungsmacht für die tatsächlichen Vorgänge bei den TeilnehmerIn-
10 nen? Was bedeutet dieses Bild im Kontext der Arbeit als Coach?

Einführung, Grundlagen

Die letzte Einheit dieses Trainingsprogramms beschäftigt sich mit der Frage, wie Formen konstruktiver Konfliktlösung und PGE-Projekte in den Schulen und Kinder- und Jugendeinrichtungen verankert oder – um es mit dem Fachausdruck zu sagen – implementiert werden können. Dabei geht es darum, Konfliktmanagement als Teil der Organisationsentwicklung von Schulen, Kinder- und Jugendeinrichtungen zu verstehen. Schulen, Kinder- und Jugendeinrichtungen sollten nicht nur Einrichtungen sein, die Lernen vermitteln, sondern auch selbst lernende Organisationen werden.

Auftretende Probleme oder Konflikte können dann schnell wahrgenommen, in den entwickelten Strukturen bearbeitet und gelöst werden. Je bessere Formen für eine konstruktive Bearbeitung von Konflikten in diesem Prozess an Einrichtungen entwickelt werden, um so mehr Energien sind frei für die eigentlichen Aufgaben der Schulen, Kinder- und Jugendeinrichtungen und um so angenehmer wird die Arbeit für die beteiligten Lehrkräfte, SozialarbeiterInnen, ErzieherInnen und vor allem für die Kinder und Jugendlichen.

28.1 Einführung des Mathematikunterrichts - ein Gedankenexperiment

Schließen Sie die Augen.

Stellen Sie sich vor, wir leben in einem Land, in dem es keinen Mathematikunterricht gibt. Jahrzehntelang ging das ganz gut, die SchülerInnen schlugen sich so lala durch und es fiel nur selten auf, dass da eine Lücke ist. Aber in letzter Zeit häufen sich die Anzeichen, dass es sich um ein echtes Defizit handelt: Immer mehr FachlehrerInnen beschweren sich, dass die SchülerInnen mit den Anforderungen in ihrem Unterricht nicht klarkommen, weil sie schlicht nicht rechnen können. (Uns allen ist klar, dass Mathematik mehr bedeutet als Rechnen, aber in diesem Punkt fällt es eben als erstes auf.) Besonders unangenehm äußert sich das in Physik und Chemie, aber auch in Polytechnik ist es lästig. Gelegentlich sind es auch die Eltern, die sich beschweren, dass ihren Kindern im täglichen Leben eine wichtige Funktion fehlt.

Die LehrerInnen an unserer Schule beratschlagen also, was zu tun ist. Das Thema kommt immer wieder auf die Tagesordnung der Konferenzen, aber zu einem richtigen Beschluss kommt es lange nicht. Zwar spüren alle die Notwendigkeit, hier etwas zu tun, aber niemand möchte dafür zuständig sein. Das hat ganz praktische Gründe: Schließlich ist der Lehrplan gerade in den naturwissenschaftlichen Fächern sehr dicht gedrängt; da lässt sich schlecht noch Zeit für eine zusätzliche Unterweisung im Rechnen abzweigen. Außerdem sind sich die KollegInnen unsicher über die Methodik – sie haben ja etwas ganz anderes studiert.

Neulich brachte die Biologielehrerin ein Buch mit, da war ganz praktisch beschrieben, wie man das Rechnen beibringen kann. Da war viel vom Üben die Rede, mit Beispielen, die aus dem täglichen Leben gegriffen waren und sozusagen den Alltag simulieren, in Rechenbeispiele übertragen. Das hat fast etwas Spielerisches, gut zugänglich für die Kinder. Aber wer macht's? Alle KollegInnen winken ab – keine Zeit. Schließlich schlägt einer vor, die Musiklehrerin könnte doch in ihrem Unterricht immer mal ein paar solcher Rechenspielchen einbauen – Musik hat ja auch etwas mit den Zahlenproportionen der Frequenzen zu tun. Dieser Vorschlag wird mehrheitlich im Kollegium beschlossen und schon nach wenigen Monaten zeigen sich die ersten kleinen Detailerfolge bei einigen SchülerInnen.

Im darauf folgenden Schuljahr schlägt eine Elterninitiative vor, in der Eingangsstufe der Schule einen Grundkurs für alle einzuführen, mit zwei Wochenstunden. Da regt sich handfester Widerstand im Kollegium: „Unsere Schule ist eine richtige Schule, hier geht es um Wissensvermittlung – es ist kein Club zur Veranstaltung von Rechenspielchen."

Haben Sie eine Fantasie, wie es doch noch dazu kommt, dass in unserem Land der Mathematikunterricht eingeführt wird?

28.2 Projektmanagement

Viele PädagogInnen empfinden ihren Schul- und Arbeitsalltag deshalb als so belastend, weil sie das Gefühl haben, ständig auf irgendwelche Konflikte in der Klasse oder Gruppe, in Kollegium oder Team und mit den Eltern reagieren und sich nach allen Seiten ständig rechtfertigen zu müssen. Und kaum ist ein Konfliktherd beruhigt, tut sich der nächste auf.

Um aus dieser zermürbenden Defensive herauszukommen, gibt es eigentlich nur einen Weg: selbst aktiv zu werden und offensiv nach Wegen zu suchen, wie mit den sich ja ständig wiederholenden Konflikten umgegangen werden kann. Eine präventive und systembezogene Herangehensweise wird im Rahmen der Diskussion um Organisationsentwicklung auch vom KJHG (Kinder- und Jugendhilfegesetz) und den in neuerer Zeit überarbeiteten Schulgesetzen der Länder gefordert. Um wirklich systematisch, koordiniert und ergebnisorientiert an eine solche Aufgabe herangehen zu können, empfiehlt es sich, mit Methoden wie Projektmanagement zu arbeiten.

Projektmanagement, das im unternehmerischen Bereich entwickelt wurde, ist eine Denk- und Verhaltensweise, ist Methode und Werkzeug zur effizienten Umsetzung von Neuerungen und Änderungen, die die Zusammenarbeit mehrerer Stellen erfordern. Ein über Abteilungs- und Einrichtungsgrenzen hinweg abgestimmtes, zielorientiertes Handeln zur Realisierung von Innovation wird durch Projektmanagement erheblich erleichtert und beschleunigt. Gerade komplexere Projekte, in denen verschiedene Ebenen in unterschiedlicher Art und Weise verbunden werden und in denen viele einzelne Maßnahmen aufeinander abgestimmt werden müssen, werden durch Projektmanagement überschaubar und kontrollierbar.

Projektmanagement bietet auch in pädagogischen Einrichtungen bei der Planung von Neuerungen erhebliche Vorteile:

• ***Überschaubare Arbeiten***
Mit Projektmanagement wird ein Vorhaben in einzelne Teilaufgaben (TA) und Arbeitspakete (AP) gegliedert, für deren Erledigung verschiedene Verantwortliche zuständig sind. Diese systematische Herangehensweise macht allen Beteiligten vorab deutlich, was auf sie zukommt.

• ***Produktive Konflikthandhabung***
Widersprüche und Meinungsverschiedenheiten müssen schon während der Planungs- und Entscheidungsphase geklärt werden und nicht erst während der laufenden Arbeit. Damit besteht die Chance, Konflikte in diesem Prozess fruchtbar zu machen und zu verhindern, dass sie sich zerstörerisch auswirken.

• ***Kenntnis der Zusammenhänge***
Die inhaltlichen, organisatorischen, ablaufbezogenen und fachlichen Zusammenhänge werden für alle deutlicher und transparenter. Der Projektstrukturplan macht deutlich, an welcher Stelle im Gesamtprojekt die jeweilige Verantwortung liegt und was das Ergebnis der Projektarbeit in diesem Bereich sein soll.

• ***Klare Zuständigkeiten***
Da es bei diesen Vorhaben um eine Veränderung bestehender Strukturen und um eine Implementierung neuer Formen der Arbeit in Schulen, Kinder- und Jugendeinrichtungen geht, ist eine enge Abstimmung zwischen Projekt und jeweiliger Leitung (Linie) erforderlich. Diese Abstimmung und Abrenzung kann im Rahmen des Projektstrukturplans in jedem Fall geklärt und geregelt werden.

Für den Ablauf eines Projektes ist es darüber hinaus wichtig

• ***Zweck und Ziel zu definieren;***
• ***die Phasen des Projektes zu bestimmen;***
• ***den Zeitrahmen genau festzulegen.***

28.3 Konfliktprofil

Konflikte zwischen Kindern und Jugendlichen werden häufig erst zur Kenntnis genommen, wenn „etwas passiert", also eine Auseinandersetzung eskaliert ist. Und auch dann wird zumeist nur der Vorfall bearbeitet und nicht die dahinter stehenden Konflikte, Nöte und oft durchaus berechtigten Interessen und Wünsche.

Hier ist es wichtig, noch einmal zu betonen, dass unser Ansatzpunkt ein positiver Konfliktbegriff ist, der Konflikte in erster Linie als Signale betrachtet, dass etwas nicht stimmt und verändert werden muss. Ebenso gehört dazu eine Herangehensweise, die die Ursachen für Konflikte nicht alleine in der „Schuld" von Einzelnen sieht, sondern die vor allem den Rahmen und die Umstände unter die Lupe nimmt. Gerade an pädagogischen Einrichtungen gilt die Feststellung: „Defizite der Konfliktregulierung markieren die Ansatzpunkte für ständige Konflikte."

Die unabhängige Regierungskommission zur Verhinderung und Bekämpfung von Gewalt (Gewalt-Enquete) hat in ihrem Gutachten auch auf konfliktfördernde Faktoren in der Schule hingewiesen. Dies gilt aber auch für andere pädagogische Einrichtungen.

Als solche konflikt- oder sogar gewaltfördernden Faktoren nennt die Kommission:

1. ein gleichgültiges Verhältnis von SchülerInnen und LehrerInnen zur Schule;
2. die Abschottung der Schule vom gesellschaftlichen Umfeld;
3. die Frustration schulmüder und leistungsschwacher SchülerInnen;
4. den Vorrang von Wissensvermittlung gegenüber dem Erziehungsaspekt und der Vermittlung gesellschaftlicher Normen.

Die Erstellung von Konfliktprofilen für Einrichtungen, Gruppen und Klassen ermöglicht eine frühe Erkennung von Konflikten, zeigt die möglichen Konfliktlinien auf und ermöglicht durch eine systematische Betrachtungsweise einen Blick „hinter" den Konflikt, also auf die eigentlichen Unterschiede und Gegensätze.

Ausgehend von den offensichtlichen und drängenden Konflikten (auch hier gilt das Prinzip: „Störungen haben Vorrang") werden nach dem Konzept der Segmentierung die unterschiedlichen Konfliktlinien (zwischen Kindern oder Jugendlichen; zwischen Kindern und ErzieherInnen/SozialarbeiterInnen/LehrerInnen; zwischen Bedürfnissen der Kinder und Jugendlichen und Interessen der Institution usw.) dargestellt. Beispielhaft können konfliktträchtige, sich oft wiederholende Situationen und deren Ursachen skizziert werden. Für die Erstellung eines Konfliktprofils empfiehlt es sich, mit den in den Bausteinen 2 und 3 dargestellten Übungen und Instrumenten zu arbeiten.

Diese intensive Analyse durch die Beschäftigung mit den in der jeweiligen Institution vorhandenen Konfliktlagen schafft dann die Grundlage für die Diskussion über Ansätze zur Lösung der Probleme und präventive Maßnahmen, die dann in einem Projektstrukturplan zusammengefasst werden können.

28.4 Schulprogramm

Diese Ansätze zur konstruktiven Konfliktlösung und präventive Maßnahmen werden zusammengefasst und daraus wird ein Projektstrukturplan erarbeitet. Das Gesamtvorhaben wird in Teilaufgaben (TA) und Arbeitspakete (AP) gegliedert. Dabei sollte die Einteilung auf die Situation der jeweiligen Schule oder Einrichtung zugeschnitten sein.

Ein derartiger Projektstrukturplan könnte beispielsweise folgendermaßen aussehen:

Teilaufgabe A: Konfliktbearbeitung im Unterricht

Arbeitspaket/ A1: Vermittlung von Grundformen konstruktiven Konfliktverhaltens in den 5. Klassen
AP/A2: Erarbeitung eines Curriculums „Soziales Lernen"
AP/A3: Trainings zur Vorbereitung von Klassenfahrten und anderen gemeinsamen Aktivitäten
AP/A4: Trainings zum interkulturellen Lernen im Fach Ethik

Teilaufgabe B: Schulkultur

AP/B1: Einrichtung einer Streit-Schlichter-Gruppe als AG
AP/B2: Einrichtung einer Buddy-Gruppe zur Beratung jüngerer Schüler
AP/B3: Entwicklung eines Pausen-Projektes zur Regelung von Streit auf dem Pausenhof
AP/B4: Wie umgehen mit schulfremden Personen?

Teilaufgabe C: Öffnung der Schule

AP/C1: Einrichtung einer AG zur Zusammenarbeit mit außerschulischen Institutionen
AP/C2: Entwicklung eines Curriculums zur Stadtteilerkundung

Teilaufgabe D: Fort- und Weiterbildung

AP/D1: Vorbereitung eines pädagogischen Tages
AP/D2: Trainings für LehrerInnen
AP/D3: Kooperation mit außerschulischen Bildungseinrichtungen

Wenn der Projektstrukturplan erarbeitet ist, werden die Verantwortlichkeiten für die Teilbereiche und die Arbeitspakete festgelegt. Die Verantwortlichen für die Teilaufgaben bilden mit der Projektleitung und einer VertreterIn der Leitung die Steuergruppe, die alle wesentlichen Entscheidungen für den Ablauf des Projektes trifft. Die Teilaufgaben-Verantwortlichen organisieren die Arbeit mit den Arbeitspaket-Verantwortlichen in ihrem Bereich.

Es wird ein Zeitrahmen festgelegt, wann die Ergebnisse aus den einzelnen Arbeitspaketen den verantwortlichen Gremien (Stufenkonferenz, GesamtlehrerInnen-Konferenz, Schulkonferenz usw.) zur Beschlussfassung und Implementierung in den Regelbetrieb vorgelegt werden. Damit ist die Arbeit der Projektgruppe beendet.

Projektstrukturplan Schule XY

Teilaufgaben

Konfliktbearbeitung im Unterricht	Schulkultur	Öffnung der Schule	Fort- und Weiterbildung
Arbeitspakete:	Arbeitspakete:	Arbeitspakete:	Arbeitspakete:
A 1 *5. Klassen*	**B 1** *Streit-Schlichter-AG*	**C 1** *Zusammenarbeit mit außerschulischen Institutionen*	**D 1** *Pädagogischer Tag*
A 2 *Soziales Lernen*	**B 2** *Buddy-Gruppe*	**C 2** *Stadtteilerkundung*	**D 2** *Training für LehrerInnen*
A 3 *Vorbereitung von Klassenfahrten*	**B 3** *Pausen-Projekt*		**D 3** *Kooperation mit außerschulischen Einrichtungen*
A 4 *Interkulturelles Lernen*	**B 4** *Schulfremde Personen*		

28.5 Brücken bauen

Problemlagen bei Kindern und Jugendlichen beziehen sich oft nicht nur auf die Schule oder Kinder- und Jugendeinrichtung, sondern auch auf das Umfeld. Die Entwicklung des Stadtteils, die Veränderung des Wohnumfeldes, der Wechsel der Lebensbedingungen und die Veränderungen jugendlicher Räume wirken sich auf das Lebensgefühl und damit das Verhalten von Kindern und Jugendlichen aus. In den USA gibt es Ergebnisse der bei uns noch wenig bekannten „ökologischen Psychologie", die deutlich machen, dass es einen Bezug gibt zwischen der Gestaltung von Spielplätzen und Schulhöfen und dem Konfliktverhalten von Kindern und Jugendlichen.

Ein wesentliches Element präventiver Arbeit ist deshalb die genaue Betrachtung dieses Umfeldes und die Kooperation mit den anderen im Stadtteil tätigen öffentlichen oder privaten Trägern der Kinder- und Jugendarbeit. Durch den Aufbau eines derartigen Netzwerkes im Stadtteil, durch „Runde Tische" oder ähnliche Formen, kann eine Art soziales Frühwarnsystem in der Kinder- und Jugendarbeit errichtet werden.

Diese Zusammenarbeit kann auch in der Form des institutionenübergreifenden Projekts „Brücken bauen" strukturiert werden.

•Brücken bauen•

Einrichtungen im Stadtteil

Schulen	Jugendarbeit	Kinderarbeit	Vereine	Eltern
A, B, C	Jugendzentren, Private Einrichtungen	Kita, Private Träger		

Ebenen der Zusammenarbeit

Ebene 1: Eigene Institution	Ebene 2: Zusammenarbeit von Institutionen	Ebene 3: Zielgruppenorientierte Projekte	Ebene 4: Fortbildung
Gegenseitige Information über die Maßnahmen zu konstruktiver Konfliktbearbeitung, die jede Einrichtung plant und durchführt.	Kooperation und gegenseitige Hilfe bei Projekten	Entwicklung gemeinsamer Projekte für bestimmte Zielgruppen von Kindern und Jugendlichen, die gefährdet sind.	Gemeinsame Fortbildungsangebote für die PädagogInnen aus den verschiedenen Einrichtungen

IV. SPIELE

Im Rahmen des Mediations-Programms wird Spielen als Methode ein besonderer Stellenwert eingeräumt. Sie öffnen den TeilnehmerInnen Raum für neue Erfahrungen.
Die aufgeführten Spiele werden gezielt eingesetzt und haben in jeder Einheit ihren festen Platz. Durch die unterschiedliche Bezeichnung wird ihre Bedeutung bzw. ihr Einsatz innerhalb der Einheiten klar.

Spiele-Kategorien

Die in diesem Kapitel zusammengestellten Spiele haben wir grob unterteilt. Die Einteilung dient der Orientierung und ist nicht zwingend notwendig – manchmal auch gar nicht sinnvoll. Das bedeutet, die Spiele können und sollen ausgetauscht werden. Dies gilt vor allem für die unter Warm-up, Energizer, Wind-down und Konzentration aufgeführten Spiele. Sie sind wie Werkzeuge zu benutzen und wenn Ihnen klar ist, weshalb Sie jetzt ein Spiel einbringen möchten, wird Ihnen eine sinnvolle Auswahl nicht schwer fallen. Falls Ihnen selbst passende Spiele einfallen, können Sie diese mit einbringen. Gegen Spielwiederholungen ist nichts einzuwenden, ganz im Gegenteil: Aus unserer Erfahrung scheint es sogar sinnvoll zu sein, denn die Wirkung der Spiele wird nachhaltiger und einprägsamer.

Die Spiele, die unter Lightner und Opener aufgeführt sind, stehen quasi für sich. Sie können ebensogut wie eigene Einheiten innerhalb eines Blocks behandelt werden.

1. Warm-up
zu Beginn, zum Aufwärmen.

2. Opener
Einstieg für eine bestimmte Einheit,
Eröffnung einer Diskussion,
Aufreißer.

3. Lightener
Verstärker für eine Einheit,
Verdeutlichung.

4. Energizer
für zwischendurch – um neue Energie zu tanken,
Wachmacher.

5. Wind-down
zum Schluss, um ein gutes Gefühl zu haben,
um das Erlebte abzuschließen.

6. Meditationen
Konzentration,
um innere und äußere Ruhe zu finden,
gegen die Unruhe und den Lärm.

Warum Spiele?

Einige Überlegungen zum Thema Spielen:

Wer kennt nicht den Satz: „Aller Anfang ist schwer!" – und die entsprechenden Gefühle dazu sind: Unsicherheiten und Ängste. Spiele können diese angespannte Situation entkrampfen und zu einer aufgelockerten und damit angenehmen Atmosphäre beitragen. Deshalb sollte zu Anfang einer jeden Begegnung/Einheit ein - manchmal auch nur ein kurzes - Spiel stehen. Das Ziel ist, eine Stimmung zu schaffen, in der sich die TeilnehmerInnen aufgehoben und angenommen fühlen, um miteinander arbeiten zu können.

Spiele erlauben es, für eine bestimmte Zeit in eine andere Rolle zu schlüpfen, die 1. Distanz zu den eigenen unmittelbaren Gefühlen schafft und 2. eine andere, manchmal auch neue Perspektive ermöglicht. Dies sind wichtige Voraussetzungen um das eigene Verhalten zu reflektieren und um neue Erfahrungen zuzulassen.

Im Schonraum Spiel können neue Konfliktbewältigungs- und Handlungsstrategien eingeübt werden.

Im Spiel können die anderen Seiten bei sich selbst und anderen (neu) entdeckt werden. Die gewohnten Pfade der Kommunikation und des Kennenlernens werden verlassen. Der Prozess des Voneinander-Erfahrens, der Kommunikation und des Kennenlernens findet auf einem anderen Weg statt. Der Umgang miteinander kann dadurch anders erlebt und erfahren werden. Gegenseitige Vorurteile haben die Chance, thematisiert, vielleicht sogar korrigiert zu werden.

Eine ganze Reihe von Spielen schließt einen mehr oder weniger großen Körperkontakt der teilnehmenden SpielerInnen ein. Bei diesen Spielen ist der kulturelle Background der TeilnehmerInnen in vielerlei Hinsicht zu berücksichtigen. Körperkontakt im Zusammenhang mit kultureller Identität hat seinen Reiz, fordert jedoch von Ihnen als SpielleiterIn ein hohes Maß an Sensiblität. Das Spiel als Ausnahmezustand und Nicht-Realität zu begreifen kann hierbei für alle Beteiligten hilfreich sein. Ganz wichtig scheint es uns, im Rahmen dieser Spiele Grenzen und Reaktionen der TeilnehmerInnen aufmerksam zu beobachten und entsprechend zu reagieren.

Das Herzstück eines jeden Spiels ist die Spannung.

Spielregeln für SpielleiterInnen

Spiele haben einen klaren Rahmen - nämlich einen Anfang und ein Ende. Sie müssen dies für sich und die TeilnehmerInnen immer deutlich zu erkennen geben.

Von der Unlust zu spielen

Es gibt eine unterschiedliche Bereitschaft zu spielen, die sowohl in Abhängigkeit vom Alter der Kinder als auch von der Peer-Group zu sehen ist.

Aus unserer bisherigen Erfahrung lässt sich sagen, dass die Spielbereitschaft in der Regel mit zunehmendem Alter abnimmt und in der Pubertät zu extremen Verweigerungen führt – oder aber zum krassen Gegenteil, nämlich einer exzessiven Spielleidenschaft.

Den Verweigerern hängt die eigene Kindheit noch so dicht auf den Fersen, dass sie den Schritt nach vorn in die Halbwüchsigkeit nur mit dieser strikten Haltung zu Stande bringen.

Die Exzessiven wittern hinter jedem Spiel eine neue Chance, ihren pubertierenden Fantasien näher zu kommen. Deshalb kommen bei ihnen Spiele gut an, bei denen es um Körperkontakt und Partnersuche geht, wie z.B. beim „Killerspiel".

Über allem steht die Trendaussage der Peer-Group, die auch nicht hinterfragt werden darf - und zum guten Ton der Halbwüchsigen gehört es, erst einmal dagegen zu sein, und dies auch zu zeigen. In ihren Augen ist spielen spießig, albern, kindisch und trägt ihrer Meinung nach rein gar nicht zur Identitätsbildung bei. Man muss sich das so vorstellen: Gerade versuchen die Jugendlichen, mit all ihrer Kraft sich an der Erwachsenenwelt zu orientieren, d.h. unter anderem ernst genommen zu werden, und dann kommt da jemand und will mit ihnen spielen. Berechtigterweise fragt sich die SpielleiterIn: Wie kann ich diese Verweigerer motivieren?

Hierfür gibt es ein paar einfache Regeln:

- Es ist besser, die Begriffe Training oder Übung einzuführen.

- Falsch wäre es auch zu fragen: Habt ihr Lust zu spielen? Besser wäre es zu sagen, was man will: „Ich werde euch jetzt eine Übung vorstellen!" oder: „Das folgende Training gehört zum Peacemaker-Programm."

- Es ist ja so: Alles, was aus Amerika kommt, hört sich irgendwie dynamischer an und deshalb könnten Sie die nächste Übung als Energizer, Warm-up usw. bezeichnen. Da die SchülerInnen in den meisten Fällen vermutlich nicht wissen werden, was hinter diesen Begriffen steckt, sollten Sie sie in jedem Fall erklären.

- Zu beachten ist auch noch, wie das Spiel erklärt wird; lassen Sie alle TeilnehmerInnen zuerst einmal aufstehen und sie sind schon mitten im Geschehen: Die erste Hürde ist genommen. Oftmals kann es aber ungünstig sein, dass sich alle hinstellen, weil durch einen Ortswechsel zu viel Unruhe in die Gruppe kommt. Daher ist es speziell für die jüngeren SchülerInnen zumeist sinnvoller, dass ihnen das Spiel an ihrem gewohnten Platz erklärt wird.

Für Sie sollte es zum spielerischen Experiment werden, die SchülerInnen durch ihre Unlust hindurch zum Spielspaß zu führen.

Die Auswertung

Die Auswertung beginnt nach Ende des Spiels. Im alltäglichen Spiel auf dem Schulhof, auf der Straße und in Spielgesellschaft entfällt sie ja meistens. In diesem Zusammenhang hier ist die Auswertung gleich einer Spielregel zu werten. Sie ist absolutes Muss und darf niemals, aus welchen Gründen auch immer (Zeitmangel, Unlust ...), entfallen. Falls die Gruppe keine Lust hat, muss auch das thematisiert werden. Die Auswertung ist so wichtig, weil alles, was im Spiel erlebt, gelernt, erfahren, wahrgenommen, gespürt und gefühlt wurde, zur Sprache kommen darf (und sollte!). Das „zur Sprache kommen" oder auch „zur Sprache bringen" ist eine wichtige Voraussetzung für eine innere Verarbeitung.

Die Auswertung ist der qualitative Schritt, das Spiel der Kindheit vom methodischen Spielen im S-S-P zu unterscheiden. Die Auswertung ist sozusagen der Schritt oder auch die Brücke zum inhaltlichen Thema der entsprechenden Einheit. Bei den Spielen Warm-up, Energizer, Wind-down geht es in der Auswertung eher um Befindlichkeiten. Es kann auch nur einfach darum gehen, ob es Spaß gemacht hat.

Für die Auswertung braucht man jedoch ein gutes Händchen und ein gutes Gespür, denn es sollte natürlich nicht so sein, dass das Innere der Einzelnen nach außen gekehrt wird oder umgekehrt. Es ist in diesem Rahmen zudem nicht erforderlich, dass alles an- und ausgesprochen wird. Denn auch in der Wahrnehmung, Achtung und Wertschätzung der inneren Grenzen liegt eine gesunde Form bewusster Verarbeitung. Das heißt: Niemals bohren und interpretieren, denn das wäre anmaßend und dem Inhalt nicht dienlich.

Nicht zu unterschätzen ist auch der innere Druck, der durch manche Spiele erzeugt wird, zum Beispiel bei den Openern und Lightenern. Für die inneren Spannungen brauchen die TeilnehmerInnen auf jeden Fall ein Ventil, sonst geht jede nachfolgende Weiterarbeit schief und es bleibt eine große Frustration und Enttäuschung zurück. Bei diesen Spielen (z.B. Elefanten-Spiel) sollten Sie in besonderem Maße darauf achten, dass der Transfer des Spiels auf die Realität erfolgt – und umgekehrt. Ganz automatisch stellen die TeilnehmerInnen hier Vergleiche mit Situationen aus dem Alltag an und endlich können Zusammenhänge entdeckt und besprochen werden. Bei diesen Spielen liegt der Schluss nahe, dass die Auswertung wichtiger ist als das Spiel selbst und viel Zeit braucht. Eigentlich geht es immer wieder um die Kernfragen: Wie verhalte ich mich oder wie habe ich mich in extremen Situationen verhalten? Was wirkt auf mich? Was ist für mich wichtig? Welche Lebensprinzipien habe ich und was könnte diese ins Wanken bringen? ...

Nicht zu unterschätzen ist auch die Langzeitwirkung dieser Spiele, denn das Spiel, also die Ausnahmesituation, erlaubt, dass negative Gefühle (schlechtes Gewissen, Beschämung und Erschrecken über sich selbst) wenn überhaupt nur von kurzer Dauer sind – es war ja nur ein Spiel! So können Erlebnisse und Gefühle aus einer anderen, machmal auch neuen Perspektive gesehen werden.

Was noch eine Rolle spielt ist, dass beim Spielen jede in ihrem Empfinden die Hauptrolle spielt – egal welche Funktion sie im gesamten Spiel wirklich innehat.

Drei Spielregeln für die TeilnehmerInnen

1. Spiele fair

Eigentlich ist damit schon alles gesagt. Doch oft genug passiert es uns Erwachsenen, dass wir es nicht schaffen, fair zu sein. Vor allem bei Spielen, bei denen es um Vertrauen geht oder wo reichlich Körperkontakt entsteht, sollten Sie ausdrücklich darauf hinweisen, was geht und was nicht. Wir kennen fast alle aus der Kindheit den Spruch: „Was du nicht willst, das man dir tu', das füg' auch keinem ander'n zu." Bei den SchülerInnen sind Spiele und Übungen, bei denen es auch um Vertrauen geht, mit besonderer Behutsamkeit anzuleiten, weil oft der Erfahrungshintergrund (aus Familie, Schule und Peer-Group) ein nicht so vertrauenserweckender ist. Nichtsdestotrotz sind diese Spiele für Jugendliche von großer Bedeutung und auch die darin gemachten - hoffentlich neuen und vertrauensvollen – Erfahrungen.

2. Spiele intensiv

Nicht dass wir meinen, es gäbe keine Konkurrenz und es sollte kein Wettkampf stattfinden. Ganz im Gegenteil, viele Spiele sind darauf angelegt, dass es Gewinner- und VerliererInnen gibt. Es ist sozusagen eine spielerische Herausforderung und bei den verschiedenen Spielen kommen unterschiedliche Fähigkeiten zum Tragen wie z.B. Schnelligkeit, Kraft, Koordination und schnelle Reaktion, strategische Geschicklichkeit, Humor, schauspielerisches Talent oder andere Formen kreativen Spielens. Das Motto sollte lauten: „Spiele intensiv", nimm die Herausforderung an und zeige, wie du kämpfst, wie schnell du bist, wie gut du rennen kannst, wie geschickt du bist, wie raffiniert, wie lustig usw. Aber vergiss nie, dass alles ein Spiel ist, dass ihr miteinander spielt und dass die Herausforderung für jede von uns gilt. Dieses Ziel zu erreichen ist das einzige Gewinnen, das zählt.

3. Tue niemandem weh

Die erste Bedingung hierfür ist, dass Sie einen sicheren Raum und Rahmen für die jeweiligen Anforderungen des Spiels herstellen. Sie müssen den SpielerInnen erklären, wo die räumlichen und körperlichen Grenzen des Spiels liegen. Falls diese Grenzen nicht eingehalten werden, muss die Leidtragende sofort „Stop" rufen und das Spiel wird sofort unterbrochen.

Spiele-Liste

1. Warm-up

1.1 Begrüßung/Kennenlernen
1.1.1 Chaotische Begrüßung
1.1.2 Einer zum anderen
1.1.3 Der gordische Knoten

1.2 Gruppenfindung
1.2.1 Bermuda-Dreieck
1.2.2 Der Zauberer
1.2.3 Das richtige Tempo
1.2.4 Detektiv
1.2.5 BlindhauerIn
1.2.6 Bärenjagd
1.2.7 KillerIn
1.2.8 La Ola
1.2.9 Aufstand
1.2.10 Aus dem Stand bringen
1.2.11 Shakehands

2. Energizer

2.1 Eichhörnchen
2.2 Ameisenhaufen
2.3 Klopfmassage

3. Opener

3.1 Blinde KünstlerIn

4. Lightener

4.1 Elefantenspiel
4.2 Jede gegen jeden
4.3 Buddy-System
4.4 Balancierende Bleistifte

5. Wind-downs

5.1 Vom Winde verweht
5.2 Holzfäller
5.3 Wer mich hören kann
5.4 Herkules

1. Warm-up

1.1 Begrüßung/ Kennenlernen

1.1.1 Chaotische Begrüßung

Ich schaue nach rechts und ich schaue nach links – und nicht nur geradeaus!

TeilnehmerInnen: ab 10
Alter: ab 8 Jahre
Hilfsmittel: keine
Zeitbedarf: 15 min.

Dieses Spiel ist eine Art „Laute Post" mit Rückfrage-Effekt. Alle sitzen oder stehen im Kreis. Eine Person beginnt und begrüßt ihre linke NachbarIn mit Händedruck und sagt: „Das ist ein Händedruck". Die fragt zurück: „Was ist das?" Antwort: „Das ist ein Händedruck!" Wenn die Antwort zurück ist, wird der Händedruck von der gerade Begrüßten an ihre linke NachbarIn weitergegeben. Die fragt wiederum die begrüßende rechte Nachbarin „Was ist das?", die gibt die Frage nach rechts bis zum Anfang weiter und von dort kommt die Antwort: „Das ist ein Händedruck!" bis zur begrüßten Person zurück. Von dieser wird nun der nächste, links stehende/sitzende Nachbar begrüßt, dessen Frage wird zurückgereicht bis zum Anfang, die Antwort vice versa. So kann es einmal im Kreis herum gehen.

Spannend wird es, wenn die Person, die das Spiel begonnen hat – beim ersten Mal sollten Sie diese Rolle vielleicht einnehmen –, zu einem bestimmten Zeitpunkt dieselbe Begrüßungsorgie nach rechts in Gang setzt. An einer Stelle im Kreis laufen dann die Frage- und Antwortwellen durcheinander und es bedarf schon großer Konzentration aller Beteiligten, das Ganze nicht im heillosen, aber lustigen Chaos enden zu lassen. Das Spiel erfährt zudem eine Steigerung, wenn nach etwa der Hälfte der Runde nach rechts statt des Händeschüttelns eine Umarmung mit den entsprechenden Fragen und Anworten in Gang gesetzt wird: „Das ist eine Umarmung", „Was ist das?" usw. Das Spiel kann auch andere Gestiken und Themen haben. Sie können z.B. Ihre Nase „auf Reisen schicken" („Das ist meine Nase!") oder einen beliebigen Gegenstand absurd benennen („Das ist ein Glibiwatsch!").

Auswertung:
Wie habe ich mich und meine direkten Nachbarn wahrgenommen? War es für mich in Ordnung oder war es zu viel an Berührung?

1.1.2 Einer zum anderen

Magnetische Anziehung!

TeilnehmerInnen: ab 2
Alter: ab 7 Jahre
Hilfsmittel: keine
Zeitbedarf: 10-15 min.

Die TeilnehmerInnen stellen sich paarweise im Kreis auf. Sie als SpielleiterIn stehen in der Mitte und sprechen oder singen, begleitet von rhythmischem Klatschen oder Fingerschnalzen: „Einer zum anderen, einer zum anderen." Wenn den anderen TeilnehmerInnen danach ist, können sie mitsingen, klatschen und sich rhythmisch dazu bewegen.

Rufen Sie nun, im Rhythmus bleibend, „Rücken an Rücken" und die Paare drehen sich so, dass ihre Rücken aneinander lehnen. Rufen Sie: „Bein an Bein" oder: „Knie an Knie", so ist diese Anleitung ebenfalls zu befolgen. So geht es weiter, bis es heißt: „Einer zum anderen". Dies ist für die SpielerInnen das Signal, durcheinander zu laufen, um eine neue PartnerIn zu suchen. Dies tun sie und die Übriggebliebene wird nun die SpielleiterIn.

Auswertung:
Wie war es, so engen Kontakt zu haben? War es vielleicht manchmal peinlich? Wie hilfreich war der Rhythmus für diese Übung?

1.1.3 Der gordische Knoten

Wer kennt ihn nicht? Ein Klassiker, mit gutem Recht!

TeilnehmerInnen: 10-18 (sonst zwei Gruppen bilden)
Alter: ab 8 Jahre
Hilfsmittel: keine
Zeitbedarf: 10-15 min.

Die TeilnehmerInnen stehen im Kreis, Hände nach vorne gestreckt, Augen fest geschlossen. Alle gehen gleichzeitig langsam vor bis zur Kreismitte, bis jede TeilnehmerIn mit jeder Hand jeweils eine fremde Hand zu fassen bekommt - und ganz fest hält. Augen auf, und jetzt besehen sich alle das grässliche Gewirr. Der Knoten wird gelöst, ohne auch nur eine einzige Hand aufzumachen: mit Behutsamkeit, Übersicht, Akrobatik und viel Kommunikation.

Hinweis:
Bei Kindern müssen Sie gelegentlich ein bisschen lenken, bis die Händepaare richtig aufgehen.

Auswertung:
Wie war es, sich in diesem dichten Gewühl zurechtzufinden? Wer hat es übernommen, den Knoten zu entwirren: die Gruppe oder Einzelne? Wie habt ihr euch verständigt?

1.2 Gruppenfindung

1.2.1 Bermuda-Dreieck

Das Spiel mit dem Feuer: Wer mag sich schon die Füße verbrennen? Wen trickse ich aus und wer trickst mich aus?

TeilnehmerInnen: ab 15
Alter: 8 Jahre
Hilfsmittel: Kreide oder Krepp-Band
Zeitbedarf: 20 min.

Es wird ein großes Dreieck mit ca. 2 Meter Seitenlänge auf den Boden aufgezeichnet oder mit Kreppband geklebt. Die TeilnehmerInnen fassen sich an den Händen und bilden einen Kreis, rund um das Dreieck. Nun wird versucht, TeilnehmerInnen durch heftiges Ziehen, Drücken und Zerren in den Kreis zu bringen. Dabei darf man sich nicht loslassen. Wer mit beiden Füßen im Dreieck steht, hat sich die Füße verbrannt und scheidet aus. Nonverbal können Koalitionen gebildet werden, um ganz gezielt TeilnehmerInnen in das Dreieck zu bringen.

Auswertung:
Wie initiativ war ich, um z.B. Koalitionen zu bilden oder mit wem habe ich mich zusammengetan? Welche Tricks habe ich angewandt? Habe ich auf eigene Faust gearbeitet? Mit wie viel Kraft bin ich an die Sache rangegangen? Wie wichtig war es mir, den Kreis nicht zu betreten? Hat es mir Spaß gemacht?

1.2.2 Der Zauberer

Das andere Fangen-Spiel - wer lässt sich nicht mal gern verzaubern?

TeilnehmerInnen: ab 10
Alter: ab 6 Jahre
Hilfsmittel: keine
Zeitbedarf: ab 10 min.

Aus dem TeilnehmerInnen-Kreis wird eine Person zum Zauberer ernannt. Der Zauberer hat die Aufgabe, die anderen durch Berühren zu verzaubern, d.h. wer berührt wird, bleibt stehen und erstarrt.

Durch eine weitere Person kann die Verzauberte wieder entzaubert werden, indem diese durch die gegrätschten Beine der Verzauberten krabbelt. Wird die „weitere Person" bei dieser Befreiungsaktion vom Zauberer erwischt, also berührt, müssen die beiden Verzauberten in ihrer Erstarrung hintereinander stehen bleiben und abwarten, ob eine dritte Person sie befreit usw. Das Spiel ist eigentlich erst zu Ende, wenn der Zauberer alle TeilnehmerInnen verzaubert hat.

Auswertung:
Wie geschickt und flink war der Zauberer? Wie wach seid ihr jetzt? Hat es Spaß gemacht?

1.2.3 Das richtige Tempo

Wie man im Chaos seinen eigenen Weg findet!

TeilnehmerInnen: ab 12
Alter: ab 8 Jahre
Hilfsmittel: keine
Zeitbedarf: 15 min.

Die TeilnehmerInnen stellen sich im Kreis auf. Die Mitte des Kreises wird gekennzeichnet. Ziel ist es, dass jede TeilnehmerIn auf direktem Weg in gleich bleibendem Tempo – also ohne zu stoppen oder langsamer zu werden – durch die Mitte zum gegenüberliegenden Platz zu kommen versucht. Das ist eigentlich simpel, doch jetzt wird's schwierig: Dies soll vonstatten gehen, ohne die anderen TeilnehmerInnen zu berühren. Auf Ihr Kommando laufen alle gemeinsam los. Erfahrungsgemäß staut und knäuelt sich alles in der Mitte und die Regeln können überhaupt nicht eingehalten werden. Es wird solange geübt, bis es klappt, denn erst dann sind wir eine Gruppe, die auch mit den verschiedenen Gangarten eine harmonische Gruppe ist.

Auswertung:
Wie habe ich es geschafft, meine eigene Gangart herauszufinden, so dass sich die anderen TeilnehmerInnen nicht gestört fühlten und ich im Gegenzug nicht gestört wurde? Bei diesem Spiel erfahren die TeilnehmerInnen über sich, wie sie sich als Individum in einer Gruppe verhalten.

1.2.4 Detektiv

Wer lässt sich schon gern auf frischer Tat ertappen?

TeilnehmerInnen: ab 10
Alter: ab 8 Jahre
Hilfsmittel: eine Murmel oder ein kleiner Stein
Zeitbedarf: 20 min.

Die TeilnehmerInnen stellen sich in einen Kreis, dicht beieinander. Eine von ihnen wird als DetektivIn bestimmt, stellt sich in die Mitte und schließt die Augen. Derweil lassen die anderen TeilnehmerInnen eine Murmel bzw. einen Stein durch die vorgestreckten Fäuste im Kreis umhergehen. Die raffinierteste Art besteht darin, sie in der nach unten zeigenden Faust zu halten und in die nach oben zeigende Faust der NachbarIn fallen zu lassen. Die DetektivIn gibt ein Signal und öffnet die Augen. Wer hat nun die Kugel? Wenn ihr jemand verdächtig erscheint, klopft sie auf die Faust, die sodann geöffnet werden muss. War es eine Finte, muss die DetektivIn weiter suchen. Hat sie jemanden auf frischer Tat ertappt, so wird diese Person zur DetektivIn. Es darf getäuscht werden!

Auswertung:
Wie gut wurde geflunkert? Hat es Spaß gemacht? Wie war es für die DetektivIn?

1.2.5 BlindhauerIn

Wer ist die wahre KünstlerIn?

TeilnehmerInnen: ab 3
Alter: ab 10 Jahre
Hilfsmittel: keine
Zeitbedarf: 15 min.

Die TeilnehmerInnen teilen sich in Dreiergruppen auf. Jede Gruppe besteht aus einer KünstlerIn, einem Modell und einem Klumpen Ton. Die KünstlerIn und der Ton schließen die Augen, das Modell kann sie geöffnet lassen. Nun beginnt die Arbeit der KünstlerIn. Sie ertastet das Modell und versucht, den Klumpen Ton danach zu formen. Die neue Schöpfung sollte dem Modell ziemlich ähnlich sehen. Wenn der Modellierungsprozess abgeschlossen ist, können die KünstlerIn und die Neuschöpfung die Augen öffnen und sich dem strengen Urteil der KunstkritikerInnen unterziehen. Diese Art der Kunstschöpfung kann auch auf ganze Gruppen angewandt werden, wobei es eine Riesenstatue, einen Klumpen Ton und eine Schar von KünstlerInnen gibt.

Auswertung:
Wie war es für die KünstlerIn, mit geschlossenen Augen andere zu ertasten? Wie war es für den Klumpen Ton und das Modell, sich blind berühren zu lassen? Wie viel Vertrauen hattet ihr zueinander? Wie eigensinnig war der Ton? Hat der Ton sich gut formen lassen? Wie vorsichtig seid ihr miteinander umgegangen?

1.2.6 Bärenjagd

Wie weit geht meine Fantasie?

TeilnehmerInnen: mindestens 2
Alter: ab 7 Jahre
Hilfsmittel: keine
Zeitbedarf: 10-15 min.

Sie als Spielleiterin machen der Gruppe sowohl Bewegungen als auch Geräusche vor. Die Gruppe muss diese nachahmen: „Ich hocke im Zelt (in der Hocke sitzen) - öffne den Reißverschluss (zzzzzzt) - steige raus (aus der Hocke einen Schritt vor machen) – drehe mich um (hinstellen und umdrehen) - schließe den Reißverschluss (zzzzt) - strecke mich (räkeln und gähnen) - schleiche raus (schleichen) - husche mit nackten Füßen über das nasse Gras (leicht auf die Schenkel klopfen) - durchs Schilf am See (mit den Händen zur Seite biegen, schschscht) - wate durch den Matsch (Füße schwer heben, quatsch) - renne über die Holzbrücke (mit den Fäusten auf die Brust klopfen) - da ist der Bär! - Ich pirsche mich an die Höhle ran (auf Zehenspitzen gehen) - huch, der Bär kommt raus! - Ich renne weg ..." Nun folgt die Beschreibung des Weges zurück zum Zelt, mit den gleichen Etappen.

Auswertung:
Seid ihr wach? Hat es Spaß gemacht?

1.2.7 KillerIn

Wie gut kann ich schauspielern?

TeilnehmerInnen: ab 12
Alter: ab 10 Jahre
Hilfsmittel: Zettel, Stift
Zeitbedarf: 20 min.

Zunächst muss unter den TeilnehmerInnen eine MörderIn bestimmt werden. Dafür eignen sich gefaltete Zettel, von denen einer ein Kreuz trägt. Jetzt geht es darum, ob es der KillerIn gelingt, die anderen TeilnehmerInnen umzubringen, bevor sie selbst von ihren möglichen Opfern auf frischer Tat ertappt wird. Sie tötet lautlos: Ein Blinzeln genügt und das Opfer muss sterben. Doch es soll nicht sofort gestorben werden, denn dann wüssten die anderen sehr schnell, wer die Täterin ist. Sterben sollten die Opfer erst nach ein paar Sekunden. Für die Ausschmückung dieser dramatischen Szene sind ihnen dann aber auch keine Grenzen gesetzt: röchelnd, zuckend oder kurz und trocken – alles ist erlaubt.

Für die Überlebenden wird die Situation immer brenzliger: Eine nach der anderen wird dahingerafft. Der Druck, die MörderIn zu entlarven, steigt. Haben (mindestens) zwei der noch Lebenden einen Verdacht, so müssen sie diesen kurz anmelden, auf drei zählen und gleichzeitig auf die Verdächtige deuten. Deuten sie auf zwei verschiedene Personen oder gar auf eine Unschuldige, müssen sie zur Strafe augenblicklich sterben. Erweist sich der Verdacht als richtig, so ist die KillerIn entlarvt.

Auswertung:
Hat es Spaß gemacht? Wie gefällt es euch jetzt in der Gruppe? Gibt es einen Unterschied zu vorher?

1.2.8 La Ola

Die Gruppe trägt mich!

TeilnehmerInnen: ab 20
Alter: ab 10 Jahre
Hilfsmittel: keine
Zeitbedarf: 20 min.

Aus Sicherheitsgründen sollten die TeilnehmerInnen vor Beginn des Spiels Schmuck, Gürtel mit Schnallen und andere scharfkantige Dinge ablegen.

Nun legen sie sich dicht nebeneinander auf den Boden, wie in einer Ölsardinendose, mit dem Gesicht nach unten. Die erste WellenreiterIn legt sich quer auf die Rücken der ersten TeilnehmerInnen. Sogleich setzt sich die Welle in Bewegung: Die auf dem Boden liegenden TeilnehmerInnen drehen sich einmal um sich selbst und versuchen mit dieser Bewegung, die WellenreiterIn voran zu schieben. Von vorne beginnend drehen sich nun alle, die die WellenreiterIn auf ihrem Rücken haben, in dieselbe Richtung, sodass diese irgendwann hoffentlich sanft an das andere Ende, den Meeresstrand, „gespült" wird.

Auswertung:
Wie war es, von der Gruppe getragen zu werden? Wie war es, so eng und so dicht nebeneinander zu liegen? Habe ich mich als Wellenreiter leicht oder schwer gemacht? Warum?

1.2.9 Aufstand

Eine Gruppe ist nur eine Gruppe, wenn sie als Gruppe kooperiert!

TeilnehmerInnen: mindestens 2
Alter: 10 Jahre
Hilfsmittel: keine
Zeitbedarf: 20 min.

Die TeilnehmerInnen beginnen zu zweit. Rücken an Rücken sitzen sie auf dem Boden und haken die Arme ein. Nun sollen sie gemeinsam aufstehen. Mit ein wenig Übung müsste es klappen. Nach dem ersten geglückten Versuch kommt eine dritte Person hinzu. Die drei versuchen ebenfalls, Rücken an Rücken und eingehakt, aufzustehen. Ist auch dies gelungen, wird weiter aufgestockt.

Auswertung:
Wie gut habt ihr die körperlichen Signale und Bewegungen der anderen mit in euren Bewegungsablauf aufgenommen? War es für euch schwer, euch anzupassen und in das Bewegungsspiel der anderen zu integrieren? Wodurch habt ihr es geschafft, „an einem Strang zu ziehen"? Wie viel Kraft musstet ihr aufwenden? Wie bewertet ihr euer Zusammenspiel?

1.2.10 Aus dem Stand bringen

Mein Gespür für mich und andere!

TeilnehmerInnen: ab 2
Alter: ab 8 Jahre
Hilfsmittel: keine
Zeitbedarf: 10-15 min.

Die TeilnehmerInnen stehen einander paarweise gegenüber, im Abstand einer Armlänge, Beine leicht gegrätscht. Gleiche Größe ist ein Vorteil, aber keine Bedingung. Beide heben die Hände auf Schulterhöhe und legen die Handflächen gegeneinander: die rechte Hand gegen die linke der PartnerIn und umgekehrt. Nun beginnt ein vorsichtiges Spiel, dessen vordergründiges Ziel darin besteht, die andere aus dem Stand zu bringen durch Schieben, Drücken, Nachgeben, Widerstand-Bieten, Druck-ins-Leere-laufen-Lassen. Auf dem Weg dorthin finden sich aber viele differenzierte Erfahrungen der Körperwahrnehmung. Wenn eine das Gleichgewicht verliert, die Füße verstellen muss oder andere Körperteile außer den Händen sich berühren, so wird das Spiel kurz unterbrochen, um die Ausgangsstellung wieder einzunehmen.

Oft ist es so, dass erst mal mit Kraft und Druck gearbeitet wird. Deshalb sollten Sie nach dem ersten Versuch den Hinweis geben, es mit weniger Kraft und Druck und mehr Gespür für sich und die andere zu versuchen.

Fragen Sie bei der Auswertung danach, wie der eigene und der fremde Körper, die eigene und die fremde Körperkraft wahrgenommen wurden und welchen Effekt sie beim Zusammenspiel hatten.

1.2.11 Shakehands

Wer sucht, der findet!

TeilnehmerInnen: mindestens 6
Alter: ab 7 Jahre
Hilfsmittel: Kärtchen oder Zettel
Spielzeit: 10 min.

Jede TeilnehmerIn erhält einen Zettel mit einer Zahl (1, 2 oder 3), die sie für sich behält. Die TeilnehmerInnen versuchen, nur durch gegenseitiges Händeschütteln entsprechend der Geheimzahl auf dem Zettel, ihre Gruppe (1 ,2 oder 3) zu suchen und zu finden. Es darf dabei nicht gesprochen werden.

Hinweis:
Dieses Spiel eignet sich gut zur Gruppeneinteilung.

2. Energizer

2.1 Eichhörnchen

Es muss ja nicht immer die Reise nach Jerusalem sein!

TeilnehmerInnen: ab 16 (mit und ohne Sie sollte sich eine durch 3 teilbare Zahl plus 1 ergeben).
Alter: ab 10 Jahre
Hilfsmittel: keine
Zeitbedarf: 10-15 min.

Zu Beginn stehen die TeilnehmerInnen in einem lockeren Kreis. Jede Dritte ist ein Eichhörnchen. Die beiden Menschen links und rechts eines jeden Eichhörnchens wenden sich ihm zu und geben sich über seinem Kopf die Hände. Sie bilden die linke und die rechte Wand des Eichhörnchen-Hauses. Eine TeilnehmerIn ist übrig geblieben. Sie sucht natürlich auch ein Haus. Daher ruft sie jetzt laut „Eichhörnchen!" und alle Eichhörnchen müssen so schnell wie möglich das Haus wechseln. Dadurch entsteht für das unbehauste Eichhörnchen die Chance, selbst ein Haus zu ergattern. Es hat aber noch andere Möglichkeiten. Ruft es „Linke Wand!", dann wechseln alle linken Wände und bei der rechten Wand läuft es analog. Beim Ausruf „Erdbeben!" müssen alle wechseln.

Hinweis:
Mit Hilfe dieses Spiels lassen sich gut Dreiergruppen bilden oder auch drei Gruppen.

Auswertung:
Seid ihr wach? Hat es euch Spaß gemacht? Wie war es, übrig geblieben zu sein?

2.2 Ameisenhaufen

Ein Spiel für zwischendurch: Wie komme ich heil durchs Chaos?

TeilnehmerInnen: ab 16
Alter: ab 4 Jahre
Hilfsmittel: keine
Zeitbedarf: 3 min.

Alle haben schon zu lange auf ihren Plätzen gesessen? Gut, jede nimmt den im Kreis genau gegenüberliegenden Platz fest in den Blick, alle lassen sich auf alle viere nieder und auf „los" krabbeln sie zielstrebig los zum gegenüberliegenden Platz, ohne sich durch irgendein Hindernis aufhalten zu lassen.

Auf den neuen Plätzen kann es dann mit der ernsthaften Arbeit weitergehen.

Hinweis:
Ameisen geben immer gut Acht, dass sie einander nicht behindern.

Auswertung:
Gab es einen Tumult in der Mitte? Warum? Wie war es, sich in diesem Tumult zurechtzufinden?

2.3 Klopfmassage

Eine angenehme Art, wach zu werden!

TeilnehmerInnen: ab 2
Alter: ab 8 Jahre
Hilfsmittel: keine
Zeitbedarf: 2 x 5 min.

Die TeilnehmerInnen bilden Paare. Eine von beiden lässt locker den Oberkörper nach vorne hängen, die andere klopft sanft mit den Fingern der flachen Hand deren Arme, Rücken und Beine ab. Dann wird die Energie ausgestrichen und das geht so: Die Finger werden wie Fächer gespreizt und dann vom Hals bis zu den Füßen am Körper entlang herunter gestrichen. Das gleiche Verfahren gilt auch für die Arme. Dann wird gewechselt.

Auswertung:
War es für mich angenehm? Konnte ich abschalten? Wie fühlt sich mein Körper jetzt an? Hat sich was verändert? Wenn ja, was?

3. Opener

3.1 Blinde KünstlerIn

Wie halte ich es mit der Genauigkeit: sich präzise ausdrücken, genau zuhören ...?

TeilnehmerInnen: mindestens 2
Alter: ab 8 Jahre, abhängig vom Schwierigkeitsgrad der vorgelegten Zeichnung
Hilfsmittel: ein einfaches Bild oder eine Zeichnung, ein Blatt und ein Stift; Bildvorlage je nach Altersgruppe
Spielzeit: 20 min.

Die TeilnehmerInnen bilden Paare. Die eine beschreibt ihrer PartnerIn eine Zeichnung, die diese nicht sieht, die sie aber zeichnen soll. Sie beschreibt dazu aber nicht etwa den Bildgegenstand, sondern lediglich Position und Richtung der Linien. Erst am Ende der Übung darf die ZeichnerIn einen Blick auf die Bildvorlage werfen und die beschreibende Person das neu entstandene Bild bewundern – wie nahe ist es der Vorlage gekommen? Diese Übung hört sich viel einfacher an, als sie wirklich ist.

Auswertung für die beschreibende Person:
Wie genau kann ich etwas beschreiben und erklären? Wie schwer fällt es mir, genau zu sein? Wie kompliziert oder einfach erkläre ich etwas und was bedeutet das für die anderen?

Auswertung für die ZeichnerIn:
Höre ich genau hin? Zeichne ich nur, was ich zeichnen soll, oder habe ich meine eigenen Bilder im Kopf und zeichne eher diese? Kann ich aus dieser Übung Rückschlüsse darauf ziehen, wie genau ich zuhöre und wie genau ich erkläre?

4. Lightener

4.1 Elefantenspiel

Stress!

Erste Begegnung mit dieser Übung bei: Bittl-Drempetic, „Gewaltfrei handeln“, Nürnberg 1993.

TeilnehmerInnen: mindestens 8
Alter: ab 13 Jahre
Hilfsmittel: mindestens 2 große Räume, davon einer mit vielen Tischen, Stühlen, Schachteln usw., die als Hindernis-Parcours aufgebaut werden; ein geeignetes Gelände draußen ist auch möglich; Tücher und Schals zum Augen-Verbinden
Spielzeit: 2,5 Std.

Verlauf:
a. Für dieses Spiel werden mindestens 2 SpielleiterInnen benötigt. Erklären Sie zunächst der Gruppe Sinn und Zweck des Spiels und geben Sie eine kurze Übersicht über die einzelnen Abschnitte. Die Gruppe hat zwei Gelegenheiten, durch den Hindernislauf zu gehen. Die erste wird nur kurz sein, ein Probelauf, um ihre Zusammenarbeit und Signale auszuprobieren. Zwischen dem ersten und dem zweiten Durchgang bekommt die Gruppe kurz Zeit, um noch einmal die Signale abzusprechen oder sie zu verbessern. Der zweite Hindernisparcours wird länger und schwieriger sein und einige unerwartete Hindernisse aufweisen. Bevor es weitergeht, sollte die Gruppe gefragt werden, ob sie bereit ist, das Spiel zu versuchen.

b. Die TeilnehmerInnen werden informiert, dass sie 10 Minuten (bei mehr als 15 Leuten 12 Minuten) Zeit haben, um eine Form der Zusammenarbeit zu entwickeln, die sie durch den Hindernislauf bringen wird, und dass während des Hindernislaufs nur eine Person, genannt „die Augen“, ihre Augen offen halten darf. Sie darf jedoch die anderen Gruppenmitglieder nicht berühren und nicht mit ihnen reden. Der Rest der Gruppe muss die Augen geschlossen halten, am besten, indem die Augen verbunden werden.

c. Die Gruppe erhält nun eine kurze Pause, um Verständnisfragen stellen zu können.

d. Die Gruppe erhält die ersten 10 Minuten Vorbereitungszeit. Eine der SpielleiterInnen sollte den

Gruppenprozess beobachten und auf den Zeitrahmen achten.

Beobachtungskriterien:
- Wie werden „die Augen" ausgewählt?
- Wie werden die Signale entwickelt?
- Wie geht die Gruppe an die Aufgabe heran?
- Teilnahme(bereitschaft) der einzelnen Gruppenmitglieder?
- Männer und Frauen(rollen)
- Entscheidungsfindung

e. Eine SpielleiterIn geht in den anderen Raum und baut, falls das noch nicht geschehen ist, die Hindernisse aus den Tischen, Stühlen, Schachteln, Vorhängen usw. auf. Der erste Lauf sollte nur drei oder vier Hindernisse haben: unter einem Stuhl durchkriechen, einige Stühle umgehen, über einen Tisch klettern.

f. Am Ende der zehnminütigen Vorbereitungszeit zeigen die SpielleiterInnen „den Augen" den Hindernislauf. Am besten werden „die Augen" einmal durch den Parcours geführt.

g. SpielleiterInnen und „Augen" gehen zurück zur Gruppe. Die Teilnehmerinnen reihen sich nun auf (falls dies ihre Taktik ist) und verschließen die Augen. Erinnern Sie daran, dass alle durch den Hindernislauf kommen müssen!

h. Es sollte der Gruppe immer möglich sein, den ersten Hindernislauf erfolgreich zu durchlaufen, ansonsten könnte sie sehr entmutigt werden. Falls die Gruppe keine angemessene Form der Zusammenarbeit gefunden hat und sich im totalen Chaos befindet, sollte sie ermutigt werden, in den ersten Raum zurückzugehen und dort ihre Signale, „die Augen" oder die Reihenfolge neu zu bestimmen. Ein Versuch ist dann noch frei!

i. Nachdem die TeilnehmerInnen den ersten Durchlauf erfolgreich beendet haben, bekommen sie weitere 5 Minuten Zeit, um letzte Verbesserungen vorzunehmen. Eine SpielleiterIn beobachtet dabei wieder die Gruppe, während die andere den Hindernislauf umgestaltet (6-7 Hindernisse).

j. „Die Augen" bekommen den umgestalteten Hindernislauf gezeigt und gehen zu ihrer Gruppe, die noch einmal darauf hingewiesen wird, dass sie diesmal einige ungewöhnliche Hindernisse antreffen wird.

k. Die Gruppe beginnt den Hindernislauf wie vorher. Die SpielleiterInnen belästigen jedoch die Gruppe, am Anfang nur leicht, später sehr viel aggressiver. Der Zweck des Belästigens ist es, die Aufgabe der Gruppe schwieriger zu machen, den Streß zu vergrößern und die Elemente „Überraschung und neue Information" zu simulieren. Die SpielleiterInnen sollten dabei die Aufgabe immer schwieriger machen, jedoch nie so schwer, dass es unmöglich wird, sie zu meistern. Die Gruppe sollte nicht länger als 15 Minuten brauchen, da sich sonst Langeweile oder Frust einstellen können.

Variationen:
1. Die Aufgabe wird bewusst sehr lange hinausgezögert, wobei über längere Zeit nichts passiert. Hierbei wird die Fähigkeit überprüft, mit einer völlig neuen Situation fertig zu werden und Geduld zu üben.

2. Nicht die SpielleiterInnen, sondern eine zweite Gruppe der TeilnehmerInnen gestaltet die Hindernisse und Störaktionen. Bei dieser Variation ist es notwendig, dass Sie regulierend und/oder motivierend eingreifen.

3. „Die Augen" können angefasst werden und sind somit Teil der Herde.

Frühes Belästigen der Gruppe durch die SpielleiterInnen kann z.B. darin bestehen, dass Sie einem aus der Gruppe zuflüstern: „Komm bitte mit! Das ist Teil des Spiels!" und ihn dann wegführen. Andere Störaktionen: ins Ohr blasen, leichtes Kitzeln ...

Spätere aggressive Belästigungen könnten so aussehen: Blockieren der Reihe mit dem eigenen Körper; Auseinanderbrechen der Gruppe; Entführen einiger Leute oder gar der „Augen"; aggressives Kitzeln ...

Gegen Ende der Aufgabe sollte das Belästigen abnehmen oder ganz aufhören, sodass die Aufgabe erfüllt werden kann.

Die SpielleiterInnen sollten darauf achten, dass sich niemand verletzt. Sie sollten im Erfinden neuer Formen von Belästigungen fantasievoll sein, jedoch keine gefährliche Situation heraufbeschwören.

Auswertung:

1. Nach Beendigung des Hindernislaufes brauchen alle erst einmal einige Minuten Zeit, da die TeilnehmerInnen Gefühle angestaut haben, die sie loswerden müssen.

2. Helfen Sie anschließend der Gruppe, drei Themenbereiche auszuwerten:

• Wie hat die Gruppe ihre Entscheidungen vor dem Hindernislauf getroffen?

Mögliche Fragestellungen: Teilnahme der Einzelnen am Gruppengeschehen, Führungsrolle, Vorgehen der Gruppe

• Wie hat die Gruppe beim Hindernislauf zusammengearbeitet?

Mögliche Fragestellungen: „Wie hast du dich in deiner Rolle als Mitglied der Reihe gefühlt? Wie haben sich die Leute mit besonderen Rollen gefühlt (Anfang der Reihe, Ende der Reihe, „Auge", ...)? Wie haben die besonderen FunktionsträgerInnen ihre Aufgabe gemeistert? Welches Verständigungssystem wurde ausgearbeitet und wie hat es funktioniert? Hattet ihr alle Informationen, die ihr brauchtet, um eure Aufgabe erfüllen zu können? Wie ist die Gruppe mit unerwarteten neuen Erfahrungen umgegangen? Welche Fragen wirft diese Übung bezüglich der Führungsrolle und der Teilnahme in der Gruppe auf? Wie seid ihr mit Langeweile, wie mit Angriffen zurechtgekommen?"

• Was ist in welcher Weise auf das wirkliche Leben zu übertragen? Wie wichtig ist es, dass alle Gruppenmitglieder an einer Entscheidung teilhaben und alle Informationen haben? Wie wichtig ist es, Führungsrollen auf mehrere zu verteilen? Welche Rolle spielt der Sexismus? Wer wurde am meisten belästigt? Welche Reaktionen gab es nach dem menschlichen Kontakt mit den BelästigerInnen? Was bewirkte, dass die Belästigungen aufhörten?

Anmerkung:

Sie müssen den TeilnehmerInnen machmal den Anstoß geben, die Lernerfahrungen aus der Übung auf das wirkliche Leben zu übertragen.

Achtung

Die Übung kann zu einigem Misstrauen gegen die SpielleiterInnen führen und sollte deshalb nicht zu Beginn eines Trainings eingesetzt werden. Wann immer sie benutzt wird, sollten die TeilnehmerInnen die Möglichkeit haben, ihren feindseligen Gefühlen gegenüber den AggressorInnen Luft zu machen. Verstärkung und Bestätigung können mithelfen, Vertrauen wieder aufzubauen.

Die TeilnehmerInnen dürfen wissen, dass es eine schwierige Übung ist. Nicht vergessen, der Gruppe zu sagen, welche Dinge sie gut gemeistert hat!

4.2 Jede gegen jeden

Wie wichtig ist mir der Sieg bzw. die Niederlage?

Erste Begegnung mit dieser Übung bei: Trainingskollektiv Köln

TeilnehmerInnen: 6
Alter: ab 10 Jahre
Hilfsmittel: Tesa-Krepp zum Markieren
Zeitbedarf: 10 min.

Variante 1

Alle TeilnehmerInnen befinden sich kniend oder sitzend in einem markierten Viereck. Aufgabe ist es, die anderen TeilnehmerInnen aus dem Viereck zu befördern. Alle Mittel sind erlaubt, niemand aber darf stehend agieren.

Variante 2

Aufgabe ist es, die Socken der Mitspieler zu erobern. Wer beide Socken verloren hat, scheidet aus.

Variante 3

Die TeilnehmerInnen werden in zwei Gruppen geteilt. Aufgabe ist es, die Socken der anderen Gruppe zu erkämpfen (Gruppe gegen Gruppe). Abgewandelt ist es auch möglich, jeweils ein Mitglied aus der Gruppe gegen ein Mitglied aus der gegnerischen Partei gegeneinander antreten zu lassen.

Auswertung:

Wie habt ihr euch dabei gefühlt?

Wie war es für euch zu siegen bzw. zu verlieren; wie wichtig war es für euch zu siegen?

Habt Ihr Gewaltbereitschaft bei euch oder anderen entdecken können?

4.3 Buddy-System

Es ist immer gut, wenn man einen Schutzengel hat und außerdem nicht allein ist!

TeilnehmerInnen: 2
Alter: 9 Jahre
Hilfsmittel: keine
Zeitbedarf: mehrere Stunden bis mehrere Tage

Jede TeilnehmerIn wählt eine Person, die für den Baustein, für die Einheit, für die nächsten Tage ihr Buddy (Kumpel, Freund) sein soll. Die Paare treffen sich und tauschen sich hin und wieder aus. Sie sollen sich gegenseitig stützen und stärken.

Variante: Die Namen der TeilnehmerInnen werden auf Zettel geschrieben. Der Reihe nach wird je ein Zettel gezogen, auf dem die Person vermerkt ist, deren Buddy man zukünftig sein soll. Die Betreuung erfolgt nun heimlich. Am Ende einer vorher vereinbarten Zeit muss dann erraten werden, wer wohl der zuständige Buddy war.

Auswertung:
Wie war es für mich, einen Buddy zu haben? Habe ich mich sicherer gefühlt? War er für mich in schwierigen Situationen da? Was sind die Vorteile des Buddy-Systems?

4.4 Balancierende Bleistifte

Bin ich bereit, Führung zu übernehmen oder auch abzugeben?

TeilnehmerInnen: ab 2
Alter: ab 8 Jahre
Hilfsmittel: für je 2 TeilnehmerInnen einen Bleistift oder anderen Stift
Zeitbedarf: 10-15 min.

Die TeilnehmerInnen stehen paarweise locker über den Raum verteilt. Die Paare bekommen je einen Bleistift, den sie zwischen die Kuppen ihrer rechten Zeigefinger spannen. Nun beginnen sie, sich durch den Raum zu bewegen, ohne zu sprechen, mit immer mutigeren Bewegungen, nach allen Seiten, nach oben, nach unten. Der Stift darf nicht herunterfallen.

Die Auswertung fragt nach dem Prozess der allmählichen Harmonisierung der Bewegungen. Wie verlief er? Wer hatte wann die Führung? In welcher Haltung war es leichter oder schwerer zu führen? War die Übung angenehm? Wenn ja, warum?

5. Wind-down

5.1. Vom Winde verweht

Sich fallen lassen und sich in Sicherheit wiegen!

TeilnehmerInnen: ab 12
Alter: ab 12 Jahre
Hilfsmittel : keine
Zeitbedarf: 20 min.

Die TeilnehmerInnen bilden einen Kreis und stellen sich Schulter an Schulter, mit Blick zur Mitte. Die Arme werden in Brusthöhe nach vorn gehalten. Um einen festen Stand zu haben, sollte ein Fuß nach hinten gestellt werden. Die TeilnehmerInnen sind der Sommerwind und in die Mitte stellt sich nun ein Teilnehmer, der vom Wind bewegt werden will. Er kreuzt seine Arme vor der Brust und schließt die Augen. Mit geradem, angespanntem Körper lässt er sich zur Seite fallen und wird vom Wind weiter hin und her bewegt. Dazu passen leise säuselnde Windgeräusche.

Auswertung:
Konnte ich mich wirklich fallen lassen? Wie viel Vertrauen hatte ich? In welche Stimmung kam ich? Wie geht es mir jetzt in der Gruppe?

5.2. Holzfäller

Reine Vertrauenssache!

TeilnehmerInnen: ab 8
Alter: ab 12
Hilfsmittel: einen Teppich, eine Decke oder ähnliches, musikalische Untermalung wäre gut
Zeitbedarf: ca. 20 min.

Drei TeilnehmerInnen werden zu Holzfällern bestimmt. Die übrigen TeilnehmerInnen verteilen sich im Raum. Wenn alle einen geeigneten Platz für sich gefunden haben, sollen sie sich vorstellen, dass sie zu Baumstämmen werden: Die Augen werden geschlossen, die Haltung ist gerade und die Arme liegen seitlich am Körper an. Bis zu ihrem „Fall" dürfen sich die Baumstämme leicht im Wind wiegen. Die Holzfäller haben die Aufgabe, die Baumstämme zu fällen und an einen Ort dicht nebeneinander hinzulegen. Das Fällen geht folgendermaßen: Ein Baumstamm wird angetippt, er weiß jetzt, dass seine Stunde geschlagen hat und erstarrt, d.h. der Körper muss angespannt werden, sodass er beim Wegtragen nicht zusammensackt. Die drei Holzfäller kippen den Baumstamm vorsichtig um und tragen ihn dann fort. Die ganze Zeit über sollte der Baumstamm die angespannte Haltung beibehalten. So wird jeder Baumstamm einzeln abtransportiert. Die Augen der Baumstämme bleiben so lange geschlossen, bis der letzte Baum gefällt ist.

Auswertung:
Wie erging es dir als Baumstamm? Konntest du dich so anspannen, dass die Holzfäller dich leicht transportieren konnten? Hattest du genügend Vertrauen in die Holzfäller, dass sie es schaffen, dich zu tragen? Konntest du die Ungewissheit ertragen, an einem anderen Ort, dicht neben den anderen Baumstämmen „aufzuwachen"? Wie war es, als du gesehen hast, neben wem du liegst?

5.3 Wer mich hören kann

Schweigen im Rhythmus!

TeilnehmerInnen: eine lärmende Gruppe
Alter: ab 6 Jahre
Hilfsmittel: keine
Zeitbedarf: 2 bis 5 min.

Dieses Spiel eignet sich gut, um binnen kürzester Zeit Ruhe in die Gruppe zu bringen. Rufen Sie laut: „Wer mich hören kann, klatscht einmal!" Die TeilnehmerInnen, die diese Aufforderung hören, klatschen einmal. Rufen Sie dann: „Wer mich hören kann, klatscht zweimal!" Jetzt werden es schon mehr sein, die mitklatschen. Rufen Sie erneut: „Wer mich hören kann, klatscht dreimal!" usw. Beim vierten Mal klatschen alle mit.

Auswertung:
Ab wann und auf was hast du reagiert?

5.4 Herkules

Entspannen!

Erste Begegnung mit dieser Übung bei:
Bittl-Drempetic, „Gewaltfrei handeln", Nürnberg 1993.

TeilnehmerInnen: ab 3
Alter: ab 10 Jahre
Hilfsmittel: keine
Zeitbedarf: 10 min.

Ziel dieser Übung ist es zu entspannen und ruhig zu werden.

Geben Sie eine genaue Anweisung: „Nimm eine bequeme Position ein. Die Beine sind leicht gegrätscht, die Füße stehen parallel. Die Knie sind ganz leicht nach vorn gebeugt. Sie dienen sozusagen als Federung. Schließe die Augen. Achte nun auf deinen Atem, spüre nach, wie du ein- und ausatmest. Nimm deine innere Stimmung wahr. Jetzt lege deine Hände in Bauchhöhe parallel zum Körper übereinander. Versuche weiterhin auf deinen Atem zu achten und drehe die Handflächen nach außen. Die Arme bilden zusammen mit den Händen einen Kreis. Dieser wird nun ganz langsam mit einer ausladenden Bewegung nach oben vom Körper weg über den Kopf gehoben. Über dem Kopf angelangt, senken sich langsam die Handrücken zum Kopf runter. Stelle dir dabei vor, du trägst den Erdball und er wird dir nun zu schwer. Wenn die Hände am Kopf angelangt sind, werden die Handflächen von den Armen auseinander gezogen. Im Zeitraffer gleiten die Arme seitlich in ihre Ausgangsstellung zurück. Die Handrücken zeigen nach außen."

Nach der Übung sollen die TeilnehmerInnen nachspüren, wie es ihnen geht, und ihre Atmung wahrnehmen.

Auswertung:
Wie geht es dir nach dieser Übung? Was hat sich in deiner Wahrnehmung verändert? Wie fühlst du dich jetzt?

LITERATURVERZEICHNIS

Angeführt sind sowohl Werke, aus denen zitiert wurde, wie auch solche, die zu einer Weiterarbeit an unserem Thema empfohlen werden. Knappe Kommentare zu einigen der Bücher sollen den Umgang mit dieser Liste erleichtern.

Beck, Detlef / Müller, Barbara / Painke, Uwe:
Gewaltfreie Nachbarschaftshilfe.
Kreatives Eingreifen in Gewaltsituationen und gemeinschaftliche Prävention fremdenfeindlicher Übergriffe. Ein Handbuch für die Praxis. Hrsg.: Bund für Soziale Verteidigung. Minden (BSV) 1994.
Die (gelungene) Übertragung US-amerikanischer und englischer Modelle auf deutsche Verhältnisse.

Beer, Jennifer E.:
Friends Conflict Resolution Programs: Peacemaking in your Neighbourhood.
Mediator's Handbook. Philadelphia 1990.

Besemer, Christoph:
Mediation. Vermittlung in Konflikten.
Königsfeld (Stiftung Gewaltfreies Leben) 1993.
Eine knappe und gut verständliche Einführung.

Bittl-Drempetic, Karlheinz:
Gewaltfrei Handeln.
Hrsg.: Fränkisches Bildungswerk für Friedensarbeit e.V. und Regenbogen Bayern e.V., Nürnberg (City Verlag) 1993.
Zielt auf ein Klientel innnerhalb der Friedensbewegung. Die Spielesammlung bietet Anregungen.

Daublebski, Benita:
Spielen in der Schule. Vorschläge und Begründungen für ein Spielcurriculum.
Stuttgart/Dresden (Ernst Klett Verlag für Wissen und Bildung), 10. Aufl. 1992.
Ein genauer Praxisbericht (mit Spielanleitungen) und viel Reflexion über den äußeren Rahmen und die innere Haltung, die das Spiel als Methode erfordert.

de Bono, Eduard:
Konflikte. Neue Lösungsmodelle und Strukturen.
Econ Verlag, Düsseldorf 1989.

Domino:
A manual to use peer group education as a means to fight racism, xenophobia, anti-semitism and intolerance.
Strasbourg (European Youth Centre) 1995.

Education Pack. Ideas, resources, methods and activities for informal intercultural education with young people and adults.
Hrsg.: All different, all equal. European Youth Campaign against racism, xenophobia, anti-semitism and intolerance. Strasbourg (European Youth Centre) 1995.

Faller, Kurt:
Das Offenbacher Modellprojekt.
In: Schacht, Konrad / Leif, Th.:
Hilflos gegen Rechtsextremismus?
Köln (Bund-Verlag) 1995

Fine, Nic / Macbeth, Fiona:
Playing with Fire. Training for the creative use of conflict.
Leicester/London (Youth Work Press) 1992.
Beispielhaft für die Trainingsarbeit mit erwachsenen Gruppen.

Fisher, Roger / Ury, William:
Das Harvard-Modell. Sachgerecht verhandeln - erfolgreich verhandeln.
Frankfurt am Main/New York (Campus Verlag) 1984.

Folberg, Jay / Taylor, Alison:
Mediation. A Comprehensive Guide to Resolving Conflicts without Litigation.
San Francisco/Oxford (Jossey-Bass Publishers) 1984.

Frisch, Max:
Halten Sie sich für einen guten Freund?
Elf Fragebogen. Frankfurt/Leipzig (Insel Verlag) 1995.

Glasl, Friedrich:
Konfliktmanagement.
Bern/Stuttgart (Verlag Haupt/Freies Geistesleben) 1990.
Diese Darstellung ist **das** *voluminöse Standardwerk für dieses Thema.*

Gordon, Thomas:
Familienkonferenz.
Die Lösung von Konflikten zwischen Eltern und Kind. München 1989.

Just us.
Young people in action with young people.
Hrsg.: British Red Cross Youth. 1994.

Kerntke, Wilfried / Faller, Kurt:
Courage zeigen. Unterrichtsmaterialien zum Europäischen Pass gegen Rassismus für Schule und Jugendarbeit.
Hrsg.: Aktion Courage e.V. - SOS Rassismus. Bonn (Aktion Courage) 1995.

Lünse, Dieter / Rohwedder, Jörg / Baisch, Volker:
Zivilcourage. Anleitung zum kreativen Umgang mit Konflikten und Gewalt.
Hrsg.: Arbeitsgemeinschaft freier Jugendverbände e.V., Hamburg. Münster (Agenda Verlag) 1995.
Auch Ansätze zum Konfliktmanagement sind in dem gleichwohl knappen Handbuch enthalten.

Moore, Christopher W.:
The Mediation Process. Practical Strategies for Resolving Conflicts.
San Francisco (Jossey-Bass Publishers) 1986.

Pedersen, Paul / Carey, John C.:
Multicultural Counseling in Schools. A practical handbook.
Boston (Allyn and Bacon)1994.
Bietet eine Fülle von z.T. übertragbaren Anregungen für die Arbeit an Schulen.

Rademacher, Helmolt / Wilhelm, Maria:
Spiele und Übungen zum interkulturellen Lernen.
Berlin (Verlag für Wissenschaft und Bildung) 1991.
Eine praxisnahe, auch in diesem Zusammenhang gut verwendbare Sammlung.

Tennstädt, Kurt Christian / Krause, Frank / Humpert, Winfried / Dann, Hanns-Dietrich:
Das Konstanzer Trainingsmodell (KTM).
Neue Wege im Schulalltag: ein Selbsthilfeprogramm für zeigemäßes Unterrichten und Erziehen. Band 1: Trainingshandbuch. Bern (Verlag Hans Huber), 2.Aufl. 1994.
Ein aufwendiges, aber lohnendes Programm. Teile davon eignen sich zur Ergänzung für LehrerInnen, die längerfristig mit dem Programm von „Konflikte selber lösen" arbeiten.

Thomann, Christoph / Schulz von Thun, Friedemann:
Klärungshilfe. Handbuch für Therapeuten, Gesprächshelfer und Moderatoren in schwierigen Gesprächen.
Reinbek (Rowohlt Taschenbuch Verlag) 1988.
Bereichert die Auseinandersetzung mit Mediation um einige Praxisaspekte.

Wagner, Lilya:
Peer Teaching. Historical Perspectives.
London 1984.

Walker, Jamie:
Gewaltfreier Umgang mit Konflikten in der Sekundarstufe I.
Spiele und Übungen.

dies.:
Gewaltfreier Umgang mit Konflikten in der Grundschule.
Spiele und Übungen.
Beide Frankfurt am Main (Cornelsen Verlag Scriptor) 1995.
Das strukturierte Spieleangebot dieser beiden ähnlich aufgebauten Bände lädt ein zur sofortigen Umsetzung.

Mediation in der pädagogischen Arbeit

Für die pädagogische Arbeit hat der Grundgedanke der Mediation, dass nicht die Konflikte das eigentliche Problem sind, sondern die Art und Weise, wie wir damit umgehen, große Bedeutung.
Für Schulen und andere pädagogische Einrichtungen wird die Entwicklung einer neuen Konfliktkultur zur zentralen Aufgabe.
Das Konzept der Mediation in der pädagogischen Arbeit umfasst daher drei Ebenen. Es geht darum,

- die Konfliktfähigkeit der Personen zu stärken
- die Konfliktfestigkeit der Gruppen und Klassen aufzubauen und
- eine neue Konfliktkultur der Einrichtungen zu entwickeln.

In allen pädagogischen Arbeitsfeldern stellen sich ähnliche Fragen: Wie kann ich als PädagogIn das eigene Verhalten im Konflikt verändern? Wie kann ich Konflikte schneller erkennen und genauer analysieren? Wie kann ich in Konfliktsituationen vermitteln? Wie kann ich Kinder und Jugendliche befähigen, Streit zu schlichten? Welche Schritte sind notwendig, um an der Schule oder pädagogischen Einrichtung eine neue, konstruktive Konfliktkultur zu entwickeln? Wie kann die Gestaltung des sozialen Prozesses als ein Element der Schulentwicklung in das Schulprogramm eingebaut werden?

Für diese Themen bietet das MEDIUS-Institut Workshops und Trainings in verschiedenen Settings an:

I. Workshop

Eine authentische Darstellung des Konzepts „Mediation in der pädaggogischen Arbeit" mit Präsentationsveranstaltung und ein- bis zweitägigen Einstiegstrainings.

II. Basistraining

Ziel der einwöchigen Basistrainings ist eine Grundausbildung in Mediation in der pädagogischen Arbeit für ErzieherInnen, SozialpädagogInnen, LehrerInnen, FachberaterInnen, SchulpsychologInnen und LehrerfortbildnerInnen, die befähigt, Mediation in pädagogischen Arbeitsfeldern anzuwenden, Klärungsprozesse in Gruppen und Klassen anzuleiten, Kinder und Jugendliche zu Streitschlichtern auszubilden und Veränderungsprozesse in Schulen oder pädagogischen Einrichtungen zu moderieren. Diese Grundausbildung setzt an den professionellen Vorerfahrungen an und bietet eine Erweiterung der pädagogischen Handlungsmöglichkeiten.
Das Basistraining wird vor allem als Ferientraining angeboten.
(Termine bitte erfragen.)

III. Zusatzausbildung

Eine zweijährige berufsbegleitende Zusatzausbildung an dem renommierten Fortbildungsinstitut „Institut für Sozialarbeit und Sozialpädagogik e.V." in Frankfurt.

IV. Inhouse-Projekte

Trainings, Fortbildungen, Konfliktbearbeitungen und Beratungen in Schulen, pädagogischen Einrichtungen, Verwaltungen, Kommunen und überregionalen Institutionen – am Ort und nach Bedarf der jeweiligen Träger.

Nähere Informationen:

MEDIUS
Institut für Mediation,
Beratung und Systemdesign
Kurt Faller
Starkenburgring 2
63069 Offenbach
Telefon/Fax: 069 - 83 24 35

„inmedio"
institut für mediation . beratung . entwicklung

Die acht BeraterInnen von *inmedio* verbinden Mediation mit Organisationsentwicklung und Gestalt-Arbeit. *inmedio* entwickelt und begleitet Mediationsprojekte für Schule und Jugendarbeit, oft Einrichtungs-übergreifend und Stadtteil-bezogen. Aus unseren berufsbegleitenden Ausbildungsgängen „Konfliktmanagement und Mediation" gehen nachhaltige Mediationsangebote in pädagogischen Institutionen hervor. Wir entwickeln mit unseren Kunden individuelle Lösungen.

Unsere Angebote für pädagogische Einrichtungen: regional

- Mediationsgespräche bei Konflikten, auch Team- und Kollegiumskonflikte
- Entwicklung neuer Konfliktbearbeitungs-Angebote in Ihrer Einrichtung
- Einzelberatung für Führungskräfte

und überregional:

- Konzeption und Durchführung von Fortbildungen und berufsbegleitenden Ausbildungen für Konfliktmanagement und Mediation, zugeschnitten auf den jeweiligen Träger.

Büro Rhein/Main
Dr. Wilfried Kerntke
Lehrstraße 8, 63075 Offenbach
Telefon/Fax: 069 - 86 77 79 23
inmedio.of@t-online.de

Büro Berlin
A. Ljubjana Wüstehube
Buchstraße 7, 13353 Berlin
Telefon: 030 - 45 49 04 00, Fax: 030 - 45 49 04 01
inmedio.b@t-online.de

Verlag an der Ruhr

www.verlagruhr.de

Gefühle spielen immer mit
Mit Emotionen klarkommen Ein Übungsbuch
Terri Akin u.a.
Ab 10 J., 92 S., A4, Pb.
ISBN 3-86072-553-X
Best.-Nr. 2553
17,– € [D]/17,50 € [A]/29,80 CHF

Miteinander klarkommen
Toleranz, Respekt und Kooperation trainieren
Dianne Schilling
Ab 10 J., 140 S., A4, Pb.
ISBN 3-86072-551-3
Best.-Nr. 2551
18,60 € [D]/19,15 € [A]/32,60 CHF

Zusammen kann ich das
Effektive Teamarbeit lernen
Susan Finney
Ab 10 J., 200 S., A4, Pb.
ISBN 3-86072-499-1
Best.-Nr. 2499
21,50 € [D]/22,10 € [A]/37,70 CHF

Kinder lernen zusammen streiten und gemeinsam arbeiten
Ein Mediations- und Gewaltpräventionsprogramm
Naomi Drew
Ab 6 J., 210 S., A4, Pb.
ISBN 3-86072-488-6
Best.-Nr. 2488
21,50 € [D]/22,10 € [A]/37,70 CHF

Selbstvertrauen und soziale Kompetenz
Übungen, Aktivitäten und Spiele für Kids ab 10
Terri Akin u.a.
Ab 10 J., 206 S., A4, Pb.
ISBN 3-86072-552-1
Best.-Nr. 2552
23,– € [D]/23,65 € [A]/40,30 CHF

Klotzen Mädchen!
Spiele und Übungen für Selbstbewusstsein und Selbstbehauptung
Siegrid und Hartmut Hoppe
Ab 12 J., 94 S., A4, Pb.
ISBN 3-86072-391-X
Best.-Nr. 2391
15,30 € [D]/15,70 € [A]/26,80 CHF

Müssen Jungen aggressiv sein?
Eine Praxismappe für die Arbeit mit Jungen
Jens Krabel
Ab 9 J., 104 S., A4, Pb.
ISBN 3-86072-392-8
Best.-Nr. 2392
15,30 € [D]/15,70 € [A]/26,80 CHF

Konflikte selber lösen
Trainingshandbuch für Mediation und Konfliktmanagement in Schule und Jugendarbeit
Kurt Faller, Wilfried Kerntke, Maria Wackmann
Ab 10 J., 207 S., A4, Pb.
ISBN 3-86072-220-4
Best.-Nr. 2220
23,– € [D]/23,65 € [A]/40,30 CHF

Projekt: Soziales Lernen
Ein Praxisbuch für den Schulalltag
Christina Großmann
Ab 10 J., 152 S., 15,3 x 22 cm, Pb.
ISBN 3-86072-261-1
Best.-Nr. 2261
12,80 € [D]/13,15 € [A]/22,40 CHF

Mediation in der pädagogischen Arbeit
Ein Handbuch für Kindergarten, Schule und Jugendarbeit
Kurt Faller
234 S., A5, Pb.
ISBN 3-86072-341-3
Best.-Nr. 2341
15,30 € [D]/15,70 € [A]/26,80 CHF

Verlag an der Ruhr
Postfach 102251 • D-45422 Mülheim an der Ruhr
Tel.: 0208/495040 • Fax: 0208/4950495
E-Mail: info@verlagruhr.de

Bücher für die pädagogische Praxis